高等职业教育高速铁路客运乘务专业教材系列

高速铁路旅客运输组织

主　编　程　翠　王玲玲

副主编　胡兴丽　王芳梅

　　　　邹　雄　李　莹

主　审　李海峰　赵柱文

科学出版社

北　京

内 容 简 介

本书主要介绍了高速铁路的客运岗位与职责、旅客运输、旅客运输设施设备、旅客乘降组织、旅客运输计划及客运应急处置等内容。

本书内容系统全面、图文并茂、通俗易懂，可供高等职业院校铁路运营管理、轨道交通等相关专业教学使用，也可供从事轨道交通工作的相关人员学习、参考。

图书在版编目（CIP）数据

高速铁路旅客运输组织/程翠，王玲玲主编．—北京：科学出版社，2021.6

（高等职业教育高速铁路客运乘务专业教材系列）

ISBN 978-7-03-067895-9

Ⅰ．①高… Ⅱ．①程… ②王… Ⅲ．①高速铁路－铁路运输－旅客运输－高等职业教育－教材 Ⅳ．①U293

中国版本图书馆 CIP 数据核字（2020）第 271298 号

责任编辑：高立凤 宋俊美 / 责任校对：马英菊

责任印制：吕春珉 / 封面设计：东方人华平面设计部

科学出版社 出版

北京东黄城根北街 16 号

邮政编码：100717

http://www.sciencep.com

天津翔远印刷有限公司印刷

科学出版社发行 各地新华书店经销

*

2021 年 6 月第 一 版 开本：787×1092 1/16

2021 年 6 月第一次印刷 印张：14 1/4

字数：338 000

定价：45.00 元

（如有印装质量问题，我社负责调换〈翔远〉）

销售部电话 010-62136230 编辑部电话 010-62135120-2052

高等职业教育高速铁路客运乘务专业教材系列

编　委　会

前　言

当前，正值我国高速铁路的高速发展时期。从 2008 年首条高速铁路——京津城际铁路开始运营，至 2020 年底，我国高铁运营里程已达到 3.79 万 km，我国已成为世界上高铁里程最长、运输密度最高、成网运营场景最复杂的国家。随着高速铁路的快速发展，其对从业人员的需求量也不断增大。尤其是线路开通运营后，对车站客运员、列车乘务员的需求量将会激增，所以，培养一支岗位知识丰富、业务技能过硬、综合素质高，同时具备良好职业道德和职业素养的高水平人才队伍是当务之急。

本书就是为了适应中国高速铁路发展、满足高速铁路对运营管理人才的需求而编写的。本书充分把握了行业发展的前沿与趋势，具有较强的专业性与实用性，将理论与实操有效结合，对于提高相关专业人士的基本技能具有重要作用。本书以旅客运输过程为线索，以客运服务实际为出发点，以相关岗位作业标准为导向，内容系统全面，结构编排合理，能够使读者全面掌握旅客运输过程中各岗位的职业特点与服务要求。

本书以项目形式编写，以高速铁路客运相关岗位所需的理论知识和操作技能为主，对高速铁路客运组织进行了较详细、全面的描述。全书共七个项目，主要内容包括高速铁路概述、高速铁路客运岗位与职责、高速铁路的旅客运输、高速铁路旅客运输设施设备、高速铁路旅客乘降组织、高速铁路旅客运输计划及高速铁路客运应急处置等。本书既包括了有关高速铁路车站、高速铁路动车的理论知识，能给学生奠定良好的理论基础，又包括了客运服务、乘务作业等技能培养，能使学生掌握有关的专业技能。本书是集理论与技能于一体的综合性、专业性教材，能够为相关专业人才的培养提供有效的指导。同时，本书作为产教融合课程——“铁道交通客运组织”的成果之一，特邀请铁路运输企业工程师李莹进行指导并参编。

本书由程翠、王玲玲担任主编，胡兴丽、王芳梅、邹雄和李莹担任副主编。具体分工如下：项目一由邹雄编写，项目二、项目四由王玲玲、李莹编写，项目三、项目五由程翠编写，项目六由胡兴丽编写，项目七由王芳梅编写。

本书在编写的过程中，得到了重庆北站、昆明站、宜春站工作人员的大力支持，在此表示感谢。本书还参考引用了部分国内外专家、学者发表的有关高速铁路客运的文献，在此一并表示感谢。

鉴于编写人员技术水平及实践经验的局限性，对各种问题的分析和处理难免存在不足之处，敬请读者反馈，以便今后修订和完善。我们真诚地期待着广大读者和同行多提宝贵意见。

编　者

目　录

项目一
高速铁路概述

项目描述

高速铁路是集当今世界先进科学技术、制造工艺、运营管理和市场营销为一体的系统工程。由于它具有速度高、运能大、低能耗、全天候、高效率等优点，且大大缩短了地域间的时空距离，给旅客以安全、快速、便捷、舒适、优雅的乘车环境以及周到的服务，受到世界各国政府的高度重视和民众的普遍欢迎。

高速铁路之所以受到世界各国的普遍欢迎并得以快速发展，绝非偶然。高速铁路不仅克服了普通铁路速度低的缺点，与高速公路的汽车运输和中长途的航空运输相比较，在对其产生的外部社会经济和环境影响方面，也起着不可小觑的作用。

本项目主要介绍高速铁路的概念与优势、高速铁路的发展历程、高速铁路的车站及高速铁路的列车等相关知识。通过本项目的学习，学生可以了解国内外高速铁路的概念及其发展状况等相关内容。

教学目标

1．知识目标

✧ 了解国内外高速铁路的发展历程；

✧ 掌握高速铁路的概念与特点；

✧ 掌握高速铁路车站的基本概念、分类、特点与功能；

✧ 掌握高速铁路列车的概念与类型。

2．能力目标

✧ 能简单说明国内外高速铁路的发展历程；

✧ 能准确描述我国高速铁路车站的特点与功能；

✧ 能准确判断高速铁路的类型；

✧ 能判定高速铁路列车的车次。

3．素质目标

✧ 培养学生自主学习、归纳总结的能力；

✧ 培养学生的团队协作能力。

任务 1 高速铁路的概念及优势

一、高速铁路的概念

高速铁路是指通过改造原有线路（直线化、轨距标准化）、使营运速度达到 200km/h 以上，或者专门修建新的高速线路、使营运速度达到 250km/h 以上的铁路系统。

界定高速铁路的标准有：

1）1970 年，日本政府第 71 号法令中的定义为：列车在主要区间能以 200km/h 以上速度运行的干线铁路。

2）1985 年，欧洲委员会将高速铁路的最高速度规定为：客运专线 300km/h，客货混运线 250km/h。

3）国际铁路联盟（International Union of Railways，UIC）提出的高速铁路标准为：最高速度至少应达到 250km/h 的专线，或最高速度至少应达到 200km/h 的既有线。

二、高速铁路的优势

高铁行业对我们国家而言，是一个新兴的行业。

高速铁路是当代世界铁路的一项重大技术成就，它使铁路固有的技术经济优势得以有效发挥。与其他交通运输方式相比，具有以下明显的十大优势。

1）全天候。高速铁路不受恶劣气候条件限制，列车按规定时刻到发与运行，这是飞机、汽车及其他交通运输工具所不及的。

2）运能大。输送能力大是高速铁路的主要技术优势之一。目前，各国高速铁路几乎都

能满足最小行车间隔 4min 及以下（日本可达 3min）的要求。日本东海道新干线高峰期的发车间隔为 3.5min，每天通过的列车达 283 列，每列车可载客 1200～1300 人，年均输送旅客达 1.3 亿人次。

3）速度快。以北京至上海为例，在正常天气情况下，乘飞机的旅行全程时间（含市区至机场、候检等全部时间）为 5h 左右；如果乘高速铁路的直达列车，全程旅行时间则为 5～6h，与乘坐飞机时间相当；如果乘既有铁路列车，则需要 15～16h。

4）安全系数高。高速铁路由于在全封闭环境中自动化运行，又有一系列完善的安全保障系统，所以其安全程度是其他交通工具无法比拟的。

5）能耗低。研究表明，若以普通铁路每千米的消耗能源为 1 个单位计算，则高速铁路为 1.3 个单位，公共汽车为 1.5 个单位，小汽车为 8.8 个单位，飞机为 9.8 个单位。

6）污染轻。电气化高速铁路基本消除了粉尘、煤烟和其他废气污染，噪声比高速公路低 5～10 分贝。

7）土地利用率高。在相同运量条件下，一条高速铁路相当于一条 6 车道高速公路，其土地利用率比公路高 40%。例如，从巴黎到里昂高速铁路的占地约 420 公顷，小于巴黎戴高乐机场的占地面积。

8）正点率高。西班牙规定：高速列车晚点超过 5min，就要退还旅客的全额车票费。日本规定：高速列车的到发，超过 1min 就算晚点，晚点超过 2h，就要退还旅客的加快费。

9）舒适、方便。高速铁路列车的车内布置非常豪华，工作、生活设施齐全，座席宽敞舒适，运行非常平稳，减震、隔音的效果好，车内很安静。乘坐高速列车旅行无疑是一次愉快的享受。

10）效益好。高速铁路自投入运行以来，备受旅客青睐，其经济效益也十分可观。日本的东海道新干线开通后，仅 7 年就收回了全部建设资金。自 1985 年以后，每年纯利润达 2000 亿日元。

高速铁路在运输能力、速度、安全以及节省资源、保护环境、提高运输能源利用的合理性与效率等方面都具有明显优势。高速度发展高速铁路，已越来越被认为是人类在以节约资源、保护生态与生存环境、可持续发展为主要内容的新经济发展方式下，发展运输模式的一种理性选择。

任务 2

高速铁路的发展历程

自 1964 年，日本建成世界第一条高速铁路以来，全球已建、在建和研究将建高速铁路的国家和地区达 20 多个。可以说，21 世纪，全球性的高速铁路建设时期已经到来。国外学者经过分析研究，将 1964 年以来的高速铁路建设分成三个高潮时期。

（1）第一次高潮时期（1964 年至 1990 年）

1959 年 4 月，世界上第一条真正意义上的高速铁路——东海道新干线，在日本破土动工，经过 5 年建设，于 1964 年 3 月全线完成铺轨，同年 7 月竣工，1964 年 10 月 1 日正式通车。东海道新干线从东京起始，途经名古屋、京都等地终至新大阪，全长 515.4km，它的建成通车标志着世界高速铁路新纪元的到来。

（2）第二次高潮时期（20 世纪 90 年代初期至 90 年代中期）

法国、德国、意大利、西班牙、比利时、荷兰、瑞典、英国等欧洲大部分发达国家，大规模修建本国或跨国高速铁路，逐步形成了欧洲高速铁路网络。

（3）第三次高潮时期（20 世纪 90 年代中期至今）

此时，亚洲（韩国、中国）、北美洲（美国）、大洋洲（澳大利亚）等地区，掀起了建设高速铁路的热潮。这主要体现在：一是修建高速铁路得到了各国政府的大力支持，通常有了全国性的整体修建规划，并按照规划逐步实施；二是修建高速铁路的企业经济效益和社会效益，得到了更广层面的共识，特别是修建高速铁路能够节约能源、减少土地使用面积、减少环境污染、交通安全等方面的社会效益显著，以及能够促进沿线地区经济发展、加快产业结构的调整等。

一、日本高速铁路的发展历程

日本是世界上第一个建成使用高速铁路的国家。1964 年 10 月 1 日，东海道新干线正式营业，代表了当时世界第一流的高速铁路技术水平，标志着世界高速铁路由试验阶段跨入了商业运营阶段。从日本第一条高速铁路——东海道新干线于 1964 年的建成算起，日本的高速铁路已经走过了 50 多年的历史。

日本高速铁路的建设可以划分为三个阶段。

1）第一阶段（1964 年至 1975 年），在人口稠密的地区修建高速铁路，如东海道新干线和山阳新干线等。

2）第二阶段（1983 年至 1985 年），以开发沿线地区经济为目的，在人口较少的地区修建东北和上越新干线。高速铁路的功能从简单的缓解运输紧张发展到拉动国民经济的阶段，并初步形成新干线网。

3）第三阶段（1990 年至今），高速铁路建设以满足舒适、快捷、安全、节能、环保和低噪声要求为目的，在均衡开发国土和可持续发展方面，发挥了积极作用。在这个阶段，不仅要提高既有线和新干线的速度，还要通过建设隧道和大桥，用铁路网把四岛连接起来，形成由既有线和新干线组成的高速铁路网。

日本的新干线通车多年，从未发生过人为因素导致人员死亡的事故。因此，号称是全

球最安全的高速铁路之一。于 2007 年 2 月 1 日开始运营的台湾高速铁路即采用新干线系统作为基础，这也是新干线技术首次向海外输出。

日本的高速列车根据年代可划分为 0 系、100 系、300 系、500 系、700 系等系列。其中，0 系和 100 系高速列车是日本的第 1 代高速列车，采用直流传动，其他指标也比较落后，正在逐渐被淘汰；300 系可以算是日本第 2 代的高速列车；500 系、700 系则是第 3 代，是最新的高速列车。500 系列车（图 1-1）是目前日本铁路上运行速度最高的高速列车之一，速度可以达到 300km/h。

图 1-1　日本新干线 500 系高速列车

二、法国高速铁路的发展历程

法国的高速铁路系统——TGV（train à grande vitesse）在世界范围内有着巨大的影响力。据统计，从 1890 年到 1990 年的 100 年间，世界铁路共创造了 17 次行车最高纪录，其中有 9 次是由法国铁路创造和保持的。

1976 年，法国开始了东南线高速铁路的建设。从此以后，TGV 高速铁路系统走上了迅速发展的道路，并在技术、经济、商业等方面都取得了巨大的成功。40 多年来，法国高铁一直居于世界铁路运输的前沿。

法国高速铁路对速度目标值的追求是独具特色和遥遥领先的。

1981 年，法国建成了它的第一条高速铁路（TGV 东南线），该线包括联络线在内全长 417km。TGV 高速列车在东南线南段部分投入运营，试验纪录达到 318km/h，打破了传统铁路运行速度的概念。几十年来，它从未停止过为实现更高的速度目标而进行的一切努力。

1990 年 5 月，TGV 列车在大西洋线上创造了 515.3km/h 的世界纪录，令世界瞩目。1990 年建成并投入运营的地中海高速线，其列车运行速度可达 350km/h。与此同时，速度为 300km/h 的高速双层列车也已问世。法国现已研制出性能更高、速度达 350km/h 的第 4 代动力分散式 AGV（Automotrice à grande vitesse）型高速列车。

1993 年，TGV 北方线（也称北欧线）全线开通，全长 333km。北方线由巴黎以北的喀内斯到里尔，在里尔分为两条支线，一条向西穿越英吉利海峡隧道到达英国伦敦，另一条通向比利时的布鲁塞尔，东连德国的科隆，北通荷兰的阿姆斯特丹，成为一条重要的国际通道。

1994 年，被称为“欧洲之星”的高速列车，在法、英、比三国首都间正式投入运营。

1997 年 12 月，以巴黎、布鲁塞尔、科隆、阿姆斯特丹四个城市首字母命名的 TGV-PBKA 高速列车开始运行。

2002 年，法国已拥有高速动车组 600 列。其中，欧洲之星 38 列。

法国运营中的高速列车，主要有 TGV-P、TGV-A、TGV-R、TGV-D、EuroStar 等型号。其中，TGV-P 为第 1 代高速列车，TGV-A、TGV-R、EuroStar 等是第 2 代高速列车，TGV-D 双层列车（图 1-2）是第 3 代高速列车。

图 1-2　法国 TGV-D 双层高速列车

三、德国高速铁路的发展历程

德国高速铁路称为ICE（Intercity-Express），即“城际快车”，是连接城市，解决人员、货物运输的交通工具。它将德国国内130多个大小城市连为一体，对人员和信息的往来与交流，以及经济建设发挥了极其重要的作用。

德国的高速铁路技术储备不亚于法国，1988年，其电力牵引的行车试验速度突破400km/h大关，达到406.9km/h。但是德国的实用性高速铁路直到20世纪90年代初才开始修建，原因是政府及公众的错误性认识：德国客运量最集中的地区城市密布，高速公路已经发展完善，再修建高速铁路达不到吸引客流的目的。

1971年，德国开工建设第一条高速铁路新线——汉诺威—维尔茨堡高速线（327km）。之后，又开始修建第二条高速新线——曼海姆—斯图加特高速线（99km）。这两条高速新线于1991年同时通车运营。1998年，264km的柏林—汉诺威高速线建成通车；2002年，长度为177km的科隆—莱因/美因（法兰克福）高速线建成通车。

与日本和法国的高速铁路不同，德国高速铁路是按客货车混跑的原则设计的。德国高速铁路新线的几何参数如下。

最小曲线半径：7000（5100）m；

最大坡度：12.5‰［科隆—莱因/美因（法兰克福）线为40‰］；

线间距：4.50～4.70m；

设计速度：280～300km/h。

如同法国铁路的高速列车都是TGV系列一样，德国铁路的高速列车都是ICE系列（图1-3）。ICE的试验型列车诞生于1985年，并于1988年5月达到406.9km/h的试验速度，是世界铁路上首次突破400km/h的高速列车。

图1-3　德国ICE高速列车

四、我国高速铁路的发展历程

我国的高速铁路起步晚，但起点高、发展快，通过引进国外核心技术、消化吸收再创新，初步具备了建设高速铁路的能力，迎来了高速铁路建设的新时代。高速铁路是高新技术的系统集成，其建设和运营反映了一个国家的科技实力。我国的高速铁路建设始终受到国家的高度重视，实现了科学的、又快又好的发展，取得了举世瞩目的成就。

我国第一条真正意义上的高速铁路，是 2002 年建成开通的秦沈客运专线，其全线设计时速达到 200～250km。同年，“中华之星”电力动车组在秦沈客运专线创造了当时“中国铁路第一速”的 321.5km/h，轰动一时。现在，秦沈客运专线已经被合并成京哈线的区间段。

2004 年 1 月，国务院批准的我国第一个《中长期铁路网规划》，正式宣布规划建设里程超过 1.2 万 km 的客运专线（客车速度目标值达到 200km/h 及以上）以及三个地区的城际客运系统（环渤海地区、长江三角洲地区、珠江三角洲地区）。自规划实施后，大批高速铁路相继开工建设，包括温福铁路、合宁铁路、武广客运专线、京津城际铁路等。

在 2007 年实行的我国铁路第六次大提速，我国首次在各主要提速干线（如京沪线、京广线、京哈线、胶济线等）大规模开行时速高达 200～250km 的中国铁路高速（CRH）动车组列车，达到了目前世界上既有线提速改造的先进水平。

2008 年 8 月，中国首条设计时速达 350km 的高速铁路——京津城际铁路通车运营。

2009 年 12 月 26 日，世界上第一次建成里程最长、工程类型最复杂、时速达 350km 的京港高铁武广段开通运营。

2010 年 2 月 6 日，世界首条修建在湿陷性黄土地区、连接中国中部和西部、时速达 350km 的郑西高速铁路开通运营。

2012 年 12 月 1 日，世界上第一条地处高寒地区的高铁线路——哈大高铁正式通车运营，921km 的高铁，将东北三省主要城市连为一线，从哈尔滨到大连，冬季只需 5h 40min。哈大高铁以冬季时速 200km 的“中国速度”行驶在高寒地区，成为一道亮丽的风景线。截至 2012 年底，中国高速铁路总里程达 9 356km。

2013 年 9 月底，随着宁杭、杭甬、盘营高铁及向莆铁路的相继开通，高铁新增运营里程 1 107km，我国高铁总里程达到 10 463km，“四纵”干线基本成型。

2014 年，我国铁路新线投产规模创历史最高纪录，铁路运营里程突破 11.2 万 km。高速铁路运营里程超过 1.6 万 km，稳居世界第一。

2020 年底，我国高速铁路运营里程达 3.79 万 km，位居世界第一。

高速铁路的车站

一、高速铁路车站的概念

高速铁路车站，简称高铁站，是指在高速铁路沿途建设、主要为高速列车服务的火车站。

高铁站是高速铁路旅客运输的基层生产单位，是铁路与旅客之间联系的纽带，是与旅客运输有关的行车、工务、电务等铁路部门协调地进行生产活动的场所。

二、高速铁路车站的分类

高铁站按作业性质和在线路上所处的位置分越行站、中间站、始发（终到）站和枢纽站；按车站客运量分为大、中、小型客运站。

根据国铁技术作业等级，高铁站可分为特等站、一等站、二等站、三等站和四等站。高铁站鲜有五等站。

根据所属行政区域等级，高铁站可分为省级站、地级站（图 1-4）、县级站、镇级站和乡级站，高铁站可设村级站。

图 1-4　吉林高铁站

根据铁路车站功能类型，高铁站可分为客运站、客货站、编组站、动检站和会让站。高铁站很少设货运站。

按技术作业性质分，高铁站可分为越行站、中间站、始发终到站及通过兼始发、终到站。

三、高速铁路车站的特点

高铁站修建在高速铁路沿线上，以停靠高速列车为主，车站的调度设施和候车环境一般优于非高铁站。

2008 年，京津城际高速铁路竣工通车后，新型高铁站正式进入中国大众视野，相比传统火车站，它有以下特点。

1）高架车站多：现代高速铁路大面积采用以桥代路形式，使得高架站在高铁站中占很大比重。

2）车站环境好：新高铁站内的配套设施焕然一新、丰富齐全，候车室整洁干净、宽敞明亮。

3）车站造型美：新高铁站大多注重艺术造型和美学外观，大城市的高铁站，通常宏伟壮观且外观优美。

4）车站位置偏：新高铁站多半在待开发区、扶贫区，相对于老火车站在城区的另一边等处兴建。

5）车站规模大：新高铁站的规模普遍比旧高铁站的要大，站台数量和轨道线数一般多于旧站。

6）车站设施新：新高铁站大多设有智能检票系统，能够通过识别身份证验票。

四、高速铁路车站的功能

按技术作业性质分，高铁站可分为越行站、中间站、始发终到站及通过兼始发、终到站，其相应的功能如下。

1. 越行站的功能

越行站，是为办理高等级本线高速旅客列车越行跨线的低等级高速旅客列车而设置的车站，主要功能有：

1）办理正线各种旅客列车的通过作业；

2）办理待避列车进出到发线、停站待避；

3）通常不办理客运业务，但可为未来该站办理客运业务预留发展条件。

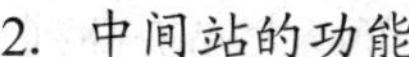

2. 中间站的功能

中间站，是指位于高速铁路线上主要办理客运业务的车站，主要功能有：

1）办理正线上各种旅客列车的通过、越行作业；

2）办理停站旅客列车的客运业务，包括列车进出到发线、旅客上下车等；

3）部分中间站还需办理少量旅客列车的折返作业，包括客运整备作业、动车取送等；

4）在综合维修管理区有岔线接轨的中间站，除办理上述业务外，正常情况下，在“天窗”时间内，还负责办理检测和维修列车进出正线的作业。特殊情况下，须按调度中心指令办理维修列车进入某方向正线作业；

5）与既有线有联络线连接的中间站，办理转线列车（包括高、中速列车）的接发作业。

3. 始发终到站的功能

始发（终到）站，主要位于高速铁路线的起点和终点及有大量客流出发和到达的大城市，主要功能有：

1）要办理高速旅客列车的始发、终到作业及客运业务；

2）办理旅客列车的折返、动车组的取送作业；

3）设有动车段（所），办理动车组的客运准备和客车的检修作业。

4. 通过兼始发、终到站的功能

新建的通过兼始发、终到站的主要功能有：

1）办理高速、跨线旅客列车的客运业务和旅客换乘；

2）办理停站、不停站的高速、跨线旅客列车通过作业；

3）办理部分始发、终到高速旅客列车的始发、终到作业；

4）办理高速列车动车组的整备、检修作业。

任务4

高速铁路的列车

一、高速列车的概念

高速列车又称高速火车，是指能以高速度持续运行的列车，最高行驶速度一般要达到200km/h 以上，是由动车和拖车或全部由动车长期固定地连挂在一起组成的车组。高速列车属于现代化的高速交通工具，是火车顶尖科学技术的集中体现，可以大幅提高列车速度从而提高火车的运输效率。高速列车快捷舒适、平稳安全、节能环保，深受当代人们的欢迎，世界各国都大力支持用新型高速列车来满足日益增长的出行需求。

二、CRH系列动车组

（一）CRH动车组的发展历程

中国铁路高速动车组，简称CRH（China Railway High-speed），是2007年4月18日起，在中国铁路第六次大提速后开行的动车组列车。2004年4月1日，国务院审议通过了我国铁路史上第一个《中长期铁路网规划》，明确了“引进先进技术、联合设计生产、打造中国品牌”的动车组生产制造原则。原铁道部重点扶持了国内几家机车车辆制造企业研制、生产中国品牌的高速动车组。

2004年10月，铁道部组织完成了140列时速200km动车组采购项目合同的签订，成功引进了川崎重工、庞巴迪、阿尔斯通的动车组技术。该合同内容包括：川崎重工与四方合作生产60列CRH2；阿尔斯通与长客合作生产60列CRH5；青岛四方庞巴迪公司生产20列CRH1（后又增加20列）。

2005年11月，铁道部又组织完成了60列时速300km动车组采购项目合同的签订，成功引进了西门子（与唐客合作）的高速动车组先进技术（CRH3）。

2006年7月31日，国内首列国产化、时速200km的动车组下线。

2007年2月，中国铁路高速动车组以160km的时速投入春运。

2007年4月18日，铁路第六次大提速，中国铁路高速动车组（200km/h）和“和谐型”大功率机车（7200kW）上线投入运营，它们被正式命名为“和谐号”。

2007年11月24日，时速300km的国产CRH2-300型“和谐号”动车组，在四方下线。

2008年4月11日，时速300km的国产CRH3型“和谐号”动车组，在唐客下线。

2008年8月1日，京津城际客运专线投入运营。它是中国首条设计时速350km的高速铁路客运专线，也是中国进入高铁时代的标志。

2008年8月以来，京津、京沪、武广、郑西、沪宁等一批新建、世界一流的设计时速300km以上的高速铁路相继投入运营。大面积、高密度开行“和谐号”高速动车组列车，标志着我国铁路已走在世界高速铁路发展的前列。

2010年9月28日，四方研制的国产“和谐号”CRH380A新一代高速动车组，在沪杭高铁的试运行途中，最高时速达到416.6km。2010年12月3日，在京沪高铁枣庄至蚌埠间的先导段联调联试和综合试验中，CRH380A新一代高铁动车组的最高时速达到486.1km。

2011年1月9日，中国火车唐山轨道客车有限责任公司自主创新研制的新一代CRH 380BL高速动车组，在京沪高铁运行试验中，速度达到了487.3km/h。

虽然当时中国高速动车组的制造水平、管理水平等有了大幅度的提高，但在发展中也暴露出一些亟须解决的问题：一是在动车组技术引进、消化、吸收的基础上，尚未建立自主创新的技术平台，未完成国际领先水平的中国标准动车组的设计。二是动车组技术来源多样，尚未搭建统一的技术标准体系。截至2015年，我国共有4个技术平台的近20种型号动车组，型号多、技术标准不统一，不能实现互联互通，甚至不能相互救援；动车组备用率高，给运营组织管理带来诸多不便。三是没有做到简统化，零部件尚未统型，每个平台需依赖自己的产品供应链，大量配件为独家供货，价格居高不下，造成维护备件储备量大，占用资金多，对铁路的经营效益产生较大的不利影响。此外，由于缺乏自主知识产权，我国高铁在走出去的过程中，不断出现商务摩擦等问题。

（二）CRH动车组的编码规则

动车组的车型、车组号涂打在动车组头车、靠近司机室的1位侧和2位侧的侧墙上，每列设4处。

中国动车组编号命名规则，分为以技术序列代码命名和以速度目标值命名两种方式。

1. 以技术序列代码命名的方式

CRH×　×—××××

1）CRH代表中国铁路高速动车组。

2）第一个×代表技术序列代码，分别代表不同的生产单位。

1：青岛四方庞巴迪铁路运输设备有限公司（简称四方庞巴迪公司）。

2：中车青岛四方机车车辆股份有限公司（简称四方股份公司）。

3：中车唐山机车车辆有限公司（简称唐客公司）。

5：中车长春轨道客车股份有限公司（简称长客股份公司）。

6：中车青岛四方机车车辆股份有限公司/中车南京浦镇车辆有限公司（简称四方股份公司/浦镇公司）。

7及后续数字：预留。

3）第二个×代表子型号，分别代表动车组的最高速度。

A：200～250km/h、8编组、座车。

B：200～250km/h、16编组、座车。

C：300～350km/h、8编组、座车。

D：300～350km/h、16编组、座车。

E：200～250km/h、16编组、卧铺车。

F：160km/h、8编组、城际动车组。

G：200～250km/h、8编组、耐高寒座车。

H：200～250km/h，8编组，耐高寒、耐风沙座车。

J：综合检测动车组。

其余字母：预留型号。

例如：CRH1A 表示四方庞巴迪公司生产的最高速度为 200～250km/h 的 8 编组座车动车组。

CRH2E 表示四方股份公司生产的最高速度为 250km/h 的 16 编组卧铺动车组。

CRH5G 表示长客股份公司生产的最高速度为 250km/h 的 8 编组耐高寒座车动车组。

CRH3J 表示唐客公司生产的综合检测车。

4）最后的××××为 4 位数车组编号。

2. 以速度目标值命名的方式

CRH××× × ×—××××

1）CRH 代表中国铁路高速动车组。

2）×××代表速度目标值，以动车组设计的最高运行速度目标值命名。

3）第一个×代表技术平台代码。

A：四方股份公司、8 编组、座车。

B：长客股份公司/唐客公司、8 编组、座车。

C：长客股份公司生产，采用了与 B 不同的牵引及控制系统、8 编组、座车。

D：四方庞巴迪公司、8 编组、座车。

E、F：预留。

4）第二个×代表子型号。

G：耐高寒动车组。

H：耐高寒、耐风沙动车组。

J：综合检测动车组。

L：基本型的 16 编组动车组。

M：更高速度等级试验列车，现已改为综合检测动车组。

其余字母：预留。

例如：CRH380A 表示四方股份公司生产的最高速度 380km/h、8 编组座车动车组。

CRH380BG 表示长客股份公司/唐客公司生产的最高速度 380km/h、8 编组耐高寒座车动车组。

CRH380CL 表示长客股份公司生产的最高速度 380km/h、16 编组动车组。

5）××××为 4 位数车组编号。

3. 动车组车组号

以 4 位阿拉伯数字表示，按照动车组的制造工厂分配。

1）四方庞巴迪公司。

1001～1499：250km/h 及以下动车组。

1501～1999：350km/h 及以上动车组。

0101～0199：检测车、试验车等特殊用途动车组、非铁总采购动车组。

2）四方股份公司。

2001～2499：250km/h 及以下动车组（包含 CRH2C 型）。

4001～：由于上一组编号已经用完，此为新开号段，用于 250km/h 及以下动车组。

2501～2999：350km/h 及以上动车组。

0201～0299：检测车、试验车等特殊用途动车组、非铁总采购动车组。

3）唐客公司。

3001～3499：250km/h 及以下动车组。

3501～3999：350km/h 及以上动车组。

0301～0399：检测车、试验车等特殊用途动车组、非铁总采购动车组。

4）四方股份公司/浦镇公司。

4001～4499：250km/h 及以下动车组。

4501～4999：350km/h 及以上动车组。

0401～0449：四方股份公司/浦镇公司生产的检测车、试验车等特殊用途动车组、非铁总采购动车组。

0451～0499：四方股份公司/浦镇公司生产的检测车、试验车等特殊用途动车组、非铁总采购动车组。

5）长客股份公司。

5001～5499：250km/h 及以下动车组。

5501～5999：350km/h 及以上动车组。

0501～0599：长客股份公司生产的检测车、试验车等特殊用途动车组、非铁总采购动车组。

三、CR 系列动车组

（一）CR 系列动车组概述

为了彻底解决目前中国动车组存在的平台多、型号杂，不同厂家生产的车型操作界面、零配件等不统一，维护、采购成本大等问题，按照党中央提出的建设创新型国家的战略，2012 年，中国铁路总公司根据中国高速铁路发展和“走出去”的要求，组织启动“中国标准动车组”研制项目。“中国标准动车组”研制项目以市场为导向，力求全面提高自主化水平，构建、完善中国动车组技术标准体系，研制具有自主知识产权的标准化、系列化、简统化动车组产品，以满足我国铁路事业发展的需求。

中国标准动车组，是指中国标准体系占主导地位的动车组（254 项重要标准中，中国标准占 84%），其功能标准和配套轨道的施工标准均高于欧洲标准和日本标准，具有鲜明的中国特征。

中国标准动车组是根据中国铁路特点制订的中国标准，进行自主设计制造的标准化平台性产品，为适应技术进步要求，大量应用新技术，以达到世界先进水平。由中国铁路总公司牵头组织研制、具有完全自主知识产权、达到世界先进水平的中国标准动车组被命名为“复兴号”。

中国标准动车组按照中国铁路总公司新的动车组编制规则，新型自主化动车组均采用“CR”开头的型号，“CR”是中国铁路总公司的英文缩写，也是指覆盖不同速度等级的中国标准动车组系列化产品平台。3 种时速等级为 CR400/300/200，持续时速为 350km、250km、160km。

目前，复兴号中国标准动车组有“CR400AF”和“CR400BF”两种型号。

2017 年 6 月 26 日，中国标准动车组“复兴号”在京沪高铁首发。

（二）CR 动车组的编码规则

CR 动车组以速度目标值命名的方式进行编码。

CR××× × ×

1）CR 代表 China Railway，即中国标准动车组。

2）×××代表速度目标值，以动车组设计的最高运行速度目标值的三位阿拉伯数字表示。

400：设计最高运行速度目标值为 400km/h。

300：设计最高运行速度目标值为 300km/h。

200：设计最高运行速度目标值为 200km/h。

3）第一个×代表生产厂家。

A：四方股份公司生产制造。

B：长客股份公司生产制造。

4）第二个×代表技术类型代码。

F：动力分散式动车组。

J：动力集中式电力动车组。

N：动力集中式内燃动车组。

四、动车组的车种、车辆号

动车组的车种、车辆号涂打于头车，标注于远离司机室端的侧墙上，每车 2 处，此端有旅客登车门的标注，在旅客登车门附近的侧墙上。中间车标注：对有 4 个旅客登车门的车，

标注在两端旅客登车门附近的侧墙上，每车 4 处；对有 2 个旅客登车门的车（登车门靠近车端），其中 2 处标注在旅客登车门附近的侧墙上，另 2 处标注在远离旅客登车门的端部侧墙上，每车 4 处；对有 2 个旅客登车门的车（登车门靠近车体中心），标注在旅客登车门附近的侧墙上，每车 2 处；对无旅客登车门的，标注在靠近端部侧墙上，每车 4 处。

动车组车种车辆号：×× ×××× ××

1）第一个××代表车种代码，以两位或三位大写英文字母表示。车种代码是车种名称的汉语拼音缩写，具体如表 1-1 所示。

表 1-1　动车组车种代码、名称及其英文

序号	车种代码	车种名称	车种名称的英文
1	ZY	一等座车	First Class Coach
2	ZE	二等座车	Second Class Coach
3	WR	软卧车	Soft Sleeper Coach
4	WY	硬卧车	Hard Sleeper Coach
5	CA	餐车	Dining Coach
6	SW	商务车	Business Coach
7	ZEC	二等座车/餐车	Second Class/Dining Coach
8	ZYS	一等/商务座车	First Class/Business Coach
9	ZES	二等/商务座车	Second Class/Business Coach
10	ZYT	一等/特等座车	First Class/Premier Coach
11	ZET	二等/特等座车	Second Class/Premier Coach
12	JC	检测车	Detection Car

2）××××为 4 位数动车组编号。

3）第二个××为车辆编制顺序号。其中，头部控制车为 01，末端控制车为 00。

例如：ZE 2426 03 表示编号为 2426 的最高速度为 250km/h 的 CRH2 系列动车组，二等座车，03 号车厢。

复习思考题

1．简述高速铁路的特点与优势。

2．简述高速铁路车站的特点。

3．简述 CRH 动车组的编码规则。

4．简述动车组的车种、车辆号。

技能训练

1．如何根据动车组编码规则解读下列动车组车型号代表的含义？

（1）CRH2A—2215　（2）CRH5G—5221　（3）CRH380A—2717

（4）CRH380AJ—0203　（5）CR400BF—5001

2．如何正确理解下列车组车辆号代表的含义？

（1）ZES565800　（2）ZYT424605　（3）WR235806

（4）ZEY108705

项目二 高速铁路客运岗位与职责

项目描述

高速铁路车站与列车客运工作有哪些岗位？各岗位职责及作业流程是什么？掌握这些内容对做好高铁车站及列车客运组织工作有着至关重要的作用，是开展各项客运组织工作的前提和保障，只有了解各岗位的岗位职责及工作流程才能对高铁客运工种有一个系统全面的认识，也才能对各岗位工作的具体内容和岗位之间的区别联系和相互衔接有一个清楚的认识，避免在工作中由于职责不清、关系不明造成客运组织工作混乱，确保客运组织工作的持续可控、平稳有序。

教学目标

1．知识目标

✧ 了解高速铁路车站和列车的管理与运作模式；

✧ 了解高速铁路岗位体系设置模式及不同模式的特点；

✧ 熟悉高速铁路车站和列车各客运岗位的分布情况；

✧ 掌握高速铁路车站和列车各岗位职责及工作流程；

✧ 掌握班前、班中、班后各岗位的作业程序。

2．能力目标

✧ 能准确描述高速铁路车站和列车各岗位职责及工作流程；

✧ 能说清楚高速铁路车站与列车各岗位在客运工作中的上下级关系及作业交叉与联系；

✧ 能融会贯通高速铁路车站与列车所有岗位的客运相关工作的作业流程；

✧ 能准确理解班前、班中、班后各岗位的作业程序；

✧ 能以小组为单位完成各岗位作业流程的演练。

3. 素质目标

✧ 培养遵章守纪、按章作业的工作作风；

✧ 培养严谨、认真、细致的工作态度和良好的职业素质；

✧ 培养良好的社会适应性和交流沟通能力；

✧ 培养学生的团队协作能力。

任务 1

高铁车站客运岗位设置及岗位职责

铁路客运站是指专门或主要办理大量客运业务的车站。高铁车站作为铁路客运车站的一种，是指办理动车组列车客运业务的高速铁路（含客运专线）车站。

客运站的主要任务是保证旅客列车安全正点地到开，安全、迅速、有秩序地组织旅客上下车，便利旅客办理一切旅行手续，为旅客提供舒适的候车条件，保证铁路与市内交通联系便捷，使旅客迅速集散。

铁路运输企业实行集中统一的管理模式，由中国国家铁路集团有限公司（简称国铁集团）对全国 18 个铁路局集团公司（简称铁路局）的运输经营、技术、制度、资金等方面进行集中管理，其管理架构如图 2-1 所示。

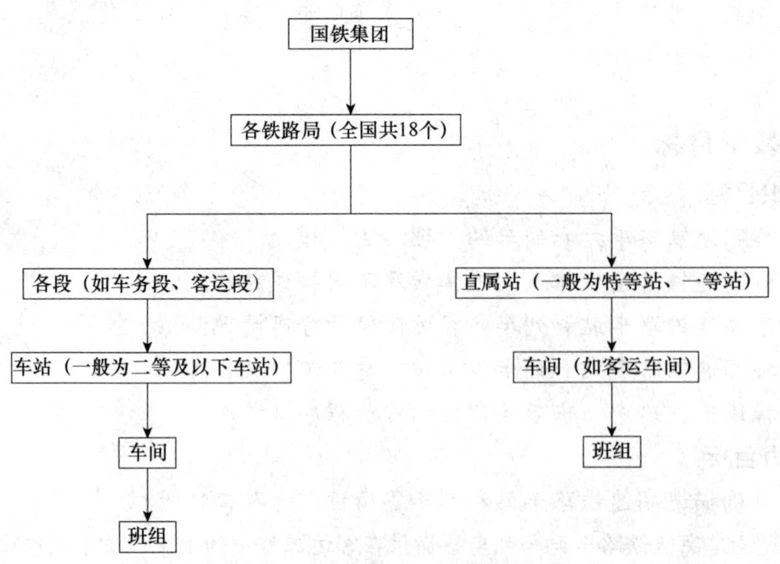

图 2-1　铁路运输企业管理架构

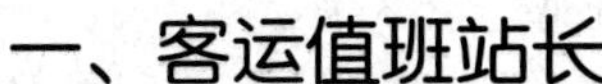

一、客运值班站长

1. 客运值班站长的岗位职责

1）带领本班人员按质按量完成本班工作任务，认真履行班组管理职责。

2）对班组作业组织及各岗位作业进行指导，监督本班组工作人员认真履行岗位职责，组织班后总结会。

3）对不履行或履行岗位职责不到位的本班组工作人员进行谈话帮教、经济考核、提出处理意见等。

4）做好现场协调，加强与结合部单位的联劳协作。

5）认真执行首问首诉负责制，对旅客投诉及留言簿进行处理。

6）及时妥善处理、上报各类信息。

7）对“三新”人员及其他现场实习（学习）人员进行业务指导，强调安全注意事项，纠正错误（不规范）言行。

8）对突发事件按相关规定和要求进行妥善处置，防止事态扩大。

9）严格执行舆情管控纪律，完成车站交办的新闻记者采访任务。

10）每月组织召开一次班务会，总结本月工作，布置下月工作；对班组、安全生产情况进行总结，分析本班组存在的问题，制订整改措施，对基础台账填写加强检查督促，并按规定时间上报车间。

2. 客运值班站长的作业流程

（1）接班作业

1）提前 20min 到站，对重点工作全方位了解，对交班值班站长填写的一日工作日志认真阅知。

2）检查资料、设备、备品、服务设施情况。服务设施齐全，设备良好、备品齐全定位，运行正常，交班班组旅客意见已处理，盖规定名章交接。

3）拟定本班工作重点，对本班重点工作做到心中有数，对本班生产组织工作进行有针对性的预想；并根据职工出勤情况，及时、合理调整劳力，安排岗点人员，做好补缺，杜绝岗点失控。

（2）班中作业

1）组织班前点名会。

2）对岗位交接情况进行抽查。

3）检查督促验证验票进站口、候车室、站台、出站口各岗位作业标准的执行与各作业场所的管理规范。在进站客流增加时，迅速调整劳力，增开验证口，确保信息畅通。

4）执行首问首诉负责制，认真受理旅客的求助与问询，积极协调处理生产中发生的问题，做好信息的收集和反馈工作，并把受理的事件认真详细地记录下来。

5）做好结合部配合工作，加强与车站各车间、部门及结合部单位的联系。如遇突发事件要第一时间赶到现场，冷静对待突发状况，并立即启动应急处理预案。

6）查纠违反劳动纪律、作业纪律的行为，做好日常帮教工作。

（3）交班作业

清扫卫生，卫生达标，整理备品，资料备品齐全定位。

1）对下一班需处理事项和重点工作，认真填记并交接。

2）按规定填写交接班簿，签名并加盖规定名章。

二、客运值班员

1. 客运值班员的岗位职责

1）认真执行点名会制度，及时传达车站、车间有关工作精神。

2）卡控生产现场，检查督促旅客候车、放客、检票、乘降、出站作业标准的执行与规范。

3）批评教育违反劳动纪律、作业纪律和操作规程的职工；对直接危及人身和行车安全的职工有权当即停止其工作，或提出停职待岗的建议。

4）对班组职工的评先、奖惩、提职、晋级、福利以及学习深造等方面提出意见和建议，维护本班组职工的合法权益。

5）及时汇报、处理班组中存在的问题，认真收集当班作业情况，并认真记录。

6）对班组规章按要求及时进行修改、按时上交报表，准时参加各类会议。

7）按要求完成车间布置的其他工作。

2. 客运值班员的作业流程

（1）接班作业

1）检查各岗位旅服系统、照明等客运设备及备品情况，确认状态良好。

2）对重点事项交接清楚，接清台账资料、对讲机等设备备品及岗位卫生情况，签字（盖章）交接。

3）检查人员上岗情况，督促各岗位检查岗位上的客服设备设施使用情况、保洁质量、工具备品、资料，定置管理等情况。

4）发现设备故障及时报修，做好设备故障登记，并落实应急措施。

5）巡查客运各岗位作业标准的执行情况和卫生达标情况，做好对各岗位作业安全联控的监听工作，发现问题，及时纠正。

6）检查作业区域环境卫生是否整洁、备品是否齐全。

（2）班中作业

1）实名制验证。

① 督促客运员做好验证设备检查，发现故障及时更换、报修，确保状态良好。

② 督促验证员及时上岗，做好验证作业前的准备工作。

③ 引导旅客有序验证进站，做到验证口不拥堵，秩序良好。

④ 督促检票员落实实名制验证作业标准，认真核对票、证、人一致性，核验各类减价凭证。

⑤ 督促检查检票员处理票、证、人不符情况，遇旅客与检票员发生矛盾时，及时妥善处理。

2）候车检票。

① 根据工作布置和重点任务情况，做好候车区域岗位人员的安排，做到分工合理、任务明确。

② 检查候车室岗位人员交接班执行情况和上岗作业情况，督促执标作业。

③ 督促当班作业人员加强作业区域的巡视。做好消防安全、卫生保洁、候车秩序、闲杂人员清理等工作；检查广播、动态引导、电梯、照明等客运设备设施情况，发现故障及时报修，并采取应急措施保障安全；掌握客流动态和重点旅客情况，对有需求的特殊重点旅客，按规定做好服务。

④ 督促检票员、客运员在检票前上岗，检查检票设备状态是否良好，候车、检票显示屏显示是否正确。

⑤ 列车检票前，督促客运员站于检票处，面向旅客进行宣传，组织旅客排队候检，做好检票准备。

⑥ 督促检票人员在列车停检后，关闭人工通道，对晚到的旅客做好解释，引导旅客至售票处办理改签。列车启动，候车室引导显示屏信息下屏，方可撤岗。

3）站台乘降作业。

① 检查、督促站台客运员的日常作业规范。站台无列车作业时，督促站台客运员做好站台卫生保洁工作，对作业区域进行日常巡视检查。

② 作业预告后，组织站台客运员上岗巡视站台，做好站台闲杂人员清理工作；确认无人员、车辆及其他异物侵入安全白线；站台车辆按规定安全停放，站台无障碍物、垃圾堆放，站台面无积水、积雪，不影响旅客正常乘降。查看到发线，确保线路上的接触网无异物。巡视检查站台广播、动态引导等设备设施状态良好，内容显示正确；发现设施设备故障，及时上报处理。

③ 利用喇叭、小蜜蜂等扩音设备，加强对天桥、楼梯口、地道、电梯等关键部位的安全宣传，组织客运人员对关键部位进行安全防护。

④ 组织客运人员，引导旅客按车厢位置组织旅客排队等候，有序乘降，防止旅客越过

站台安全线或随车奔跑。当个别车厢上车旅客较多时，进行分流组织，确保旅客安全和列车正点运行。

⑤ 列车到站前，于列车中部立岗，准备接车。关注站台两端，发现旅客有超越安全线的情况时，立即警示。

⑥ 列车到站时，足靠安全线，不侵入安全线外；面向列车方向目迎，以列车进入站台开始，列车头部越过立岗相对处原地转 90°，目迎列车。

⑦ 列车停稳后，组织旅客先下后上，做到安全、迅速、有序。确保旅客安全和列车正点运行，无旅客误乘、漏乘。当客流量较大，始发终到列车 1 人值乘多个车厢、需双开车门时，车站负责值守增开的车门，组织客运员引导到站旅客有序出站。

⑧ 短编组动车组列车在 4、5 号车厢之间，长编组动车组列车在 8、9 号车厢之间，重联动车组列车在列车运行方向前组第 7、8 位车厢之间办理站车交接。办理交接时，行举手礼，与列车长办理业务、特殊重点旅客作业交接，做到交接清楚、手续齐全、处理得当。

⑨ 确认列车旅客乘降、高铁行包装卸作业完毕；列车开车铃响后，确认客运作业完毕，站台安全，及时向列车长通报，并得到明确复诵答复。同时，向综控联控通知作业完毕的信息。

⑩ 开车铃响后，组织站台人员退到安全白线内，发现安全隐患及时鸣笛制止，防止站台人员侵入安全线或随车奔跑。

⑪ 列车启动，面对列车立岗，足靠安全线，面向列车方向目送。列车尾部越过立岗相对处原地转 90°，目送至列车驶出站台。

⑫ 组织客运员清理站台，做到"一车一清"，督促本岗位区域保洁人员做好卫生保洁工作。

4）到达出站作业。

① 督促客运员加强本岗位客运设备设施巡视检查，发现故障及时报修，确保状态良好。

② 组织客运员在列车到达前提前上岗，清理出站口通道，保持通道畅通。

③ 组织、引导旅客有序验票出站，做到出口不拥堵、出站秩序良好。

④ 督促检查出站口客运员按章处理旅客无票、违章及挂失补乘车，遇旅客与客运员发生矛盾时，及时妥善处理。

⑤ 检查出站口，严格落实通道管理制度。

⑥ 督促客运员严格执行票据、现金管理制度，及时请领票据。

⑦ 检查督促客运员加强作业区域的巡查，对发现的问题落实整改，对发现的故障及时报修。

（3）交班作业

1）督促客运员检查本岗位客运设备设施情况，确认状态良好。

2）对交接中发现的客运服务设施设备故障及时报修，并采取相应的应急措施，严格执行对岗交接制度。

3）督促客运员检查作业区域内的环境卫生是否整洁、备品是否齐全。

4）严格执行交接制度，督促做好票据、现金、台账资料的交接；确认无误后，在交接簿上签字。

5）交班作业，组织班后总结会。

三、客运员

1. 客运员的岗位职责

1）认真解答旅客问询，对重点旅客进行重点服务，加强对候车室的巡视，适时向旅客进行安全、卫生、旅行常识的宣传，严格执行首问首诉负责制。

2）劝阻视线范围内的旅客，请勿在公共场所吸烟或者到指定地点吸烟。

3）对旅客脚踏候车椅（沙发）、在候车椅（沙发）上躺卧等不文明行为进行劝阻；帮助旅客整理行李，督促保洁人员做好保洁工作，维护干净、整洁的候车环境，创造井然有序的候车秩序。

4）按照相关作业标准（规定）和作业内容进行作业，认真验票验证，严格执行“凭票候车”的规定。

5）加强对所检列车车次、停靠站台、开车时间、“请勿拥挤抢先”、“按顺序排队检票上车”、“无票请勿进站”、“请看管好小孩”的宣传工作，不误检车票。

6）引导中转换乘的旅客购票、乘车。

7）列车接近到达、启动发车时，监视列车运行，发现扒乘、车门未关、跟随列车奔跑等情况时，及时妥善处置。

8）加强对“不要侵入安全白线”“不要拥挤”“排队上车”“请看管好小孩”等安全守则的宣传。

9）发现设施设备故障等异常情况及时处理或及时汇报。

10）妥善保管、交接候车室、服务台所配备品，正确填记各种台账、簿册。

11）听从指挥、服从工作安排。

12）及时处理、汇报各类重要信息。

2. 客运员的作业流程

（1）班前准备

1）按岗位换装/统一佩戴标志，仪容整洁，精神饱满，女性可淡妆上岗。

2）参加点名会：按规定时间、地点，参加点名会。

3）回答提问：准确回答业务提问。

4）接受任务：接受任务指示和安全、生产、服务等方面的重点事项。

（2）接班作业

1）检查本岗位照明、电梯等客运设备及备品情况，确认状态良好。

2）检查对讲机、票剪、小喇叭、应急车次牌等岗位设备设施、备品状况；LED 显示屏、PDP 显示屏、时钟等设备状态；检查作业区域各项静态的揭示情况。

3）对岗位设施备品、特殊重点旅客及其他重点事项进行交接。

4）做好票据、现金、台账资料的交接，确认无误后，在交接簿上签字。

5）清点备用金、补票款，及时请领票据，备足用量。

6）确认客运设备设施完好、服务备品定位、资料台账齐全。

7）掌握客流、旅客候车、列车运行情况及重点事项。

（3）班中作业

1）服务台作业。

① 受理旅客咨询。为旅客提供列车票额余票、列车到发正晚点信息、当地交通指南查询以及有关业务咨询等。实行首问首诉负责制，面向旅客站立，目视旅客，有问必答，回答准确，解释耐心。对旅客提出的问题不能解决时，指引他们到相应岗位，并做好耐心解释。

② 受理投诉。接受投诉时，礼貌对待，仔细倾听投诉内容，了解投诉原因，及时妥善解决。超过职责范围的投诉，向上级报告。

③ 特殊重点旅客服务。接待需要帮助的特殊重点旅客，根据需求提供服务（进站上车、出站、提供辅助器具等），并做好交接和相应台账记录。

④ 遗失物品查询、招领。接到路局客服中心旅客遗失物品查询“业务工单”或旅客在车站内、列车上遗失物品的信息后，立即帮助查找，及时告知旅客查找结果。同时，将工单反馈路局客服中心。

⑤ 接受旅客求助。免费提供广播找人、常备非处方药品、针线等服务。定期检查常备非处方药品有效期，根据需要及时补充服务备品。

2）候车室作业。

① 按规定做好候车室巡视。检查候车区域照明、电梯、空调、显示屏、厕所等客运服务设施运行情况，引导旅客至相应候车室（区）有序候车；发现吸烟旅客及时做好劝阻，发现乞讨人员要及时报告（通知）公安机关。

② 重点旅客帮扶。做好岗位区域内服务工作，积极、妥善处理各种问题，保持候车室秩序良好，环境整洁。落实首问首诉负责制，回答旅客问询时，用语文明规范，使用普通话。做好重点旅客的服务工作，巡视发现的旅客遗失物品，及时向客运值班员汇报、移交。

③ 监督、检查卫生保洁质量。发现地面湿滑、有明显污渍、卫生质量不达标，及时清理。

④ 巡视检查客运服务设施、引导标识。对区域内客运服务设施、引导标识进行巡视，发现破损、过期、故障等情况及时报告客运值班员报修。

⑤ 电梯巡查。

3）检票作业。

① 列车检票前，站于检票口，做好检票准备。

② 根据广播“××次列车开始检票”后，与综控员信息联控，组织旅客进站检票。综控员联控开始检票，检票口应仔细查验票面信息，按先重点、后团体、再一般的顺序依次进站，做到“不错放、不误检、不漏放”。

③ 对无票，日期、车次不符，减价不符，票证人不一致等人员，按规定拒绝进站乘车。做好检票过程中的盯控，引导旅客有序检票进站，拒绝无票人员进站。

④ 发现挂失补重点旅客信息后，应重点查验是否存在持“挂失补”原票的人员进站；一经发现，应收回原票，拒绝其进站乘车。

⑤ 列车停检后，及时锁闭检票通道。接到广播通知“××次列车停止检票”信息，检票屏显示“停止检票”后，停止检票，锁闭检票口。

⑥ 督促保洁员清扫检票口周围卫生，做到卫生清洁。列车启动，候车室引导显示屏信息下屏，方可撤岗。

4）站台乘降作业。

① 掌握车次售票情况，掌握旅客在本站上车人数，做到心中有数。准备需站车交接的业务资料，并在上面注明有关重点需交接的事项。

② 站台客运人员提前到岗，对站台进行清理，检查确认线路（股道）、站台有无异常情况，检查引导揭示、广播（自动播音）系统状态和播报信息是否正确。在旅客乘降关键引导位置立岗，准备迎接旅客。

③ 引导旅客分车厢在预计的上车位置排队等候。向旅客宣传乘车安全注意，提醒旅客行走在站台安全线以内并保管好携带品和车票，照顾好老人及小孩，避免旅客、携带品及证件坠入或掉入站台。遇雨、雪等潮湿天气时，提示旅客慢行，防止滑倒摔伤。

④ 向旅客宣传列车即将进站，告知旅客列车停车时间短，提前做好上车前的准备工作，待列车停稳后，先下后上。组织旅客站在站台安全线后有序排成纵队，避免因队伍过长而越过相邻站台的安全线。

⑤ 列车进站前，到站台指定位置做好接车准备。迎送列车足靠安全线，不侵入安全线外，面向列车方向目迎目送，以列车进入站台开始至开出站台为止。

⑥ 列车进站时，加强前后瞭望，做好宣传组织和安全防护工作。

⑦ 列车停稳后，组织旅客有序快速乘降，遇某一车厢旅客较多时，组织旅客从相邻车厢门上车。及时提醒在站台的旅客抓紧时间上车，防止漏乘。组织有序迅速乘降，安全防范及时到位。

⑧ 旅客乘降完毕后，向客运值班员汇报作业完毕。

⑨ 因多车交会或其他特殊情况，客运值班员无法交接时，按客运值班员布置到指定车厢，与列车长办理交接手续。

⑩ 交接时，行举手礼。对有关工作业务、重点事项及重点旅客进行交接，并在客运记录上签字。

⑪ 开车铃响时，组织站台人员退到安全白线内，发现安全隐患要及时鸣笛制止，防止站台人员侵入安全线或随车奔跑。

⑫ 列车启动，面对列车立岗，足靠安全线，面向列车方向目送。列车尾部越过立岗相对处原地转 90°，目送至列车驶出站台。

⑬ 组织清理站台，做到“一车一清”。

5）到达出站作业。

① 根据列车到达预告，在列车到达前提前上岗。检查显示屏状态和内容，清理出口通道，做到通道畅通，无闲杂人员和障碍物，方便旅客通行。

② 认真查验车票，对持各种优惠减价票、“挂失补”车票及铁路乘车证的旅客，认真核对相关信息及证件。旅客在出站检票前丢失车票并主动向车站声明的，当场核查购票记录。经核查，有购票记录，已购车票有效，乘车日期、车次相符，票、证、人一致，实际乘车区间未超过已购车票乘车区间，并且没有出站检票记录的，办理挂失补办服务，核收 2 元手续费，票面标注“车票丢失”字样。不符合前述条件的，须按规定补票。

③ 对实名制票、证、人不符，无票，儿童超高，违章使用乘车证，减价不符，以及携带品超重、超限等情形，引导至补票处，办理补票。

④ 遇有大客流，可敞开出口，不验票直接放行，避免因拥堵造成旅客伤害。

⑤ 违章乘车旅客身份信息的采集。

6）实名验票作业。

① 开机登录。先开显示器，再开主机；点击实名制验证系统，输入工号和口令进入验证系统，确保网络畅通，设备连接正常。

② 核验电子票。将旅客身份证原件在居民身份证阅读器上进行识别，不能识读时，手工输入，点击电脑界面查询，确认旅客购票信息。核对票、证、人相符后，予以进站。持学生票、残疾军人优待票等优惠车票的，还需查验证件。

③ 系统验证时，对不能自动识读的票证，工作人员应人工辨别其真伪。

（4）交班作业

1）检查本岗位客运设备设施情况，确认状态良好。

2）定置定位码放备品。对交接中发现的客运服务设施设备故障要及时报告客运值班员，并采取相应的应急措施，严格执行对岗交接制度。

3）严格执行交接制度，做好票据、现金、台账资料的交接，确认无误后，在交接簿上签字。

4）检查作业区域的环境卫生是否整洁、备品是否齐全。

5）双方交接后，向客运值班员汇报本班工作情况。

四、综控员

1. 综控员（集中控制站）的岗位职责

1）负责旅服系统集成管理平台基础数据和业务模版的创建、维护工作。

2）负责旅客列车运行图调整、增开临客、列车停运、股道变更、编组变化等基础数据的调整和维护。

3）负责对旅服系统相关列车到发、动态导向、广播、自动检票、旅服监控、设备管理等各子系统功能模块进行操作。

4）对于重点列车、三固定、编组、检票等计划发生改变的列车进行重点盯控，发现异常，及时处置。

5）负责监控客运引导、广播、自动检票计划的执行情况，并根据列车运行动态情况，及时进行调整。

6）做好对客运作业时段车站现场的监控，负责对车站的售票处、进站口验证安检、候车室、进出站检票口、进出站地道及天桥、站台等关键区域进行监控，发现异常情况，及时通知被集中控制站进行处理。

7）负责对车站的广播计划进行监控，随机监听被集中控制车站广播的执行情况（特别是遇列车集中到达造成两列车在同一站台办理乘降组织业务的情况），发现异常情况，及时通知被集中控制车站进行处理。

8）熟练掌握非正常情况下的应急处置流程，及时通报相关信息及盯控作业情况，指挥被集中控制车站，做好应急管理模式的启动和恢复工作。

9）负责对旅服系统集成管理平台相关设备设施的日常检查，发生故障时，及时向技术支持单位报修，并逐级上报。

10）负责客运生产辅助系统的日常操作，监控客运生产辅助系统运行情况，及时发现和处置告警信息。

11）按规定做好业务资料和台账的收集、修改和填写工作。

2. 综控员的作业流程

（1）班前准备

1）按车站规定时间、地点，参加点名会，听取当班计划，接受上级命令、文电和工作布置。

2）掌握列车运行、客流、新增列车开行等情况，明确作业关键和安全、生产、服务等方面的重点事项。

3）准确回答车站管理人员、班组长的业务提问。

（2）接班作业

1）检查并交接清楚综控室的设施设备。

2）交接清楚列车的运行情况以及电报、命令等业务资料。

3）检查各监控、旅服系统使用情况是否正常。

4）检查岗位卫生，保持整洁。

5）备品、资料定置摆放。

（3）班中作业

1）到发列车的作业流程。

① 先开电脑，输入工号和密码，在“选择班次”栏中选择正确的班次，输入用户名、密码后，系统自动进入界面。

② 根据 18 点日班计划、电报、命令、列车实时到发信息和 TRS（铁路客票发售和预订系统）发布的图，设定列车时刻信息及票务信息，及时比对进行更新，维护或核对调度计划、客运计划、检票计划、广播计划等，确认后再进行发布。

③ 列车开车前 20min，站台显示屏等电子屏显示列车信息，并进行广播预告。

④ 列车开车前 15min，候车室、售票厅、站台区域广播列车开检预告。候车室、高架廊道、天桥、站台等显示屏显示检票、车次、站台等信息。

⑤ 根据客流、售票、设备等情况，报客运值班员同意后调整自动、人工检票通道数量，并通知各岗位做好相应工作。如遇客流较大或旅客列车密集到达、检票时间不足时，与现场客运工作人员沟通后，进行人工干预，提前或推后开检。

⑥ 列车开车前 8min，候车室、售票厅等场所重播检票通告。开车前 5min，候车室、售票厅等场所广播停检通告，显示屏显示“停止检票”。

⑦ 旅客进入站台时，播放安全宣传、按站台车厢位置排队等内容。列车到达时，播放到达欢迎词、安全宣传等内容。

⑧ 列车开车前 30s 打铃，打铃后，播放安全宣传及送车词。

⑨ 列车开车后，候车室、站台引导显示屏信息同时下屏。

⑩ 通过客运电台监听车站岗位作业信息联控及站车联控信息，掌握现场作业情况和列车运行情况。发现问题，及时提醒、纠正，并向客运值班员、车站管理人员汇报。

2）广播管理作业。

① 根据作业过程、列车运行、重点事项、气候变化等情况及其他相关内容编制日班广播计划，检查并监控旅服系统自动生成的广播计划和执行情况。遇有同一时间、同一区域播放广播时，按照始发让途经、预检（停检）让开检的原则，进行人工干预。

② 旅客走散，车票、证件、携带品丢失等需通过车站广播时，使用综控系统广播。

③ 列车运行变更、新增列车、候车室调整等情况，编制当班广播作业计划。监控综控旅服管理平台列车到发系统显示的列车正晚点信息，根据客运组织计划变更信息，调整广播计划，必要时进行人工广播。

④ 根据列车运行情况，进行广播通告，宣传乘车、安全事项。恶劣天气作业时，在旅客进出站通道、站台不间断播放安全注意事项等内容。

⑤ 对广播区域进行分组，配合服务作业，适时进行禁止携带危险品、旅行常识、征信管理规定、公共卫生和消防安全等宣传。

3）监控管理作业。

① 检查监控、引导、广播计划自动执行情况以及设备的运行情况。

② 监听车站广播计划的执行情况。

③ 实时监控车站现场作业画面。

④ 对站区内旅客服务场所进行有效监控，发生突发情况及时汇报处理，并及时调整监控探头，对准事发地点。在监控职权范围内回放、浏览、备存摄像视频信息。

（4）交班作业

1）检查接清综控室的设施设备及备品。

2）检查各监控、旅服系统使用情况是否正常。

3）设备、备品使用后及时归位，实行定置管理，遇设备、备品故障，及时报修。

4）不得安装与旅服系统无关的软件，不得使用外来存储介质。

5）车站各处所监控视频探头指向有效位置。

6）检查岗位卫生，保持整洁。

7）备品、资料定置摆放。

五、售票值班员

1. 售票值班员的岗位职责

1）接受车间主任和副主任的领导，负责班组人员的管理工作，按作业标准检查指导售票业务，按质按量完成售票工作。

2）坚持全面服务、重点照顾的原则，做到“三要、四心、五主动”，认真听取旅客提出的意见和建议，落实首问首诉负责制，及时处理旅客意见，不断提高售票服务质量。

3）对生产任务和日常情况进行分析记录，每月完成相关报表的填写、上交和装订。

4）负责现场生产组织工作，合理利用劳力，安排售票窗口，做好现场作业组织、设备设施和卫生状况的监督检查。

5）负责处理生产现场出现的问题，对不能处理的问题，及时上报，做好信息传递工作。

6）负责车间的票据管理工作，按时对各类票据进行收集、整理，配合完成票据统计工作。

7）组织辅导班组职工技术业务和政治学习，负责有关业务规章的修改。

8）认真完成车间交办的其他任务。

2. 售票值班员的作业流程

（1）接班作业

1）提前 10min 到岗，掌握本班工作重点，就本班工作重点进行对接。

2）了解列车停运、加开和正晚点信息。

3）检查设备、系统是否运行正常，窗口配备资料、备品是否齐全；清点备用金、票据和碳带，核对计算机票号与制票机票号是否一致；检查窗口卫生是否整洁。

4）核对交接班簿内容，签名确认接班。

（2）班中作业

1）负责与售票窗口进行零钞兑换工作。

2）受理各类特殊票额的发售并做好登记；处理特殊情况、异常情况的售取票工作。

3）遇列车晚点时，做好晚点列车的信息维护工作。

4）监管各售票窗口的售票作业及设备运行状态，发现问题，及时纠正、处理。

5）定时巡查客运设施设备和消防器材的运行使用情况，遇设施设备故障、信息内容不正确时，及时向相关部门报告，协助处理。

6）严格执行首问首诉负责制，认真受理旅客的求助与投诉，积极协调处理生产中发生的问题，做好信息的收集和反馈工作。

7）售票窗口的账款不符、需进行调账处理时，须核实情况并编写情况说明。

（3）交班作业

1）到点关窗、停止售票，电子显示屏调整为交班状态。

2）留足备用金，清点票款后输入计算机；在 POS（point of sale，电子付款）机上签退，打印“结算总计单”，填写解款清单、财收报表。

3）先交款后对账，并打印账页。

4）对下一班需处理的事项和重点工作认真交接，并将交班事项按规定填写在交接班簿内，签名确认交班。

六、售票员

1. 售票员的岗位职责

1）认真执行规章制度，根据售票计划，按作业程序、作业标准，迅速、准确地发售车票，办理登记、改签和退票手续。

2）以“人民铁路为人民”的服务宗旨，坚持“全面服务、重点照顾”，做到“三要、四心、五主动”；坚持使用文明用语，不讲服务忌语，落实首问制度，做到文明服务、礼貌待客。

3）按规定填写票据，做到真实、准确、清楚。

4）军事运输期间，准确无误地办理军运票据、计费工作，按客调命令售票，做好保密工作。

5）坚守岗位，按规定售票作业时间开关窗口。

6）加强自身业务学习，努力提高业务水平和计算机操作能力，缩短旅客购票时间，方便旅客。

7）严格执行交接班制度，按规定及时请领票卷、碳带，做好备用金、票据保管工作；正确核对账款，按时上缴相关单据，做到票款账目相符。

8）工作认真负责，售票、退票应严格执行“唱收唱补”制度；做到票种、日期、车次、席别、到站准确，收、找、退款清楚正确；杜绝误售、误购、误导等工作差错行为的发生。

9）注意票房安全，爱护设备备品，节约备品单据，搞好清洁卫生。

2. 售票员的作业流程

（1）接班作业

1）售票、签证窗口：清点备用金、票据和碳带，核对计算机票号与制票机票号是否一致；掌握列车停运、加开和正晚点信息；检查窗口卫生是否整洁，窗口配备资料、备品是否齐全，设备、系统是否运行正常。

2）退票窗口：清点备用金，核对未使用退票费号码是否正确，代用票、客杂、退票费报销凭证号码是否正确；掌握列车停运和正晚点信息，有无车票挂失记录；检查窗口卫生是否整洁，窗口配备资料、备品是否齐全，设备、系统是否运行正常。

3）开窗作业前，调整电子显示屏上的工号、预售期和作业时间等内容，设有 POS 机的窗口应在 POS 机上签到。

4）核对交接班簿内容，签名确认接班。

（2）班中作业

1）售票作业。

① 发售车票时，一张有效身份证件同一乘车日期同一车次只能购买一张实名制车票；需仔细核对旅客的有效身份证件，不允许凭旅客口头提供的证件号码购票，不允许不核对证件售票，不得随意手工输入身份证件信息。制票前，必须认真复核输入的身份证件信息，票、证一致方可将车票交给旅客。

② 执行“六字”售票法。问：问清旅客日期、车次、到站、座别、票种、张数；输：输入旅客乘车日期、车次，选择发到站、选择票种数量及席别，复诵一遍车票信息，旅客确认无误后，告知旅客票价；收：收取旅客购票款和旅客身份凭证，认真清点复诵并输入计算机；制：印制车票；核：核对票面信息是否完整正确，发现异常及时更正，做到票面信息完整正确；交：将车票、余款及旅客身份凭证交给旅客，同时，唱报日期、到站、张数及找零款额，做到一次一清，票款分类，妥善存放。

③ 遇旅客所持二代居民身份证无法自动识读、识读设备故障或者使用其他有效身份证

件购票时，由售票员选择有效身份证件类型，手工录入旅客身份信息，并核对无误后，方可出票。

④ 制票后交付时，旅客当场发现票面身份信息有误时，应由售票员收回作废、另发新票。

⑤ 办理“实名制车票挂失补”业务的窗口，须核实旅客购票时所使用的有效身份证件原件、原车票乘车日期和购票地车站名称，办理时间不晚于票面发站停止检票时间的前20min，即开车前25min。核实后，须将旅客有效身份证件名称、号码、原车票乘车日期、车次、发站、到站、购票地车站和席位等信息，登记在“实名制车票挂失补办登记表”内，并经售票车间主任审核确认签字后方可办理。对超过规定时间提出的、原车票已经退票的或已经挂失补办的，不可办理挂失补办手续。

⑥ 无论任何原因须离开售票窗口时，退出售票界面到暂停状态，钱箱必须锁闭，窗口钥匙妥善保管，窗口电子显屏调整为“暂停服务”。

2）退票作业。

① 办理退票业务时，旅客需提供车票和购票时所使用的有效身份证件原件。在旅客无法出示本人有效身份证件原件时，售票员应引导其到车站铁路公安制证窗口，办理临时身份证明。

② 执行“六字”退票法。看：接过车票，看清票面日期、车次、票价、有效期，注意票面信息是否完整有效。不退过期失效车票，不退开车后改签车票，不退盖有“行”字戳记车票。问：告知旅客退票费率，问清旅客是否退票。输：确认无误后，选择正确的退票理由及票额返库用途，将车票信息输入计算机。核：核对票面内容、旅客身份凭证和屏幕显示一致后，将退票费和净退款额告知旅客，旅客表示接受同意退票后办理，核清净退款。盖：在票面上加盖“退”字章，妥善保管退回车票，不丢失。交：将净退款、退票报销凭证和旅客身份凭证交给旅客，做到唱报清楚。

③ 按规定办理“挂失补”车票的退票业务。

④ 退票窗口与其他售票窗口产生借款时，双方售票员必须在借款签收簿上签字。

3）签证作业。

① 执行“七字”签证法。问：问清旅客乘车日期、车次、席别；看：接过票证，看清票种、日期、发到站、发车时间，确认票证真实有效，符合签证要求；输：输入原票信息及旅客乘车日期、车次、席别，注意始发改签时收回原票，在票面加盖改签章，妥善保管；收：收取相应费用；制：印制车票；核：核对票面信息是否完整正确，发现异常及时更正，禁止出售票面印刷不清及有误的车票；交：递交票、证及余款，同时唱报日期、到站、张数及找零款额，做到一次一清，票款分类，妥善存放。

② 始发改签要收回原票，换发新票，车票票面打印“始发改签”字样，在原票票面上加盖改签章，按顺序妥善保管。

③ 始发改签执行多退少补原则；办理中转签证产生差价时，只补不退。

④ 对用二代身份证购买的电子客票，能直接识读二代证的，可不换票直接办理改签手

续；对二代身份证无法识读或用非二代身份证购买的电子客票，需输入订单号和身份证件号，可不用换票，直接办理改签手续。

⑤ 无论任何原因须离开售票窗口时，退出售票界面到暂停状态，钱箱必须锁闭，窗口钥匙妥善保管，窗口电子显屏调整为“暂停服务”。

（3）交班作业

1）到点关窗、停止作业，电子显示屏调整为交班状态。

2）售票、签证窗口：留足备用金，清点票款后输入计算机，若有电子支付还须在POS机上签退，打印“结算总计单”，将旅客签字的各种凭条交进款室；填写解款清单（一式两份），交款完毕后，把解款清单和废票一并交与结账人员核对，严格执行先交款、后结账制度。

3）退票窗口：清点余款，留足备用金后，将借款、余款、POS机交易金额等相关项目输入计算机；POS机、软POS签退，打印“结算总计单”，填写领款清单（一式两份），将领款清单、余款和旅客签字的各项凭条交入进款室后，与结账人员核对领款清单，打印退票窗口日账单；严格执行先交款、后结账制度，根据退票实际使用金额，认真填写相关票据并上交。

4）做到窗口卫生整洁，资料备品齐全，填写交班簿，签名确认交班。

任务2

高铁列车客运岗位设置及岗位职责

在铁路运输企业中，列车（包括普铁、动车组、高铁列车）乘务工作由列车所属铁路局客运段负责。

一、列车长

1. 列车长的岗位职责

1）遵守国家法令和规章制度，按照列车长的岗位标准和要求，领导乘务人员良好地完成旅客和行包的运送任务。

2）严格执行安全制度，经常对班组人员进行安全教育和群众性的查思想、查制度、查领导、查纪律的“四查”活动，确保旅客、行包和国家财产的安全。

3）坚持“人民铁路为人民”的宗旨，组织乘务员做好列车服务、广播宣传、饮食供应和整车卫生工作，认真听取并及时正确处理旅客意见。遇到铁路总公司、铁路局客运领导检查工作时，主动汇报，接受指导。有外宾或者首长乘车时，要热情接待，妥善安排。遇有情况，请示报告。

4）根据上级命令指示，及时修改规章，组织乘务员练好基本功；按规定查验乘车有效证件，正确填写票据、表报，妥善保管票款；掌握客流、行包运输规律，做好客运计划工作。

5）加强班组管理，认真组织劳动竞赛，及时总结、推广先进经验，密切站车协作，处理好列车各乘务组和人员之间的关系。

6）正确行使列车长的职责，坚持走群众路线，关心群众生活，注意工作方法，发现问题，正确处理。同时，坚持民主管理的原则，分配公开，主动征求、虚心听取职工意见，接受群众监督。

7）根据上级的工作要求，制订工作计划，采取有效措施，认真组织落实，及时总结汇报。

2. 列车长的作业流程

（1）列车长在始发站的工作

始发站，即列车担当段所在的车站。列车长在始发站要为出乘做好一系列准备工作，包括到客运段派班室接受任务，编制趟计划，请领办公用品、服务备品、清洁工具，接收列车车底，以及进行出乘各项作业的检查督促。

1）接受任务。

列车长在出乘前，应在规定时间内到派班室报到，接受段领导对乘务工作的指示、要求，摘抄国铁集团、铁路局颁发的客运文电；同时，与铁路局客调联系，了解列车编组有无甩挂作业。向车站客运部门了解本次列车旅客及行包的流量流向，有无团体旅客和大批行包，做到心中有数。根据派班室提供的乘务人员名单分配工作岗位，并填记在“乘务报告”内。列车长出乘前，还要做好趟计划，作为本次乘务工作的行动纲领。

列车长出乘前，必须携带有关规章、文电、本人图章，到客运段收入室（或者财务室）请领票据、记录、电报、旅客密度表以及办公用品、旅客意见簿、列车员交接簿、旅客去向登记簿等资料，审查广播员编制的广播趟计划，并批准执行。

除了做好自身工作准备外，列车长应于列车始发开车前 1.5h 左右，组织全体乘务员列队点名，检查仪容、着装，并组织全体乘务员列队到派班室听取有关命令、指示、传达，接受提问；布置当班计划，提出本次乘务的重点要求和具体目标。

2）接收列车。

列车长应组织全车班人员列队接车，到各车厢了解安全设备、车辆备品、活动备品、电茶炉等情况，一旦发现问题，应立即要求车辆段进行整备。同时，还应检查客车上水、冬季燃料供应情况，督促列车员对清洁用品、椅套等进行一一清点，并在交接簿上签字。

3）库内作业。

车底及备品交接完毕，检查列车卫生工作，组织客运员按计划上足餐料、商品，了解各车厢上水情况，督促各车厢按规定悬挂、摆放各种备品，整理好车容，做好“三乘”联检。做到审批有签字、鉴定有记录，按要求完成列车鉴定工作。

4）检票前准备。

放客前，列车长应与客运值班员联系，了解重点旅客情况，通知并指定专人负责安排照顾，全面检查列车，发现问题，及时通知有关部门解决。

5）迎接旅客上车。

列车长根据车站放客时间，广播通知各车厢乘务员做好迎接旅客上车的准备，按时统一打开车门，面向旅客放行方向立岗。检查列车员验票上车、查堵危险品、协助重点旅客上车、组织有序乘车等情况，妥善处理临时发生的问题，检查行李员监装、交接情况。另外，做好站车交接，接收乘车人数通知单、接受站方传达的有关命令指示，交接旅客上车的未尽事宜。

（2）列车长在折返站的工作

折返站是本次列车的终点站，但并不是本次出乘的终结，而是列车折返的开始。此时，列车长的主要工作有列车终到卫生、组织旅客下车、填写报表结算进款、站车交接及列车返程出发作业。

1）列车终到卫生。

列车到达折返站前，列车长要督促全体乘务员做好入库“三不带”，垃圾袋按规定交站处理。到达折返站后，列车长要领导班组做好出库卫生工作。

2）组织旅客下车。

列车到达折返站后，列车长应检查各车厢乘务员是否终到立岗，要求立岗整齐、扶老携幼、照顾重点旅客下车。同时，全面检查旅客遗失物品，会同乘警检查物品内容，开列详细清单，编制客运记录交站处理。

3）填写报表结算进款。

列车到达折返站后，列车长应结算票据、点清进款，要求各种报表填写清楚，台账、记录完整，生产数据统计正确，记载完整，票据、现金结算清楚。列车长对往程“旅客意见簿”整理、分类，能处理的及时处理，对往程的安全工作情况作出小结；发现备品有损坏、丢失，凡属人为过失者，应按备品价目表核收责任人赔款，上缴客运段。将本次值乘任务情况（输送旅客人数、行包件数、餐饮进款、车补收入），填入“乘务日志”；对班组工作质量（安全卫生、服务质量、旅客意见、列车正点、备品损耗）以及各乘务员工作表现，也应有相应记录，并提出自己的看法。

4）站车交接。

列车到达折返站后，列车长应及时与车站客运值班员办理交接工作，移交重点旅客和其他旅客未尽事宜。要求交接有记录、有签收，旅客遗失物品交站有记录、列车有登记。

5）列车返程出发作业。

列车由折返站出乘时，列车长必须向折返段派班室请示汇报。组织全体乘务员做好卫生、整理好车容、组织卫生鉴定工作。列车长应召集全体乘务员召开返程会，简单报告往程工作，布置返程任务。

（3）列车长在列车运行途中的工作

列车在运行途中，作为行政负责人的列车长，必须经常督促全体乘务员的工作，办理补票业务、计划运输、站车交接等事宜。每次往返，召开一次“联劳会”，与公安等一起研究本次乘务的重点，以便相互配合，安全、优质地完成旅客运输任务。

1）全面检查。

列车长在列车始发站、途中大站开车后，要到各车厢检查安全、服务、卫生、饮食供应、行包运输、广播等情况。

安全：检查各项安全制度和安全作业执行情况，落实车门管理制度，严格各项设备的使用管理；对车内设备故障（行李架断、车门把手失灵、玻璃破碎、卧具支撑不良等），要求随车机械师立即修复和整理；认真查堵危险品，加强列车消防器材的管理。

服务：检查乘务员的仪容着装、文明礼貌是否规范，督促乘务员端正服务态度，热情地为旅客服务。检查乘务员的全面服务、重点照顾、开水供应、座席调整、车内秩序、两点（服务点、医药点）一席（办公席）及服务设施的运用情况；解答旅客问询，听取旅客的意见反馈，解决服务上的各种问题。

卫生：检查车内卫生是否达到中途卫生标准、车容是否达到标准要求。其重点是茶具、餐具消毒，食品卫生。

饮食供应：检查餐车供应，保证饮食的供应质量，贯彻《中华人民共和国食品安全法》，保证开水充足。不允许发生擅自提价、乱收费等现象，规范餐车茶座经营。

行包运输：了解行包装载情况，督促行李员按章作业，及时预报。遇大批行包装卸及列车晚点时，要组织人力抢装抢卸，以确保列车正点。

广播：列车长应督促广播员按计划完成作业，并根据客流情况及车厢工作安排，适当穿插其他节目。

2）办理业务。

旅客在旅行的途中，常有许多问题需要列车乘务人员答复、处理。为此，列车专门设立了办公席，由列车长负责办理各项业务。必要时，也可由列车值班员或其他业务熟练的列车员协助，但须列车长给予指导。

列车长在列车进行途中办理的主要业务有以下几项。

① 根据客运规章、服务资料，正确解答旅客的问询。

② 认真填写“列车旅客密度表”，做好计划运输。

③ 按规定查验车票，处理无票、携带品违章，办理补票、旅行变更、出售剩余座席车票。

④ 按照国家政策和铁路规章，正确、妥善处理旅客运输过程中发生的特殊事宜；需要时，编制客运记录、拍发铁路电报，及时与站方办理交接。

二、列车员

1. 列车员的岗位职责

1）在列车长的领导下，完成乘务工作。
2）负责实施列车服务和车内安全工作。
3）无随车保洁人员时，负责运行中的车内卫生清洁。
4）负责各种服务备品的检查。
5）协助做好餐饮工作。
6）负责完成规定的广播任务。
7）负责实施车内各类紧急情况的处置。
8）完成规定的作业流程，并达到质量标准。
9）负责向列车长反馈各种信息。
10）完成列车长交代的其他工作。

2. 列车员的作业流程

（1）始发乘降作业

1）放客前，将高站台警示标志摆放在乘降门处。

2）车站广播通知放客后，打开本车厢车门，单元车厢列车员打开本单元车厢边门，挂警示标志，面向旅客放行方向立岗。

3）组织旅客验票上车，进行安全宣传。对老、幼、病、残、孕重点旅客主动搀扶，热情周到，帮助提行李。

4）采取"宣、看、问、闻、摸、检"六字法查堵危险品，发现异常，及时采取传呼的方式报告列车长。

5）车门口查验车票时要轻接轻还，认真准确核对旅客的车票及相关证件。遇到不是本车厢的旅客，礼貌指示其乘坐车厢的位置；遇旅客持不符合乘车条件的车票上车，应耐心解释，请其找列车长处理；遇无票人员强行上车，切勿拉拽，记住其样貌、所在位置，传报列车长及乘警前来处理。

6）引导旅客找好座位，介绍摆放行李的方法，帮助重点旅客安放行李物品，及时疏通车内通道，维持车内秩序，整理行李架。开车前 2min，着装整齐，到非乘降门一端立岗。

7）发车铃响后，站白线。铃止后，取下高站台警示标志并卷起，等候中部列车员示意后，统一上车并于乘降门处立岗瞭望，等候列车开动。

（2）途中乘降作业

1）列车到站前 10min，通告前方到站站名、到开时刻、站停时间；遇晚点，须通告晚点时间，将旅客组织到车门口，等候下车。

2）帮助重点旅客到车门口等候下车。

3）列车进站，提前到岗，立正姿势，面向站台行注目礼。

4）列车停稳后，打开车门。

5）组织旅客乘降时，先下后上，进行安全宣传；扶老携幼，帮提行李，看票上车；查堵危险品，安全有序地组织旅客乘降。

6）旅客上下车完毕后，投放垃圾，垃圾装袋、封口，定点投放。

7）铃响站白线，铃止上车。

8）面向站台立岗，左右瞭望，观察站台情况，等候开车。

（3）终到乘降作业

1）列车终到进站时，列车员分别在一、二位端车门立岗，面带微笑，姿势端正，面向站台行举手礼。

2）列车停稳后，开启靠餐车一端边门；进行安全宣传，扶老携幼，有序组织旅客下车。

3）列车员上车查看确认旅客下车完毕后，站白线，等候列车长示意后，统一上车；及时巡视检查车内是否有旅客遗失物品；检查完毕后，同意整备人员上车。

4）旅客上下车完毕后，投放垃圾，垃圾装袋、封口，定点投放。

5）及时锁闭门窗，防止闲杂人员上车。

复习思考题

1．高铁客运车站设置了哪些岗位？这些岗位在作业中存在哪些联系？并思考哪些岗位是车站客运工作的关键岗位。

2．分析列车长的岗位职能，并思考一名合格的列车长应具备哪些技能。

技能训练

安排相关人员 30 人，其中：值班站长 1 人，客运值班员 1 人，售票值班员 1 人，综控员 1 人，客运员 10 人（各岗位交接班各 1 人），售票员 6 人（售票、退票、签证岗位各 2 人），其余为旅客。模拟演练高铁车站各客运岗位一日作业流程。

项目三
高速铁路的旅客运输

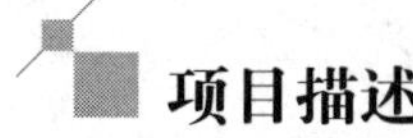

项目描述

本项目主要介绍了车票的作用与分类、车票票价、车票的发售规定和旅客乘车条件，以及旅行变更、旅客携带品等相关内容。

教学目标

1．知识目标

✧ 掌握车票的发售规定；

✧ 掌握旅客的乘车条件及不符合乘车条件的处理方法；

✧ 掌握旅行变更及代用票填制；

✧ 了解实名制售票、互联网售票和电话订票的有关规定。

2．能力目标

✧ 能准确操作实名制售票、互联网售票和电话订票的方法；

✧ 能准确计算各旅客车票的有效期间；

✧ 能灵活运用现行的规章制度解决旅客各种旅行变更、不符合乘车条件及旅客违章携带物品的问题。

3．素质目标

✧ 培养学生严谨求实的工作态度与良好的职业素质；

✧ 培养学生吸纳新知识、新方式、新方法的能力；

✧ 培养学生良好的社会适应能力和交流沟通能力。

任务 1

车票

一、铁路旅客的运输合同

（一）铁路旅客运输合同的概念

铁路旅客运输合同是明确承运人与旅客之间权利及义务关系的协议。起运地承运人依据《铁路旅客运输规程》订立的旅客运输合同对所涉及的承运人具有同等约束力。

铁路旅客运输合同的基本凭证是车票，而车票是铁路旅客运输合同的书面形式，但不是铁路旅客运输合同本身。根据《铁路旅客运输规程》（铁运〔1997〕101 号）的规定，铁路旅客运输合同从售出车票时起成立，至按票面规定运输结束旅客出站时止，为合同履行完毕。旅客运输的运送期间自检票进站起至到站出站时止计算。

（二）铁路旅客运输合同的主体和客体

根据《铁路旅客运输规程》的规定，铁路旅客运输合同的主体为铁路运输企业和旅客。其中，铁路运输企业是指铁路局和铁路分局，旅客是指持有铁路有效乘车凭证的人和同行的免费乘车儿童。铁路旅客运输合同的客体为运送行为。

（三）铁路旅客运输合同的内容

铁路旅客运输合同的内容为承运人和旅客的权利和义务。

1. 旅客的基本权利和义务

（1）基本权利

1）依据车票票面记载的内容乘车；

2）要求承运人提供与车票等级相适应的服务，并保障其旅行安全；

3）对运送期间发生的身体损害，有权要求承运人赔偿；

4）对运送期间因承运人过错造成的随身携带物品损失，有权要求承运人赔偿。

（2）义务

1）支付运输费用，当场核对票、款，妥善保管车票，保持票面信息完整可识别；

2）遵守国家法令和铁路运输规章制度，听从铁路车站、列车工作人员的引导，按照车站的引导标志进站、出站；

3）爱护铁路设备设施，维护公共秩序和运输安全；

4）对所造成的铁路或者其他旅客的损失予以赔偿。

2. 承运人的基本权利和义务

（1）基本权利

1）依照规定收取运输费用；

2）要求旅客遵守国家法令和铁路规章制度，保证安全；

3）对损害他人利益和铁路设备设施的行为有权制止、消除危险和要求赔偿。

（2）义务

1）确保旅客运输安全正点；

2）为旅客提供良好的旅行环境和服务设施，不断提高服务质量，文明礼貌地为旅客服务；

3）对运送期间发生的旅客身体损害予以赔偿；

4）对运送期间因承运人过错造成旅客随身携带物品损失予以赔偿。

（四）铁路旅客运输合同的特征

1. 铁路旅客运输合同为格式合同

铁路旅客运输合同为格式合同，是指铁路旅客运输合同的合同条款主要是铁路运输企业预先确定车票的内容，一般不涉及与旅客协商。

2. 铁路旅客运输合同的一方当事人恒为铁路运输企业

因为铁路运输属于公共运输范围，法律对承运人的资格做出了相关规定，设置了较严格的铁路运输市场准入制度。目前，我国的铁路旅客运输承运人仅为铁路运输企业，即各铁路局和铁路分局。

3. 铁路旅客运输合同内容的法定性

铁路旅客运输合同作为运输合同的一种，不仅在《民法典》中有相关的规定，而且在《中华人民共和国铁路法》（以下简称《铁路法》）、《铁路旅客运输规程》中也有具体规定，明确了合同的具体内容。

4. 铁路旅客运输合同订立的强制性

根据我国《民法典》的规定，从事公共运输的承运人不得拒绝旅客、托运人通常、合理的运输要求。同时，《铁路旅客运输规程》中规定，在有运输能力的情况下，承运人或销售代理人应按购票人的要求发售车票。这就是法定的承运人缔约义务，即铁路运输企业无正当理由不得拒绝旅客的乘车要求。

二、车票的作用与分类

（一）车票的作用

车票的作用体现在以下几个方面。

1）铁路旅客运输合同的组成部分；

2）铁路旅客运输合同的书面形式；

3）铁路旅客运输合同的凭证；

4）旅客运输的凭证；

5）资格证券；

6）纸质车票是报销凭证。

（二）车票的分类

车票是铁路旅客运输合同的基本凭证，是乘车票据的总称。车票票面主要应当载明发站和到站站名、径路、座别、票价、车次、乘车日期、有效期等内容。其分类情况如下。

1. 按载体形式分类

（1）纸质车票

纸质车票包括软纸票（票面粉红色，俗称红票，供普通制票机使用）、磁介质车票（票面浅蓝色，俗称蓝票，供磁制售票机和自动售票机使用）、代用票（车站计算机售票系统故障、办理团体旅客票、包车及旅行变更和在列车内补收票价时使用的一种票据）等。目前，铁路旅客车票主要采用红色条形码和蓝色磁介质纸质车票，均实行实名制。它集铁路旅客承运合同、乘车凭证、报销凭证等功能于一体。

（2）铁路电子客票

铁路电子客票以电子数据形式体现乘车日期、乘车站、到站、车次、席别、票价和有效期等铁路旅客运输合同内容，是纸质车票的替代形式。旅客通过中国铁路客户服务中心，网上订购车票后，仅凭订购车票的有效二代身份证件直接到车站，通过自动检票机进站检票、乘车、出站检票。目前，电子客票应用在多条高铁线路沿线车站。

（3）铁路乘车卡

铁路乘车卡是指承运人接受并在指定范围内使用，在旅客进出站时，由自动检票机自动识读并记录乘车日期、乘车站、到站、车次、席别和票价等信息，到站后扣付票款的电子卡片式凭证。目前，铁路乘车卡包括中铁银行支付有限公司发行的中铁银通卡和中国工商银行股份有限公司发行的广深牡丹信用卡。

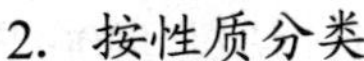

2. 按性质分类

（1）客票

客票是指能够单独使用的车票，包括软座客票、硬座客票。

（2）附加票

附加票是客票的补充部分，可以与客票合并发售，包括加快票、空调票、卧铺票，但除免费儿童外不能单独使用。

3. 按中转换乘方式分类

（1）直达票

直达票是指从发站至到站不需中转换乘的车票。

（2）通票

通票是指从发站至到站需中转换乘的车票。

4. 按优惠条件分类

（1）全价票

全价票是指按票价全价发售的车票。

（2）儿童优惠票

儿童优惠票是指对符合优惠条件的儿童按规定发售的优惠车票。

（3）学生优惠票

学生优惠票是指对符合优惠条件的学生按规定发售的优惠车票。

（4）残疾军人票

残疾军人票是指对符合优待条件的残疾军人、伤残人民警察按规定发售的半价车票。

（5）团体优惠票

团体优惠票是指对符合优惠条件的乘车团体按规定发售的优惠车票。

三、车票的有效期

作为运输合同的车票具有时效性，即为车票的有效期间。从售出车票时起成立，至按票面规定运输结束旅客出站时止，为合同履行完毕。

（一）车票有效期的规定

1）直达票当日当次有效，但下列情形除外：

① 全程在铁路运输企业管内运行的动车组列车车票有效期由企业自定；

② 有效期有不同规定的其他票种。

2）通票的有效期按乘车里程计算。1000km 里程的有效期为 2 日；超过 1000km 里程的，每增加 1000km，有效期增加 1 日；不足 1000km 里程的尾数，有效期按 1 日计算。通票的有效期自指定乘车日起至有效期最后一日的 24:00 止。

3）由于误售、误购、误乘或坐过站，在原通票有效期不能到达应到站时，应根据折返站至正当到站间的里程，重新计算通票有效期。

（二）车票有效期的延长

遇有下列情况，可延长通票的有效期：

1）因列车满员、晚点、停运等原因，使旅客在规定的有效期内不能到站时，车站可视实际需要延长通票的有效期。延长日数从通票有效期终了的次日起计算。

因列车满员或意外事件致列车停止运行，旅客不能按票面指定的日期、车次乘车时，车站应积极为旅客办理签证及通票有效期延长手续。办理时，应在通票背面注明“因××延长有效期×日”并加盖站名戳。如果旅客托运行李，还应在行李票上签注“因××原因改乘×月×日××车次”并加盖站名戳，作为到站提取行李时，计算免费保管日数的凭证。

2）旅客因病中途下车后恢复旅行时，在通票有效期内出具医疗单位证明或经车站证实，可按医疗日数延长有效期，但最多不超过 10 天；卧铺票不办理延长，可办理退票手续；同行人同样办理。

任务 2 高速铁路客运运价

一、动车组票价

（一）定价依据

2007 年，铁道部发布了《关于确定 CRH1、CRH2 和 CRH5 型动车组座车等级为软座车的通知》，要求动车组的定价依据《国家计委关于高等级软座快速列车票价问题的复函》（计价管〔1997〕1068 号）的规定，旅行速度达到 110km/h 以上的快速列车软座票价基准价：每人千米一等座车为 0.3366 元，二等座车为 0.2805 元，可上下浮动 10%。

按《国家计委关于广深铁路运价的复函》（计价管〔1996〕261 号）的规定，广深线开行的动车组列车票价可在国铁统一运价为中准价上下浮动 50%的基础上，再上下浮动 50%，由企业自主定价。

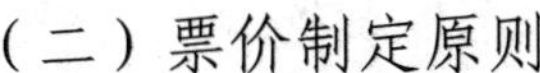

（二）票价制定原则

1. 经济有效性原则

经济效益是评价价格体系的基本经济学准则，好的价格体系必然是经济有效的。一个好的运价结构必定会鼓励运输消费者和生产者有效利用其所得到的资源。同时，价格是引导消费者和供给者的最有效信号：过低的价格会导致某些新产品或服务的需求过于旺盛，但生产者却丧失增加供给的兴趣；过高的价格又会引起运输企业在缺少足够社会需求的产品或服务上投入过多的产品及服务。高速铁路票价的制定是建立在经济有效性的基础上的，通过了大量的社会调查，遵循了经济有效性原则。

2. 运价的效率原则

价格能诱导消费者和生产者的行为，只有合理的定价才能保证供需平衡。过低的运输价格会激发隐性运输需求，造成社会资源的浪费；太高的运输价格会导致运输需求量减少，浪费为该部分固定运输设施投入的资源。因此，有效定价原则的基本表述为任何交通服务的定价都应该等于该生产服务的机会成本，应遵循下面两个公式：

价格＝短期边际成本

总支付意愿的折现值≥所用资源机会成本的折现值

3. 有效运价与运输成本的关系

1）载运工具成本与有效定价。交通工具成本与价格是相互影响的。以客运专线动车为例，动车组的生产制造成本对铁路运输企业制定高速铁路票价有着很大的影响；而高速铁路票价的高低又决定着高速动车组的维修过程、速度及其数量的多少。

2）运输工具运营成本与有效定价。有效定价原理要求交通工具使用者支付运营的边际成本，这里存在着在拥挤条件下如何有效分配运营成本的问题。此时，使用的人数越多，成本就越高，解决方法就是“拥挤收费”。

3）固定设施成本与有效定价。道路设施的容量相对交通量而言比较大，则拥挤的产生就比较少，因而拥挤价格就低；反之，拥挤价格就高。如果使运输企业的支出与其造成的边际成本一致，就会形成对运输设施的最有效利用。

（三）公布票价

动车组是运行速度在200km/h及以上的列车。动车组列车的票价，由给定的票价率、运价里程，根据车厢等级不同，按不同公式计算，最终精确至0.5元。

1. 普通动车组座车公布票价

普通动车组座车公布票价的计算公式如下：

二等座车公布票价＝0.2805×（1＋10%）×运价里程

一等座车公布票价＝0.3366×（1＋10%）×运价里程

广深线上的动车组列车公布票价由企业在规定水平内自行确定。例如，京津城际铁路是中国第一条运行速度达到350km/h的高铁，其运营初期的全程票价是按照京津既有线里程（137km），在高等级软座快速列车费率（一等座0.3366元/km，二等座0.2805元/km）的基础上上浮50%制定的。其公式如下：

二等座车公布票价＝0.2805×（1＋50%）×137=57.6427≈58（元）

一等座车公布票价＝0.3366×（1＋50%）×137=69.1713≈69（元）

2. 普通动车组软卧公布票价

2008年，普通动车组软卧车陆续上线运行，铁道部公布了普通动车组卧铺的票价规定。普通动车组软卧公布票价的计算公式如下：

软卧上铺软卧公布票价＝0.3366×（1＋10%）×1.6×运价里程

软卧下铺软卧公布票价＝0.3366×（1＋10%）×1.8×运价里程

3. 普通动车组高级软卧公布票价

2009年，铁道部按新空特快不同席别的比价关系和动车组软卧的票价，对普通动车组高级软卧票价做了规定。普通动车组高级软卧公布票价的计算公式如下：

高级软卧上铺软卧公布票价＝0.3366×（1＋10%）×3.2×运价里程

高级软卧下铺软卧公布票价＝0.3366×（1＋10%）×3.6×运价里程

4. 普通动车组列车特等座、商务座等席别公布票价

2011年，铁道部按不同席别占用面积和既有动车组列车票价，对时速200～250km的动车组列车特等座、商务座、一等包座、观光座票价做了规定。动车组列车特等座、商务座、一等包座、观光座公布票价的计算公式如下：

特等座公布票价＝0.2805×（1＋10%）×1.8×运价里程

商务座公布票价＝0.2805×（1＋10%）×3×运价里程

一等包座、观光座按特等座公布票价执行。

5. 时速300～350km动车组列车票价

对时速300km及以上动车组列车实行票价浮动。

（四）特殊人群票价

按《铁路旅客运输规程》等有关规定享受减价优惠（待）的儿童、学生、伤残军人（警察）乘坐动车组时，其票价均以公布票价为基础计算。

1. 动车组列车儿童票价

1）动车组软座儿童票价，按公布票价的50%计算。

2）动车组软卧儿童票价＝动车组软卧公布票价－动车组一等座公布票价÷2。

依据《关于明确动车组儿童卧铺票价计算有关事项的通知》，在运价里程不足400km时，公式中扣减的动车组一等座公布票价均按400km处公布票价计算。例如，上海至南京线路里程约304km，动车组软卧下铺公布票价是200元，301km处一等座公布票价是112元，400km处一等座公布票价是149元，则动车组软卧儿童票价＝200－149÷2＝125.5元。

当计算出的动车组儿童优惠票价高于动车组折扣票价时，动车组儿童优惠票价按动车组折扣票价执行。

2. 动车组列车学生票价

学生票可享受动车组列车二等座票价优惠。动车组列车学生票价按二等座公布票价的75%计算。

新生凭录取通知书、毕业生凭学校书面证明，可购买一次学生票。

当计算出的动车组学生优惠票价高于动车组折扣票价时，动车组学生优惠票价按动车组折扣票价执行。例如，北京至上海途经天津西站的D31次列车，二等座公布票价为400余元，目前执行的折扣价格为7.2折，但学生优惠票按公布票价的75%计算，相当于7.5折，优惠票价高于动车组折扣票价，故按折扣票价执行。

3. 动车组列车残疾军人票价

1）动车组软座、软卧残疾军人票价，按公布票价的50%计算。

2）当计算出的动车组残疾军人优待票价高于动车组折扣票价时，按动车组折扣票价执行。

（五）浮动票价

依据《铁道部关于取消强制保险后动车组列车票价》（铁运电〔2012〕102号）及《关于旅客票价计算等相关事项的通知》（铁运电〔2010〕110号）的第二、三项内容，浮动票价的计算及相关事项规定如下。

1）票价浮动时动车组列车以公布票价、其他列车以“旅客票价表”公布的票价为基础，按下列公式计算：

$$浮动票价=公布票价\times(1+\alpha)$$

式中，α 为上下浮动幅度，当下浮时，α 为负数。

2）实行票价浮动的列车，均按上述第一项计算确定的浮动票价为该列车应收票价。对无票人员补收票款、按规定加收票款及退票核收退票费等情况，应按上述应收票价计算有关票款。

3）按规定旅客变更席别、车次、径路等产生票价差额需退还时，票价差额按联合票价“应收—已收”原则计算。“应收”是指旅客变更前已乘及变更后将乘列车区间及席别按联合票价计算确定的票价，“已收”是指变更前原票面载明的列车区间及席别的票价。

（六）票价执行

1）普通动车组座位车票价可按公布票价打折，但应符合下列条件：

① 根据不同区域、不同季节、不同时段的市场需求，实行不同形式的打折票价。

② 二等座车公布票价打折后不得低于相同运价里程的新空软座票价。在短途，公布票价低于新空软座票价时，按公布票价执行。70km 及以下运价里程的动车组不进行任何形式的打折优惠，一律按公布票价执行。

③ 经过相同径路、相同站间、相同时段的不同车次，应执行同一票价。

④ 同一车次，各经停站的票价在里程上不能倒挂。

⑤ 一等座车与二等座车的比价在（1∶1.2）～（1∶1.25）之间。

2）动车组软卧票价可按公布票价打折，但打折后不得低于相同运价里程的新空软卧票价。

3）动车组高级软卧票价可按公布票价打折，但打折后不得低于相同运价里程的动车组软卧票价。

4）动车组特等座、商务座、一等包座、观光座票价可按公布票价打折，但特等座打折后票价不应低于一等座公布票价，商务座打折后票价不应低于特等座公布票价。

5）其他有关票价执行、管理权限等均按《关于动车组票价有关事项的通知》（铁运电〔2007〕75 号）和《铁路客运运价规则》（铁运〔1997〕102 号）等规定执行。

（七）管理权限

公布票价由国铁集团决定。折扣票价由铁路运输企业决定，并在公布前 3 天报国铁集团备案。但下列情况要在公布前 10 天报国铁集团备案：

1）跨局开行的动车组列车；

2）折扣率需低于 6 折时；

3）铁路运输企业之间意见有分歧时。

公布票价的折扣率和折后票价由上车站所在铁路局提出车次别、发到站别的动车组列车点到点票价，商有关担当铁路局后，按管理权限执行。

（八）公布

按列车开行日期，至少提前 7 天在车站营业场所向旅客公布点到点票价，不公布价率。实行打折优惠时，车站除公布票价外，还要及时公布列车次别点到点票价的折扣率和折后票价。

公布票价打折时，应在票面打印“折”字。

二、客运杂费

客运杂费是指在铁路运输过程中，除去客运运价以外，铁路运输企业向旅客、托运人、收货人提供的辅助作业、劳务及物耗等所收的费用。

（一）客运杂费的种类

1. 付出劳务所核收的费用

该类费用包括搬运费、送票费、接取送达费、手续费等。核收这类费用，是因为旅客或托运人、收货人提出了特殊服务要求。

2. 违反运输规定所核收的费用

该类费用包括各种无票乘车加收的票款及违章运输加倍补收的运费等。为了维护站、车秩序，对无票乘车或持失效车票乘车的人员，应根据《铁路法》及客运规章有关规定加收票款。

3. 使用有关单据及其他用品所核收的物耗费用

该类费用包括货签费、安全标志费、其他用品费等。铁路运输企业应本着为人民服务的精神，核收适当的费用。

4. 为加强资金与物资管理所核收的费用

该类费用包括迟交金、保价费、保管费等，其具体数额是按照有关款额的百分比或保管的日数进行计算收取的。

核收客运杂费，应按规定收费项目实际发生的内容收费，未发生的项目或未付出相应的劳务不准收费，更不准随意扩大、曲解收费项目。发生多收、少收、乱收杂费时，根据实际情况，按照铁路有关规定办理退补，无法退补的应上缴。

（二）客运杂费的核收标准和相关收费规定

客运杂费的收费项目和收费标准由国务院铁路主管部门制定。统一规定的部分杂费收费项目及收费标准见表 3-1。

表 3-1　部分客运杂费收费项目及收费标准

收费项目		计费条件	收费标准	备注
1	手续费	列车上补卧铺	5 元/人次	同时发生时按最高标准核收一次手续费
		其他	2 元/人次	
2	退票费	按每张车票面额计算	开车前 15 天（不含）以上退票的，不收退票费； 票面乘车站开车前 48h 以上、15 天以内的，按 5%；开车前 24h 以上、不足 48h 的，按 10%；开车前不足 24h 及开车后的，按 20%	尾数以 5 角为单位：不足 2.5 角的尾数舍去；2.5 角以上小于 7.5 角的，计算为 5 角；7.5 角以上进整为 1 元。最低按 2 元计收
3	送票费	送到集中送票点	3 元/人次	
		送到旅客手中	5 元/人次	
4	标签费	货签费	0.25 元/个	
		安全标志费	0.2 元/个	
5	行李、包裹变更手续费	装运前	5 元/票次	
		装运后	10 元/票次	
6	行李、包裹查询费	行李、包裹交付后，旅客或收货人还要求查询时	5 元/票次	
7	行李、包裹装卸费	从行李房收货地点至装上行李车，或从行李车卸下至交付地点，各为一次装卸作业	2 元/件次	超过每件规定重量的，按其超重倍数增收
8	行李、包裹保管费	超过免费保管期限，每日核收	3 元/件次	超过每件规定重量的，按其超重倍数增收
9	行李、包裹搬运费	从车站广场停车地点至行李包房办理处或从行李包交付处搬运至广场停车地点，各为一次搬运作业；由汽车搬上、搬下时，另计一次搬运作业	1 元/件次	超过每件规定重量的，按其超重倍数增收
10	行李、包裹接取送达费	接取、送达各为一次作业，每 5km（不足 5km，按 5km 计算）核收	5 元/件次	超过每件规定重量的，按其超重倍数增收
11	携带品搬运费	从广场停车点搬运至站台或从站台搬运至广场停车点，各为一次搬运作业；由汽车搬上、搬下时，另计一次搬运作业	2 元/件次	每件以 20kg 为限，超重时按其超重倍数增收
12	携带品暂存费	每日每件核收	3 元/件	每件以 20kg 为限，超重时按其超重倍数增收

车票发售

一、车票发售的基本规定

车票应在承运人、销售代理人的售票处或网络上购买。在有运输能力的情况下，承运人或销售代理人应按购票人的要求发售车票。

承运人可以办理往返票、联程票、定期票、不定期票、储值票、定额票等多种售票业务，以便购票人购买和使用。

在有计算机售票设备的车站，除系统设备故障等特殊情况外，不得发售手工票。车票发售按以下规定办理。

（一）客票

1）车站发售车票时，应根据购票人指定的到站、座别、径路发售，不得使用到站不同但票价相同的客票代替旅客到站的客票。

2）动车组列车车票最远发售至本次列车终点站。

3）发售软座客票最远至本次列车终点站。这是因为目前软座车的能力有限，还不能完全满足中转旅客的需要。

4）发售去边境地区的车票时，应要求旅客出示国务院铁路主管部门、公安部门规定的边境居民证、身份证或边境通行证等有效证件。

（二）儿童票

1）承运人一般不接受儿童单独旅行，乘车通往学校的学生和承运人同意在旅途中监护的除外。

2）每一成人旅客可免费携带一名身高不足 1.2m 的儿童免费乘车，但该名儿童不能占用席位；超过一名时，超过的人数应买儿童票。

3）随同成人旅行的身高 1.2～1.5m 的儿童，可享受儿童票价；超过 1.5m 时，应购买全价票。

4）儿童票的座别应与成人车票相同，其到站不得远于成人车票的到站。

5）通往学校的小学生无论身高多少，均按学生票办理。成人无论身高多少，均应购买全价票。

（三）学生票

1. 购买条件

在普通大专院校（含国家教育主管部门批准有学历教育资格的民办大学）、军事院校，中小学和中等专业学校、技工学校就读，没有工资收入的学生、研究生，家庭居住地和学校不在同一座城市时；华侨学生和我国港澳台学生，按照学生票规定办理。

2. 票价

动车组列车只发售二等座车学生票，学生票价以公布票价的75%计算。

3. 购票凭证

附有加盖院校公章的减价优待证的学生证（小学生凭书面证明），每年可享受家居地至院校地址之间4次单程学生票；新生凭录取通知书、毕业生凭学校书面证明，可购买一次学生票。

4. 发售规定

1）发售学生票时，应按近径路或换乘次数少的列车发售。学生购买联程票或乘车区间涉及动车组列车的，可分段购票。学生票分段发售时，由发售第一段车票的车站在学生优惠卡中划销次数，中转站凭上一段车票售票，不再划销乘车次数。

2）在乘降所上车的学生（其减价优待证上注明上车地点为乘降所），可以在列车上购买全程学生票，并在减价优待证相当栏内，由列车长注明“×年×月×日乘××列车”，加盖名章，作为一次乘车次数登记。

3）减价优待证记载的车站是没有快车或直通车停靠的车站时，离该站最近的大站（可以超过减价优待证规定的区间）可以发售学生票。

4）在超过减价优待证记载的区间乘车时，对超过区间按一般旅客身份办理，核收全价。

5）华侨学生和我国港澳台学生回家时，车票发售至边境车站。

6）符合减价优待条件的学生无票乘车时，除补收票款外，同时应在减价优待证上登记盖章，作为一次乘车次数登记。

7）乘车时间为每年的6月1日—9月30日和12月15日—3月31日。

8）不能发售学生票的情况：

① 学校所在地有学生父或母其中一方时；

② 学生因休学、复学、转学、退学而乘车时；

③ 学生往返于学校与实习地点时；

④ 学生证未按时办理学校注册的；

⑤ 学生证优惠乘车区间更改但未加盖学校公章的；

⑥ 没有“火车票学生优惠卡”，“火车票学生优惠卡”不能识别或与学生证记载不一致的。

（四）残疾军人票

1）中国人民解放军和中国人民武装警察部队因伤致残的军人凭“中华人民共和国残疾军人证”，因公致残的人民警察凭“中华人民共和国伤残人民警察证”享受减价待遇。

2）动车组软座、软卧残疾军人票，按公布票价的50%计算。

3）“中华人民共和国残疾军人证”和“中华人民共和国伤残人民警察证”由国家有关部门颁发，铁路运输企业有权进行核对。

4）持有其他抚恤证的人员，如革命工作人员残疾证，参战民兵、民工残废证等，均不能享受减价待遇。

（五）团体旅客票

1）6人及以上乘车日期、车次、到站、座别相同的旅客，可作为团体旅客。

2）团体旅客乘车时，车站在编制旅客日计划时，应优先安排。如填发代用票，除代用票持票人本人外，每人另发一张团体旅客证。

3）按团体旅客办理的车票，改签、退票时，应不晚于开车前48h。对团体票暂不提供“变更到站”服务。

4）团体旅客的退票时间及一般旅客因不可抗力或伤、病（有医生证明）等特殊原因不能按票面标明时间、车次乘车的，按《铁路旅客运输规程》规定办理；但因上述特殊情况，在开车后2h内改签的车票，不能再办理退票。

（六）代用票

代用票（图3-1）是根据需要临时填发的票据。

1. 需填写代用票的情况

1）计算机售票故障或移动售票机发生故障；

2）办理团体旅客乘车；

3）包车；

4）旅行变更；

5）承运人误撕车票重新补办车票；

6）误售、误购车票补收差价；

7）办理旅游专列。

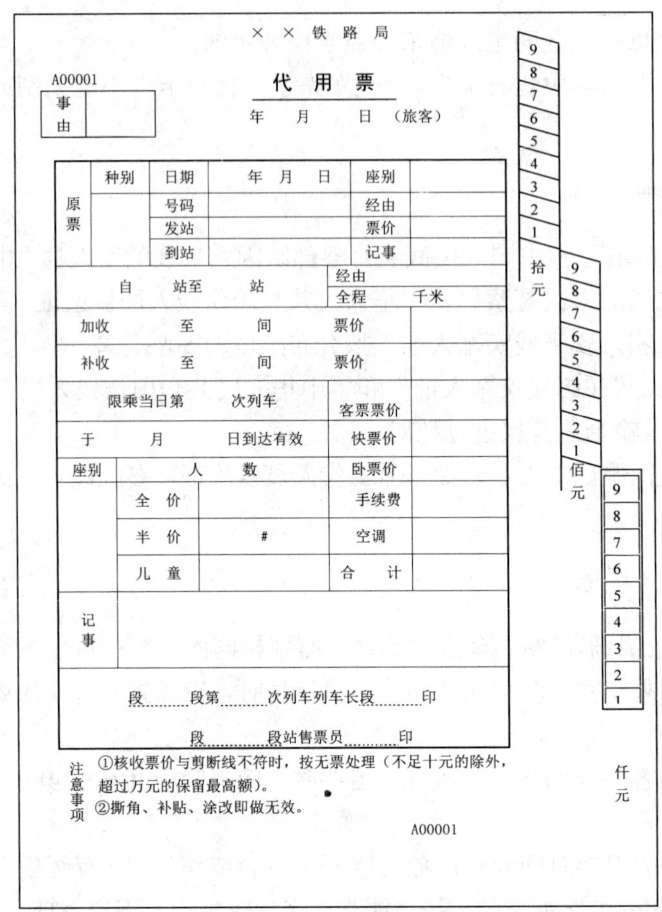

××铁路局

A00001

代用票

事由	

年　月　日（旅客）

原票	种别	日期	年　月　日	座别	
		号码		经由	
		发站		票价	
		到站		记事	
自　站至　站				经由 全程　千米	
加收　至　间				票价	
补收　至　间				票价	
限乘当日第　次列车				客票票价	
于　月　日到达有效				快票价	
座别	人　数			卧票价	
	全　价			手续费	
	半　价	#		空调	
	儿　童			合　计	
记事					
段　段第　次列车列车长段　印					
段　段站售票员　印					

注意事项　①核收票价与剪断线不符时，按无票处理（不足十元的除外，超过万元的保留最高额）。
②撕角、补贴、涂改即做无效。

A00001

拾元 9 8 7 6 5 4 3 2 1

佰元 9 8 7 6 5 4 3 2 1

仟元 9 8 7 6 5 4 3 2 1

图 3-1　代用票样

2. 发售代用票时的注意事项

发售代用票时，乙页应按票价“合计”栏的款额，在“款额剪断线”的相当款额右侧剪断；将实收款额留本页交给旅客，剩余部分粘贴在丙页上报。收回原票换发代用票时，应将原票随丙页上报。

3. 填写代用票的要求

应按规定从上至下、从左至右逐项填写，项目填写齐全，不用栏画斜线。填写字体要清晰，票面填写禁止涂改，如遇填写错误，应画“×”作废。以票据的账户人为准，站、车都应加盖规定的名章。发、到站间有两条及以上径路和发、到站间涉及两条线路时，应填写经由；发、到站均在一条线路上时，一般情况下不必填写经由。

4. 填写代用票的方法

1）普速列车车票中客票、加快票、卧铺票、空调票、包车票、团体票以及动车组车票的代用票填写规定。

①“事由”栏，为了填记简便，可按规定的略语填写。

➢ 代用客票——“客”。

➢ 代用加快票——“普快”、“快速”或“特快”。

➢ 代用卧铺票——“卧”。

➢ 代用客快联合票——“客快”或“客特快”。

➢ 代用客快卧联合票——“客快卧”或“客特快卧”。

➢ 代用包车票——“包车”。

➢ 代用团体票——“团体”。

➢ 代用动车组车票——“动车”。

②“原票”栏，不用填写。

③“乘车区间”栏，填写发到站站名、经由、乘车里程。

④“人数”栏，按实际购票人数分别填写在“全价”“半价”“儿童”栏内，用大写字体填写；不用栏，画“#”。

⑤“票价”栏，按收费种别，分别填写在适当栏内。其他费用应在空白栏内注明收费种别和款额，“卧铺”栏前，加“上、中、下”，不用栏，画斜线；“合计”栏为所收款总计。补收过程中有退款相冲抵时，退款金额前用减号表示。发生退款时，在“空白”栏注明退款种别，在“合计”栏的金额数前，用减号表示退款额。

⑥“记事”栏记载下列事项：

➢ 发售学生票、残疾军人优待票时，应注明“学”“残”字样；

➢ 发售包车时，注明包车的车种、车号和定员数；

➢ 办理团体票时，注明团体旅客证的起止号；

➢ 在列车上发生退款时，应注明“到站净退××元”；

➢ 其他需记载的事项。

2）办理变更径路、变更座席、变更卧铺、越站乘车、旅客分乘、误售误购、误撕车票、退加快票、退卧铺票、改乘该等级列车时，代用票的填写规定如下。

①“事由”栏，按规定的略语填写。

➢ 变更座别——“变座”。

➢ 变更铺别（包括软卧变硬卧）——“变铺”。

➢ 变更径路——“变径”。

➢ 越站乘车——“越站”。

➢ 误售、误购——“误售”“误购”。

➢ 误撕车票——“误撕”。

➢ 退加快票——“退快”。

➢ 退卧铺票——“退卧”。

➢ 改乘高等级列车补收票价差额——“补价”。

②“原票”栏，根据原票转记。

③“乘车区间”栏，填写变更的发到站名、经由等有关事项。

④“票价”栏，当变径、变座、变铺及改高等级列车发生补费时，应填写在补收区间票价栏内，其他，则填记在相应的票价栏，不用的票价栏画斜线。软座变硬座发生退费时，应在空白栏的列车应退软硬座差价处以“—”号注明；卧铺票价栏，列明硬卧上、中、下铺票价；核收手续费，票价合计栏，填写冲抵后补收款额。发生退款时，在空白栏注明退款种别和款额，在合计栏用“—”号注明退款款额。

⑤“记事”栏，在列车上发生退款时，应注明“到站净退款×元”。软座变硬卧时，应注明“软座变硬卧×铺”。原票在原票栏转记并收回时，应注明“原票收回”字样。

3）在对无票、乘车日期和车次不符、越席乘车、客票中途过期、不符合减价规定、儿童超高、丢失车票、持站台票来不及下车等情况进行处理时，代用票的填写规定如下。

①“事由”栏，按规定的略语填写。

➢ 无车票——“无票”。

➢ 乘车日期、车次、径路不符——“不符”。

➢ 越席乘车——“越席”。

➢ 不符合减价规定——“减价不符”。

➢ 有效期终了——“过期”。

➢ 丢失车票——“丢失”。

➢ 儿童超高——“超高”。

➢ 持站台票来不及下车——“送人”。

②“原票”栏，除无票乘车、丢失车票以及儿童超高 1.2m 时不填记原票栏外，其他情况都应将原票有关事项，记入原票栏内。

③“乘车区间”栏，填写补票区间的发到站名。

④“票价”栏，对无票等情况加收的票款，应填写在加收区间票价栏内。其他核收的费用，按收费种别，填记在适当的票价栏内。

⑤“记事”栏，原票在原票栏转记并收回时，应注明“原票收回”字样，以及其他需记载的事项。

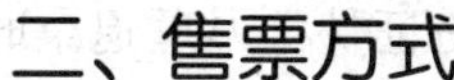

二、售票方式

（一）实名制售票

为了确保旅客运输安全有序，铁路运输企业依照国家有关规定实行了车票实名制管理。车票实名制的实行范围、售票及验证检票方式以车站公告为准。购买实名制车票时，需提供乘车人的有效身份证件。

1. 实施范围

实名制售票的实施范围为动车组列车、直通快车、始发站实行实名制的旅客列车。

2012 年 1 月 1 日起，全国所有旅客列车实行车票实名制，需凭乘车人有效身份证件购买车票，并持车票及购票时所使用的乘车人本人有效身份证件原件进站、乘车，但免费乘车的儿童及持儿童票乘车的儿童除外。

2012 年 5 月 10 日起，实名制火车票如果丢失，可以挂失补办。

2. 有效身份证件的种类

有效身份证件种类主要包括对外公告的有效身份证件、内部掌握的扩展有效身份证件等。

1）对外公告的有效身份证件：居民身份证、临时身份证、户口簿、旅行证、军人保障卡、军官证、武警警官证、士兵证、军队学员证、军队文职干部证、军队离退休干部证、按规定可使用的有效护照、港澳居民来往内地通行证、往来港澳通行证、台湾居民来往大陆通行证、大陆居民往来台湾通行证、外国人居留许可、外国人永久居留身份证、外国人出入境证、外交官证、领事馆证、海员证、外交部开具的外国人身份证明、地方公安机关出入境管理部门开具的护照报失证明、铁路公安部门开具的乘坐旅客列车临时身份证明等 25 种。此外，身高 1.5m 以上 16 周岁以下的未成年人有效身份证件，还包括学生证。

2）内部掌握的扩展有效身份证件。铁路职工乘坐动车组列车、办理签证时，铁路全年定期乘车证、铁路通勤乘车证和不带照片的铁路乘车证、各种特种乘车证、铁路专用定期票与工作证同时使用，均视为有效身份证件。

3. 旅客须持有效身份证件购票

购票人可以使用有效身份证件原件购买车票，也可以持乘车人的有效身份证件原件为乘车人代购车票。一张有效身份证件同一乘车日期、同一车次，只能购买一张实名制车票。购买学生票、残疾军人票时，均需检验乘车人的有效身份证件及规定的证件原件，核实通过后，方可购票、乘车。学生票按规定核减次数。

4. 实名制车票办理始发改签、中转签证、退票的证件要求

对实名制车票办理始发改签、中转签证时，无须出示有效身份证件；办理退票时，需核实车票及其票面所载的有效身份证件的一致性，票、证一致的，方予办理。

5. 非实名制通票中转签证实名制车票时的办理规定

乘车人本人办理的，凭车票和购票时所使用的有效身份证件原件；无法出示本人有效身份证件原件的，应到车站铁路公安制证窗口办理临时身份证。

代乘车人办理的，凭车票和购票时所使用的乘车人有效身份证件原件；没有购票时所使用的乘车人有效身份证件原件的，须凭车票及办理人本人的有效身份证件和乘车人购票时所使用的有效身份证复印件。

车站办理时，购票所使用的乘车人二代居民身份证原件，应由系统通过二代居民身份证视读设备自动读取身份信息；当二代居民身份证不能自动视读，需凭其他有效身份证件或乘车人有效身份证复印件和办理人有效身份证件原件办理相关业务时，应人工核实票、证的一致性。

6. 不同订票方式所需的证件

电话订票仅受理居民身份证、港澳居民来往内地通行证、台湾居民来往大陆通行证、按规定可使用的有效护照。订票人通过电话订票系统预订实名制车票时，须根据语音提示输入订票人身份证号码，取票时须凭订票人身份证件原件、订单号及实际乘车人身份证原件到窗口取票。

窗口购票（含代售点）时，购票人使用二代身份证原件购票时，必须由系统通过视读设备自动读取身份信息；军人旅客在专窗持“中国人民解放军军人保障卡”购票时，二维码视读设备自动读取身份信息；遇二代居民身份证无法自动视读、视读设备故障或使用其他有效身份证件购票时，在车站窗口和铁路局授权手工输入有效身份信息的代售点窗口，由售票员录入旅客身份信息。售票员应当认真核实旅客的有效身份证件，制票前应当提示购票人核对有效身份证件信息。

自动售票机仅受理二代居民身份证的购票和取票业务。

（二）互联网售票

目前，各种等级列车的票额均实现了互联网发售，既方便了旅客，又缓解了车站窗口的售票压力，成为旅客首选的购票方式。铁路官方微博、微信的相继开通，以及手机客户端购票的智能化，极大地方便了人们的出行。

互联网售票是指旅客通过计算机终端或手机终端 App 登录中国铁路客户服务中心网（www.12306.cn），办理铁路电子客票的销售、改签、退票等业务。购票人可以自主选择通

过计算机或者手机终端的方式购票，但无论哪种方式都必须先在 www.12306.cn 实名制注册并登录。

电子客票是以电子数据形式体现的铁路旅客运输合同，与纸质车票具有同等法律效力。乘车人或购票人应当妥善保管电子客票信息及购票时所使用的有效身份证件。电子客票的生效时间为：购买电子客票以确认交易成功的时间，作为铁路旅客运输合同生效的时间；退票以网站确认交易成功的时间，作为铁路旅客运输合同终止的时间；改签所涉及的原车票退票、换（购）新票，分别按照退票、购票处理。

1. 售票规定

1）购票人购买铁路电子客票时，应当注册、登录并准确提供乘车人的有效身份证件信息。购买可使用的有效身份证件，包括中华人民共和国居民身份证、港澳居民来往内地通行证、台湾居民来往大陆通行证、护照。

2）购买儿童票的乘车儿童没有办理有效身份证件的，应当使用同行成年人的有效身份证件信息。

3）一张有效身份证件同一乘车日期、同一车次只能购买一张车票，但上一条规定的除外。

4）购买学生票、残疾军人优待票时，应符合规定的减价优惠（待）条件，学生证应附有“火车票学生优惠卡”。

5）在 www.12306.cn 购票，应当在车票预售期内且不晚于开车前的 30min，并在规定的支付时间内，完成网上支付。

6）网上支付应使用 www.12306.cn 支持的在线支付工具，如具备网上银行功能的银行卡、支付宝、微信等支付方式。

7）www.12306.cn 收到在线支付工具支付成功的信息后，进行购票交易确认；收到在线支付工具支付失败的信息或超过规定的支付时间未收到在线支付工具支付成功信息的，取消购票交易，席位不再保留。

8）www.12306.cn 确认购票交易成功后，根据购票人提供的手机、电子邮箱将所购车票信息以短信、电子邮件的方式通知购票人。购票人应及时通知乘车人，并妥善保管有关信息。

2. 换取纸质车票的规定

1）在 www.12306.cn 购票后，遇到以下情形，应当在购票后、开车前换取纸质车票后再进站乘车：

① 使用居民身份证购票但乘车站或下车站不具备居民身份证检票条件的；

② 使用居民身份证购票但进站检票时无法出示居民身份证原件或居民身份证无法在自动检票机上识读的；

③ 使用居民身份证以外的其他有效身份证件购票的；

④ 使用同行成年人有效身份证件信息购买儿童票的；

⑤ 购买学生票、残疾军人票的；

⑥ 按所购车票的乘车日期、车次，在中途站进站乘车的。

2）旅客换取纸质车票后，不能再在www.12306.cn上办理改签、变更到站、退票，应凭纸质车票办理改签、变更到站、退票，以及进站乘车过程中实名制验证、检票、验票。

3）换取纸质车票时，按如下规定办理：

① 使用居民身份证购票的，可凭购票时所使用的乘车人有效居民身份证原件，到车站售票窗口、铁路代售点或车站自动售票机上办理。

② 居民身份证无法自动识读或使用居民身份证以外的其他有效身份证件购票的，需出示购票时所使用的乘车人有效身份证件和订单号码，到车站售票窗口或铁路运输企业授权的铁路代售点，由售票员录入证件号码和订单号码并核实后办理。

③ 学生凭购票时所使用的有效身份证件、订单号码和附有学生火车票优惠卡的学生证，在购票后、开车前，到装有学生优惠卡识别器的车站售票窗口或铁路客票代售点取票。

④ 残疾军人优待票凭购票时所使用的有效身份证件和中华人民共和国残疾军人证、中华人民共和国伤残人民警察证原件到车站售票窗口办理。

⑤ 有效身份证件信息、订单号码等经核实一致的，予以换票；不一致的，不予以换票。学生票、残疾军人优待票同时核对减价优惠（待）凭证，学生票还应该核减优惠乘车次数。

4）购票后、换票前，有效身份证件丢失的，乘车人本人应到乘车站铁路公安制证窗口办理临时乘车身份证明，并出示临时乘车身份证明和订单号码，到车站售票窗口或铁路运输企业授权的铁路代售点，由售票员录入证件号码和订单号码并核实后办理换票。

5）纸质车票票面载明购票时所使用的乘车人有效身份证件号码和姓名，并标记“网”字。

6）旅客应当妥善保管车票，保持票面信息清晰、可识读，并妥善保护票面身份信息。

3. 使用居民身份证进站乘车

1）在www.12306.cn使用居民身份证购票且乘车站和下车站都具备居民身份证检票条件的，可凭购票时所使用的乘车人有效身份证原件，直接通过车站自动检票机办理进、出站检票手续。在指定线路上，可以购买并使用铁路乘车卡（中铁银通卡或广深铁路牡丹信用卡）进站乘车。

自动检票机在识读居民身份证时所做的进站、出站记录可分别作为铁路旅客运输合同运送期间的起、止证明。

2）旅客在所购车票乘车区间中途站出站的，自动检票机验证后，予以放行。

3）列车验票时，应核对旅客所持的居民身份证原件及车票等信息；经确认没有旅客车票信息的，应当先行补票。旅客因居民身份证丢失补票后，又找到居民身份证的，经

列车确认后，开具客运记录交予旅客，旅客可持客运记录和居民身份证原件到下车站退票窗口退还后补车票，不收退票费。客运记录应填写旅客居民身份证号码、姓名、席位等有关内容。

4）到站检票时，确认旅客没有车票信息的，应当按规定补票。

5）旅客乘车后需换取纸质车票的，应不晚于自车票所载乘车日期之日起 31 日内，逾期不予办理，换取的纸质车票仅作报销凭证。

6）使用居民身份证作为乘车凭证的旅客，在车站、列车上发生意外伤害事故的，站车工作人员应当在客运记录中记录其居民身份证号码等身份信息，事故案卷中应附有居民身份证复印件。

4. 改签和退票

1）铁路电子客票可以在 www.12306.cn 或车票售票窗口办理改签、退票手续。

2）旅客在 www.12306.cn 购票后，尚未换取纸质车票的，可以在 www.12306.cn 办理铁路电子客票改签、退票手续，但不晚于开车前 30min；已经换取纸质车票的，只能在车站办理改签、退票手续。

3）旅客在车站办理铁路电子客票改签、退票手续的，应当到安装有银行 POS 机的车站售票窗口进行办理。

以下情况，按规定到安装有银行 POS 机的售票窗口，并比照电子客票换取纸质车票的相关规定办理：

① 已经换取纸质车票的，在换票地车站或票面发站办理。

② 在具备二代身份证检票条件的乘车站，持二代居民身份证已经办理进站检票手续但未乘车的，经车站确认后，按规定办理改签、退票手续。

③ 乘车站和下车站均具备二代居民身份证检票条件，持二代居民身份证检票乘车，因伤、病或者承运人责任中途下车的，凭列车长出具的客运记录，在下车站按规定办理退票手续。

4）改签后新票票价高于原票、需补收票价差额时，应当使用购票时所使用的银行卡或具备网上银行功能的其他银行卡支付新票全额票款；原票款按发卡银行规定，退回原银行卡。

5）在车票售票窗口办理铁路电子客票改签时，可以采取出具纸质车票后进行改签或不用换票直接在窗口改签程序中办理改签两种方法。

6）在 www.12306.cn 办理退票手续后，需要退票费报销凭证的，应当凭购票时所使用的有效身份证件原件在办理退票之日起 10 日内，到车站退票窗口索取。

（三）电话订票

电话订票是指全路使用统一的接入号码 95105105，通过铁路客户服务中心局域级语音平台自助预订车票的一种购票方式，不允许人工接听电话，办理业务。电话订票管理有关事项如下。

1. 电话订、取票的时间和日期

1）电话订票服务时间：每天的5:00～23:00。

2）电话订票预订时间：可预订第4天（含）至预售期内的车票。

3）电话订票成功后，应注意支付时间：当日12:00前预订的，订单保留至次日12:00；当日12:00后预订的，订单保留至次日24:00。逾期未支付的，取消订单。

2. 电话订票的有效身份证件种类

1）居民身份证（包括中华人民共和国居民身份证、港澳居民居住证、台湾居民居住证、外国人永久居留身份证）。

2）港澳居民来往内地通行证。

3）台湾居民来往大陆通行证。

4）按规定可使用的有效护照。

3. 电话订票的其他规定

1）通过电话订票，可以购买全价票、儿童票、学生票、残疾军人优待票。

2）拨打订票电话时，除运营商收取话费外，铁路部门不另行收费。

3）一个有效身份证同一天同一车次只能订票一张，一次可订同日期、同车次、同席别的车票不超过5张，全国通订通取。

4）旅客在电话订票时须输入有效身份证件号码，如出现字母"X"，以电话键"*"代替；购买多张车票时，应依次输入多个乘车人有效身份证件号码。其中，购买儿童票不需要输入证件号码。

5）电话订票成功后，在取票时支付车票票款。取票时，须凭订单号及订票时使用的乘车人有效证件进行取票；在全国任意车站售票窗口取票，不收取任何服务费。

6）查询订单信息或取消订单时，除输入订单号码外，还需输入订票时所用的身份证号；订单内有多张车票时，应逐张输入订票时使用的乘车人有效证件号码。

7）电话订票系统与互联网售票系统目前是相互独立的，www.12306.cn 暂不提供电话订票信息查询、支付等服务。

4. 电话订票流程

1）拨通95105105电话订票特服号，按"1"进入订票流程。

2）输入信息。根据语音提示输入有效身份证件号码和车次等相关信息。

① 根据语音提示（订票须知请按"1"；订动车组高铁车票请按"2"；订普通列车车票

请按“4”；不限车次订票请按“7”；快速订票请按“8”）选择相应级别列车，如订动车组高铁车票按“2”键。

② 根据语音提示（按车次订票请按“1”；按发到站订票请按“2”）选择车票，如按车次订票按“1”键。

③ 根据语音提示输入所要预订的车票总张数（不超过 3 张）；如果没有特殊票种要求，则按“*”键，如果有特殊票种要求，则按“0”键选择学生票或儿童票。

3）记录信息。系统根据输入的信息进行核实，订票成功后，电话语音会播报一个 9 位数字的订票单号，购票人务必准确记录订单号；否则，将无法取到预订的车票。

4）付款、取票。订票人应在规定时间内，携带相关证件和订单号码，到车站售票大厅或各代售点办理付款及取票业务。

任务 4 旅客乘车条件

一、旅客乘车的基本条件

1）旅客须按票面载明的日期、车次、座别乘车，并在票面规定的有效期内到达到站。

2）持通票的旅客中转换乘时，应当办理中转签证手续。持通票的旅客在乘车途中有效期终了、要求继续乘车时，应自有效期终了站或最近前方停车站起，另行补票，核收手续费。定期票，可按有效期使用至到站。

3）对乘坐卧铺的旅客，列车可以收取车票并予集中保管。收取车票时，应当换发卧铺证；旅客下车前，凭卧铺证换回车票。成人带儿童或儿童与儿童可共用一个卧铺。

4）烈性传染病患者、精神病患者或健康状况危及他人安全的旅客，站、车可以不予运送；已购车票的，按旅客退票的有关规定处理。在列车上发现此类旅客时，列车长编制客运记录交车站。必要时，应通知铁路防疫部门处理污染现场。

二、不符合乘车条件的处理

针对不同情形，对不符合乘车条件的旅客，铁路部门有以下三种处理方式。

1）按规定补票，核收手续费，加收已乘区间应补票价 50%的票款，并有权对其身份进行登记。具体包括以下情况：

① 无票乘车的。持失效、伪造、涂改车票乘车或持站台票上车，在开车 20min 后仍不

声明的，按无票处理。其中，对持伪造、涂改车票的，送公安部门处理。

② 持用低等级的车票乘坐高等级列车、座别的。

③ 旅客持儿童票、学生票、残疾军人优待票，却没有规定的减价凭证或不符合减价条件时，按照全价票补收票价差额。

2）按规定补票，核收手续费。具体包括以下情况：

① 应买票而未买票及身高超过 1.5m 使用儿童票乘车的儿童。

② 持站台票上车送客未下车、但及时声明并于前方停车站下车的。

③ 主动补票或者经站、车同意上车补票的。

3）只核收手续费。具体包括以下情况：

① 旅客在票面指定的日期、车次开车前乘车的，应补签。

② 旅客所持车票日期、车次相符但未经车站剪口的，应补剪。

③ 持通票的旅客中转换乘应签证而未签证的，应补签。

实行车票实名制时，票、证、人不一致或无法出示有效身份证件原件的旅客，不得进站乘车（无法出示有效身份证件原件的旅客，应先到车站铁路公安制证窗口办理临时乘车身份证明，后方可进站乘车）。列车验票时，同时核对旅客、其所持车票及票面所载的有效身份证件原件。票、证、人不一致的，按无票处理。成年人持儿童票的，视为票、证、人不一致。

三、特殊情况的处理

（一）误售、误购车票的处理

因站名相似或口音不同发生误售、误购车票时，站、车均应积极主动处理。

对误售、误购的车票，应按下列规定补收或退还已收票价与正当票价的差额，不收取手续费或退票费。

1）在发站时，收回原票，换发新票。

2）在中途站、原票到站或列车内补收票款时，收回原票，换发代用票，补收票价差额；应退还票款时，站、车应编制客运记录，连同原票交旅客，作为乘车至正当到站要求退还票价差额的凭证，并以最方便的列车将旅客运送至正当到站。

在铁路售票窗口购买车票，发现乘车日期、车次、发站、到站、席别、姓名、身份等票面信息有误时，应当场向售票人员提出；未当场核对、过后提出的，自行负责。

在 www.12306.cn 购票后，发现乘车人身份信息错误的，应在 www.12306.cn 退票，并按规定收取退票费；乘车人的姓名、有效身份证件号码等身份信息正确，但乘车日期、车次、发站、到站、席别等错误的，可以按规定在 www.12306.cn 或车站售票窗口办理改签、变更到站、退票。

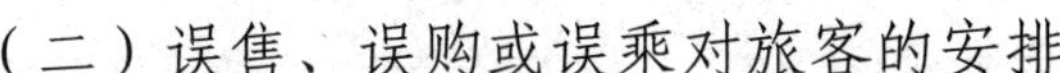

（二）误售、误购或误乘对旅客的安排

由于旅客没有确认车次或上、下行方向坐错车，或乘车中坐过站，统称为误乘。

1）旅客因误售、误购、误乘或坐过车站需送回时，列车长经确认后，应编制客运记录交前方停车站。车站应在车票背面注明“误乘”字样并加盖站名戳，为旅客指定最近列车（国际旅客列车除外）免费返回。

2）在免费送回区间中途下车的，按返程所乘列车等级分别核收往返区间的票价，核收一次手续费。

（三）丢失车票的处理

车票是有价证券，是旅客乘车的凭证。旅客丢失车票，应另行购票。列车上补票时，注明“丢失”字样，以便找到原票时可凭此退票。

1. 一般规定

1）旅客在购票后乘车前未办理车票挂失补办手续或乘车后丢失车票的，应当另行购票。

2）在乘车中丢失，应当从丢失站起（不能判明时从列车始发站起）补收票价，核收手续费。

3）旅客补票后又找到原票时，在发站按退票处理；在列车上，经列车长确认并编制客运记录后，连同原票和后补车票一同交给旅客，作为在到站出站前向到站要求退还后补票价的依据。旅客在到站出站后提出的，不予退票。

列车长与车站办理交接时，车站不得拒绝。处理站在办理时，应填写退票报告，并核收退票费。列车编制的客运记录随报告联一并上报。

4）在 www. 12306.cn 使用二代居民身份证购票，且在具备二代居民身份证检票条件的车站直接使用二代居民身份证检票乘车的，在列车上因二代居民身份证丢失、无法确认车票信息时，应当先行补票。旅客补票后，又找到二代居民身份证的，经列车长确认后开具客运记录交给旅客，旅客持客运记录和二代居民身份证原件，到下车站退票窗口，退还后补车票，不收退票费。

5）由于站车工作人员工作失误，造成旅客车票丢失时，站、车均应填写代用票，在“记事”栏内注明“因××原因丢失”，将款额沿剪断线全部剪下，随丙联上报。

2. 实名制车票的挂失补办规定

1）旅客购买实名制车票后丢失的，符合以下条件，可到车站售票窗口办理挂失补办手续：

① 提供购票时所使用的有效身份证件原件、原车票乘车日期和购票地车站名称；

② 距离票面发站停止检票时间不足 20min；

2）如遇以下情形，车站不予办理挂失补办：

① 超过规定时间提出的；

② 原车票已经退票的；

③ 已经挂失补办的。

3）车站确认旅客身份、车票等信息无误后，旅客应按原车票车次、席位、票价重新购买一张新车票，新车票票面标记“挂失补”字样。

4）新车票发售后，原车票失效。新车票不能改签或变更到站，但可以退票；退票时，按规定核收补票的手续费。新车票退票后，原车票效力恢复。

5）旅客持新票乘车时，应向列车工作人员声明。到站前，列车长确认该席位使用正常的，开具客运记录（即退票证明）交旅客作为到站退票的凭证。若发现持原车票乘车的旅客，应按已失效车票处理，按规定补收票款。

6）旅客挂失补办后持“挂失补”车票乘车，如果中途下车，列车长应在下车前开具客运记录交给旅客。下车站核实客运记录、“挂失补”车票、购票时所使用的有效身份证件原件及旅客本人一致后，按“挂失补”车票票面乘车区间及票价办理退票，核收补票的手续费。

7）旅客到站后 24h 内，凭客运记录、新车票和购票时所使用的有效身份证件原件，至退票窗口办理新车票退票，按规定核收补票的手续费。超过规定时间提出的，原车票已经退票的或已经挂失补办的，不办理挂失补办手续。办理时，原车票已经改签的，按改签后的车票办理挂失补办手续。

8）若在乘车前办理“挂失补”车票退票手续，只可在购票地车站或票面发站办理。在乘车后办理的，到站或下车站应收回客运记录和“挂失补”车票，随退票报告上报收入部门。

9）“挂失补”车票退票均只按规定核收补票的手续费，不收退票费。

四、车票查验

1）车站应当在开车前提前停止检票，但应当符合本站营业场所通告停止检票的提前时间。

2）按照国家有关规定，车站应对进出站的旅客和人员检票。车站办理实名制验证时，应对旅客及其所持车票和票面所载的有效身份证件原件进行查验。票、证、人不一致（含成年人持儿童票的情形）或无法出示有效身份证原件的旅客，不得进站乘车。无法出示有效身份证件原件的旅客，可到车站铁路公安制证窗口办理乘坐旅客列车的临时身份证明。

3）按照国家有关规定，列车应对乘车旅客验票。实行车票实名制的列车验票时，应同时核对旅客、旅客所持车票及票面所载的有效身份证件原件。对必须持证购买的减价票和各种乘车证的旅客应当核对相应的证件，验票应打查验标记。票、证、人不一致的（含成

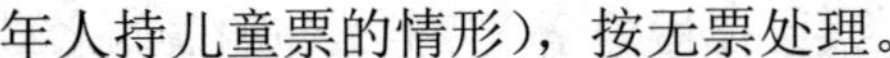

年人持儿童票的情形），按无票处理。

4）铁路稽查人员，凭稽查证件、佩戴稽查臂章可以在车内验票。铁路稽查人员执行任务时，应事先与列车长取得联系，特殊情况下，可先执行任务。列车长、乘警及其他列车工作人员应对稽查人员的工作予以配合。

任务 5

旅行变更

在乘车途中，旅客要求办理旅行变更的情况经常发生，站、车工作人员应积极主动地按规定予以办理。

一、车票改签

改签是指旅客变更乘车日期、车次、席位时需办理的签证手续。改签不变更发站和到站（同城车站除外）。

所需改签的车票必须在已经发售且当日其他列车有余票的情况下，才能改签。

旅客不能按票面指定的日期、车次乘车时，应当在票面指定的日期、车次开车前办理一次提前或推迟乘车的签证手续。

1．改签时间规定

在有运输能力的前提下，改签时间规定如下：

1）开车前 48h（不含）以上，可改签预售期内的其他列车；

2）开车前 48h 以内，可改签开车前的其他列车，也可改签开车后至票面日期当日 24:00 之间的其他列车，不办理票面日期次日及以后的改签；

3）开车之后，旅客仍可改签当日其他列车，但只能在票面发站办理改签，且开车后改签的车票不能退；

4）团体旅客改签不应晚于开车前 48h。

2．改签操作规定

1）在车站售票预售期内且有运输能力的前提下，车站应予办理，收回原车票，换发新车票，并在新车票票面注明“始发改签”字样（在开车后改签的，注明“开车后改签不予退票”字样）。

2）原车票已托运行李的，在新车票背面注明“原票已托运行李”字样，并加盖站名戳。

3）改签只能办理一次，且只能改签乘车日期、车次、席位，发站、到站、乘车人姓名等信息是无法更改的。往返票、联程票不能办理改签。

4）已经办理“变更到站”的车票，不再办理改签。

5）旅客在中途站办理签证不需补差价时，只打印签证号；需补差价时，发售有价签证票。

6）除售票系统设备故障等特殊情况外，不得手工改签车票。

3. 改签票价差额规定

1）始发改签。旅客在发站办理改签时，改签后的车次票价高于原票价时，核收票价差额（不收手续费）；改签后的车次票价低于原票价时，退还票价差额（核收退票费），并执行现行退票费标准。

原车票使用现金购票的，新车票票价高于原票价时，补收差额；新车票票价低于原车票时，退还差额，并对差额部分核收退票费（按现行退票费标准执行，均为现金）。

原车票在铁路售票窗口使用银行卡购票，或在 www.12306.cn 使用在线支付工具购票的，按发卡银行或在线支付工具相关规定执行。新车票票价高于原车票时，应使用银行卡支付新车票全额票款，原车票票款在规定时间退回原购票时所使用的银行卡或在线支付工具；新车票票价低于原车票时，退还差额，对差额部分核收退票费并执行现行退票费标准，应退票款在规定时间退回原购票时所使用的银行卡或在线支付工具。

2）中转改签或列车补签、变更席位。旅客办理中转签证或在列车上办理补签、变更席位时，签证或变更后的车次、席位票价高于原票价时，核收票价差额（中转改签补差不收手续费，列车上补签、变更席位补差核收手续费）；签证或变更后的车次、席位票价低于原票价时，票价差额部分不予退还。

3）因承运人责任致使旅客不能按票面记载的日期、车次、座别、铺别乘车时，站、车应重新妥善安排。重新安排的列车、座席、铺位高于原票等级时，超过部分票价不予补收。低于原票等级时，应退还票价差额，不收退票费。

二、退票

1. 旅客责任退票

1）旅客要求退票时，应在票面载明的开车时间前办理退票手续。特殊情况下，经购票地车站或票面乘车站站长同意的，可在开车后 2h 内办理。团体旅客不晚于开车前 48h 办理。

2）原票使用现金购买的，应退票款退还现金。原票在铁路售票窗口使用银行卡购买或

在 www.12306.cn 使用在线支付工具购买的，按发卡银行或在线支付工具的相关规定，应退票款在规定时间内退回原购票时所使用的银行卡或在线支付工具。

3）旅客开始旅行后不能退票，但如果因伤、病不能继续旅行时，凭列车长开具的客运记录，可退还已收票价与已乘区间的票价差额，核收退票费；已乘区间不足起码里程时，按起码里程计算；同行人同样办理。

4）退还带有“行”字戳迹的车票时，应先办理行李变更。

5）开车后改签的车票不退，站台票售出不退。

6）其他规定：

① 开车前 48h 至 15 天，改签或变更到站至距开车 15 天以上的其他列车，又在距开车 15 天前退票的，仍核收 5%的退票费。

② 办理车票改签或变更到站时，新车票票价低于原车票的，退还差额；对差额部分核收退票费，并执行现行退票费标准。

③ 改签后的车票乘车日期在春运期间的，退票时一律按开车时间前不足 24h 标准核收退票费。

2. 铁路责任退票

因铁路责任（如列车超员、列车晚点、车辆故障、途中甩车、行车事故等原因）造成旅客退票时，无论在发站、中途站还是到站，均应积极为旅客办理，不得互相推诿，继续给旅客造成困难。同时，产生应补收费时不补收并按下列规定办理，不收退票费：

1）在发站，退还全部票价。

2）在中途站，退还已收票价与已乘区间票价差额。已乘区间不足起码里程时，退还全部票价。

3）在到站，退还已收票价与已使用部分票价差额。未使用部分不足起码里程时，按起码里程计算。

4）空调列车因空调设备故障在运行过程中不能修复时，应退还未使用区间的空调票价。

发生线路中断，旅客要求退票时，在发站（包括中断运输站返回发站时）退还全部票价，在中途站退还已收票价与已乘区间票价差额。已乘区间不足起码里程时，按起码里程计算，不收退票费，但因违章加收的部分和已使用至到站的车票不退。如果线路中断系承运人责任，则按上述规定处理。

3. 办理退票时需提供的证件

1）在铁路售票窗口购票，到车站售票窗口办理退票。

① 乘车人本人办理的，应提供车票和购票时所使用的本人有效身份证件原件；无法出示本人有效身份证件原件的，应到车站铁路公安制证窗口办理乘坐旅客列车临时身份证后

再办理退票。

② 代乘车人办理的，应提供车票及代办人本人的有效身份证件原件和购票时所使用的乘车人有效身份证件原件。

车站售票窗口收取退票费时，出具退票费报销凭证。依据国家发票管理有关规定，旅客可用来报销。

2）在 www.12306.cn 购票，在车站售票窗口办理退票。退票时需提供购票时所使用的乘车人有效身份证件原件；居民身份证无法自动识读或使用居民身份证以外的其他有效身份证件购票的，则需提供订单号码。

在 www.12306.cn 办理退票后 10 日内，乘客凭购票时所使用的乘车人有效身份证件原件到车站售票窗口索取退票费报销凭证。依据国家发票管理有关规定，旅客可用来报销。

三、变更径路

变更径路是指改变经过的线路，而发站和到站不变。

1）旅客在中途站或列车内，可要求变更一次径路。但变径时，应在分歧站以前提出声明，并在客票有效期间内能到达到站时方可办理。办理时，收回原票，换发代用票，补收或退还从分歧站起算的新旧径路里程差额的票价。不足起码里程时，只补收不退还，并核收手续费。退还票价时，注明“由到站退款”。持加快票的旅客，变更后新径路没有快车或乘坐低等级列车时，不退还加快票价差额。变径后的客票有效期间，从办理站起按新里程重新计算。

2）旅客要求变径需补收票价时，车站可使用常备专用补价票或计算机补价票。补价时，应收回原票。

3）符合使用原票乘车规定的，可在原票背面注明“变更经由××站”，加盖站名戳或列车长名章，凭原票乘车。

4）变径同时变座时，先变径后变座。

四、变更到站

为了满足旅客变更行程的需求，进一步方便旅客出行，自 2015 年 6 月 10 日起，铁路部门推出变更到站服务。有关事项规定如下：

1）在原车票开车前 48h 以上，旅客可任意选择有余票的列车。已取得纸质车票的，可在车站指定售票窗口办理；未换取纸质车票的，也可在 www.12306.cn 办理。

2）办理变更到站不收取手续费。

3）变更到站只办理一次，已经办理变更到站的车票，不再办理改签。对已改签的车票、

团体票及通票，暂不提供变更到站服务。

4）在车站售票窗口办理变更到站后，出具纸质车票。

5）列车和到站不能办理变更到站。旅客未办理变更到站而乘车去往新到站时，所乘列车途经新到站和原到站的，对原车票按规定办理补签等变更手续，新到站超过原到站的乘车区间按越站办理；所乘列车不经原到站的，应重新购票，原车票可按规定办理改签、变更到站或退票。

6）原车票使用现金购票的，新车票票价高于原车票时，补收差额；新车票票价低于原车票时，退还差额。同时，对差额部分核收退票费，并执行现行退票费标准（均为现金）。

7）原车票在铁路售票窗口使用银行卡购票，或者在 www.12306.cn 使用在线支付工具购票的，按发卡银行或在线支付工具相关规定执行。新车票票价高于原车票时，应使用银行卡支付新车票全额票款，原车票票款在规定时间内退回原购票时所使用的银行卡或在线支付工具；新车票票价低于原车票时，退还差额，对差额部分核收退票费并执行现行退票费标准；应退票款在规定时间内退回原购票时所使用的银行卡或在线支付工具。

五、越站乘车

越站乘车是指旅客原票即将到达，由于旅行计划的变更，要求超越原票到站至新到站乘车。

旅客在原票到站前要求越站乘车时，在本列车有能力的条件下给予办理，办理时核收越站区间的票价和手续费（不足起码里程时，按起码里程计算），但最远不能超过本列车的终到站。

旅客同时提出变更座别、铺别和越站时，应先办理越站，后办理变更，使用一张代用票，核收一次手续费。遇有下列情况不能办理越站乘车：

1）列车严重超员；

2）乘坐卧铺的旅客买的是给中途站预留的卧铺；

3）乘坐的回转车，途中需要甩车。

在同一城市内有两个以上的车站，旅客由于不明情况，发生越站乘车时，如票价相同，原票按有效办理；票价不同，按客票越站乘车办理，只补收客票票价及手续费，不补加快票价、卧铺票价和空调价。

六、旅客分乘

两名以上旅客共持一张代用票要求办理分票乘车，称为旅客分乘。站、车应从方便旅客的角度出发予以办理，收回原票，换发代用票，办理时按分票的张数核收手续费。

分乘与履行变更同时发生时，则按变更人数核收一次手续费。

分乘同时变座时，先分乘后变座；分乘同时变径时，先分乘后变径；分乘同时越站时，先分乘后越站；分乘同时退票时，先分乘后退票，并核收退票费。

任务6 旅客携带品

考虑到旅行生活的便利，旅客可以将旅行中需要的物品带入乘坐的客车内，携带品由旅客自行负责看管。但为了适应铁路公共安全工作面临的新形势、新情况，确保广大旅客安全旅行，必须对旅客携带品的范围有所限制。

铁路部门规定，旅客不能违规携带禁止和限制携带的物品进站乘车。对违章携带的，将依照国家法律法规进行处理。

一、旅客携带品的规定

1. 重量规定

每名旅客免费携带物品的重量是成人20kg，儿童（含免费儿童）10kg，外交人员35kg。

2. 体积规定

每件物品外部尺寸长、宽、高之和不超过160cm，杆状物品不超过200cm，但乘坐动车组列车不超过130cm。残障人士代步所用的折叠式轮椅，可免费携带且不计入上述范围。

3. 物品规定

1）为了维护铁路公共安全和车内卫生，下列物品不得带入车内：
① 国家禁止或限制运输的物品；
② 法律、法规、规章中规定的危险品、弹药和承运人不能判明性质的化工产品；
③ 动物（导盲犬除外）及妨碍公共卫生（包括有恶臭等异味）的物品；
④ 能够损坏或污染车辆的物品；
⑤ 规格或重量超过体积及重量规定的物品。

另外，管制刀具及管制刀具以外的、可能危及旅客人身安全的菜刀、餐刀、屠宰刀、

斧子等利器或钝器，警棍、催泪器、防卫器、弓、弩等其他器具及可能干扰列车信号的强磁化物等，均禁止携带入车内。

2）为了方便旅客旅行，在保证安全和卫生的条件下，可限量携带下列物品：

① 安全火柴 2 小盒，普通打火机 2 个。

② 不超过 20ml 的指甲油、去光剂、染发剂；不超过 120ml 的冷烫精、摩丝、发胶、杀虫剂、空气清新剂等自喷压力容器。

③ 军人、武警、公安人员、民兵、猎人凭法规规定的持枪证明佩带的枪支子弹。

④ 初生雏 20 只。

⑤ 每名旅客最多可携带 50 条香烟，超过数量，需出示相关部门出具的携带证明。

⑥ 自 2015 年 5 月 1 日起，视力障碍旅客可以携带导盲犬进站乘车。在进站乘车时，需主动出示以下证件：购票时所使用的有效身份证件、残疾人证、导盲犬工作证（载有导盲犬使用者信息，盖有公安部门或残疾人联合会公章，或带有国际导盲犬联盟标识“IGDF”）及动物健康免疫证明。

二、旅客违章携带品的处理

发现旅客违章携带物品（包括几人同时携带一件超重或超大物品）时，在车站，应拒绝进站或动员旅客办理托运；对已带入车内的，应补收运费，妥善安排，必要时可放入行李车内。具体规定如下。

1. 对危险品的处理

发现危险品或国家禁止、限制运输的物品、妨碍公共卫生的物品、损坏或污染车辆的物品，按该件全部重量加倍补收乘车站至下车站的四类包裹运费。危险物品由值乘的公安人员妥善保管，移交前方停车站处理，必要时移交公安部门处理；车站不设公安派出所的，由列车长编制客运记录，移交车站处理。对有必要就地销毁的危险品（如发令纸、鞭炮类）可就地销毁，使之不能为害，且不承担任何赔偿责任。没收危险品时，向没收人出具书面证明。携带危险品进站上车，造成事故时，按国家有关规定处理。

2. 对宠物的处理

对已带入车内的猫、狗、猴等宠物，应安排在列车通过台由旅客自己照看。宠物发生意外或伤害其他旅客时，由携带者负责。

3. 对超大、超重物品的处理

对超过免费重量或外部尺寸规定的物品，在发站应按规定办理托运手续，不准带上车；在车内或下车站，应对超过免费重量的物品的超过部分补收四类包裹运费。对不可分拆的整件超重、超大物品、动物，按该件全部重量（即不扣除免费重量）补收上车站至下车站四类包裹运费。

4. 补收运费的规定

如果旅客携带的超重、超大物品的价值低于运费，可按物品价值的50%核收运费。补收运费时，不得超过本次列车的始发站和终点站。

对违章携带的物品补收运费时，一律填写客运运价杂费收据，注明日期、发到站、车次、事由、件数、重量。具体处理过程中，应本着实事求是的态度，区别不同的违章情况，妥善处理。携带品超重不足5kg时，应免收运费。

三、旅客携带品的暂存

为了方便旅客，三等及其以上车站应设携带品暂存处。暂存处应公布收费标准和注意事项。暂存物品需包装良好，箱装必须加锁。包装不良的，不予存放。

办理暂存手续时，必须填写暂存票，注明品名、包装、日期、件数等。提取时应注明提取日期、寄存日数和核收款额，并在暂存票乙票上加盖戳记后，交给旅客。暂存票应按顺序号装订，保管一年。

四、旅客遗失物品的处理

旅客乘车时遗留在车站、车内的携带品，应设法归还原主。如旅客已经下车，应编制客运记录，详细注明品名、件数等移交下车站；不能判明旅客下车站时，移交列车终点站。如车站或列车拾到现金时，应开具“客运运价杂费”收据上交，并在登记簿上注明“客运运价杂费”收据号码；当失主来领取时，应开具退款证明书办理退款。

客流量较大的车站应设旅客遗失物品招领处，遗失物品招领处应有明显的招领提示。对遗失物品应妥善保管，正确交付。失主来领取时，应查验有效身份证件，核对时间、地点、车次、品名、件数、重量，确认无误后，由失主签收，并记录其有效身份证件号码。

车站对本站发现或列车移交的遗失物品，应在遗失物品登记簿上详细登记，注明日期、地点、移交车次、品名、包装，以及物品数量、重量、交物人、经办人、处理结果等内容。

遗失物品需要通过铁路向失主所在站转送时，应内附清单，物品加封，填写客运记录和行李、包裹交接证，交列车行李员签收。物品在5kg以内的，免费转送；超过5kg时，到站后按品类及实际重量填发“客运运价杂费”收据，补收运费。

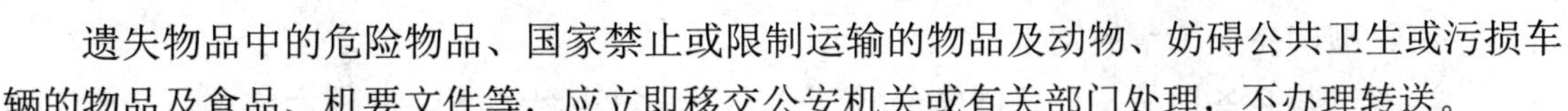

遗失物品中的危险物品、国家禁止或限制运输的物品及动物、妨碍公共卫生或污损车辆的物品及食品、机要文件等，应立即移交公安机关或有关部门处理，不办理转送。

鲜活易腐物品和食品不负责保管和转送。

复习思考题

1．简述动车组票价的定价依据。

2．动车组列车特殊人群票价有哪几种？分别是怎么计算的？

3．客运杂费可以分为哪几种？请描述其中任意三种的收费标准。

4．简述车票的票面内容及车票的作用。

5．哪些情况不能发售学生票？

6．在 www. 12306.cn 网站购票可使用的有效身份证件有哪些？

7．什么是电子客票？简述现阶段电子客票的使用情况。

8．简述对不符合乘车条件旅客的处理方式。

9．代用票填写的一般规定是什么？

10．动车组车票有哪几种售票方式？

11．旅客责任造成的退票，其退票费的收取规定有哪些？

12．旅客违章携带危险品时应如何处理？

技能训练

一、动车组车票票价的制定。

1．请计算北京—成都二等座车票、一等座车票、软卧车票、高级软卧车票的票价。

2．请计算北京—上海儿童一等座车票、学生二等座车票、残疾军人软卧车票的票价。

3．2017 年 10 月 23 日，购票人陈××，在北京西站购买 G571（北京西—重庆西）次列车北京西—成都东动车组二等座车票一张，有票额，但计算机出现故障，请试填制代用票。

二、正确处理旅客旅行变更。

1．2016 年 8 月 22 日，北京西站，一旅客持 8 月 20 日北京西开往石家庄的 D4567 次（设定一站直达）二等座车票一张，要求改签乘一等座车去到站，且列车一等车厢有空位，北京西站该如何处理？

2．2018 年 1 月 22 日，旅客刘某要乘坐郑州开往上海的 D308 次列车回家，由于某些原因，刘某到车站检票口时已经是 14:37，车票上的发车时间是 14:41。检票员告知其错过检票时间，刘某情绪很激动，强烈要求进站台上车。这种情况是否能够放行，让旅客进站台上车？

三、准确完成车票的发售。

准备一些必备用品，全班同学分成几个小组，每小组 5 人，分别为售票员、成人乘客并携带一名身高为 1.2～1.5m 的儿童、一名大学生、一名残疾军人。分小组运用相关知识进行角色扮演，模拟车站现场窗口售票情景进行售票，落实车站现场处理主要环节。

四、准确完成旅客携带品的查验。

准备一些必备用品，全班同学分成几个小组，每小组 6～8 人分别为旅客和车站工作人员，运用相关知识进行角色扮演，查验旅客携带品，落实车站现场处理主要环节。

项目四 高速铁路旅客运输设施设备

项目描述

铁路旅客运输的主要任务是安全准时、方便迅速、热情周到地为乘客提供出行服务。在此过程中，车站、列车的客运设施设备起着实现车站正常运营、保证乘客安全出行的关键作用。因此，认识和了解并能够正确操作、维护客运设施设备是一名客运工作人员的基本技能。

教学目标

1．知识目标

✧ 熟悉高速铁路车站和列车主要设备的结构、名称、功能；

✧ 掌握窗口制票机、自动售票机等客运服务基础设施的使用方法；

✧ 掌握高速铁路列车上客运基础服务设备的使用方法。

2．能力目标

✧ 能正确辨别、操作客运服务基础设施设备；

✧ 能正确操作、维护车站、列车客运设施设备。

3．素质目标

✧ 培养学生自主学习及动手操作的能力；

✧ 培养学生的团队协作精神；

✧ 培养学生良好的社会适应能力和交流沟通能力；

✧ 培养学生爱岗敬业、吃苦耐劳的工作态度。

任务 1
高铁车站的客运设施设备

一、售票窗口设施设备

售票窗口设施设备（图 4-1）包括计算机、制票机、居民身份证阅读器、双向对讲器、窗口屏、保险柜、验钞机等售票设备，以及具有录像、拾音、录音功能的监控设备；发售学生票、残疾军人优待票的窗口配备学生优惠卡识读器；退票、改签窗口配备二维码扫描仪；电子支付窗口配备 POS 机和乘意险确认器。

图 4-1　售票窗口设施设备

售票窗口的售票系统主要由电脑、磁记录热敏打印机、制票汉卡和业务接入复用器（service access multiplexer，SAM）加密设备等组成。窗口的 PC（personal computer，个人计算机）安装 TRS 售票软件及制票机驱动程序、SAM 加密设备驱动程序，并根据磁记录客票特点，针对磁记录信息和票面打印格式的变化进行软件升级。

（一）制票机的设备结构

售票窗口的制票机，其外观与内部结构见图 4-2 和图 4-3。

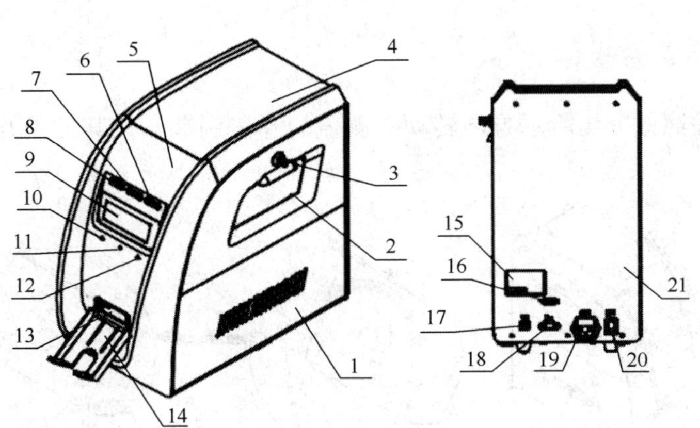

图 4-2　制票机外观结构图

1．右侧盖；2．右视窗；3．开盖锁；4．上盖；5．前盖；6．“＋”号键；7．功能键；8．“－”号键；9．液晶显示屏；10．电源指示灯；11．联机指示灯；12．错误指示灯；13．出票口；14．接票盒；15．产品标签；16．SAM 卡接口；17．USB 接口；18．串口；19．电源接口；20．电源开关；21．后盖板

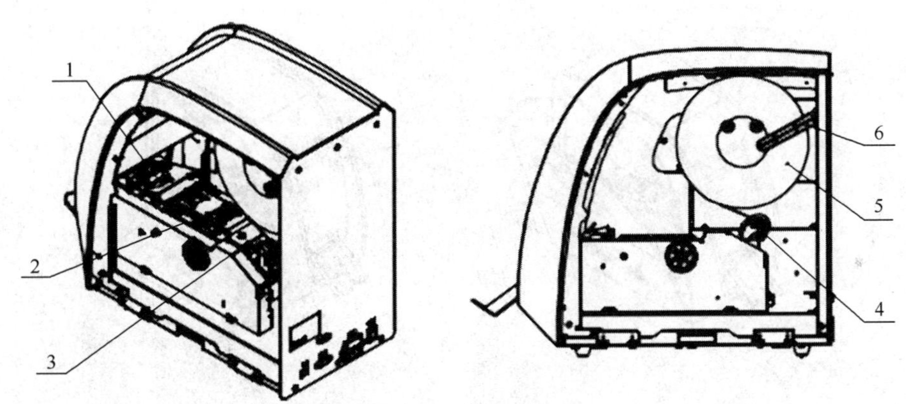

图 4-3　制票机内部结构图

1．打印头组件；2．磁读写组件；3．切刀组件；4．纸卷缓冲轮；5．纸卷；6．纸卷挡杆

（二）制票机主要部件的功能

1）液晶显示屏：显示打印机状态信息。

2）电源开关：按下“O”关闭电源，按下“－”开启电源。

3）打印头组件：将磁票信息打印在票面上。

4）磁读写组件：对磁票进行写磁或读磁。

5）切刀组件：传感器定位切纸后，切刀组件进行切纸。

6）纸卷挡杆：防止纸卷票纸散落，使票纸顺畅进入通道。

（三）更换票卷操作

第一步，按照图 4-4 所示方向转动右侧盖的开盖钥匙，使其处于开启状态。

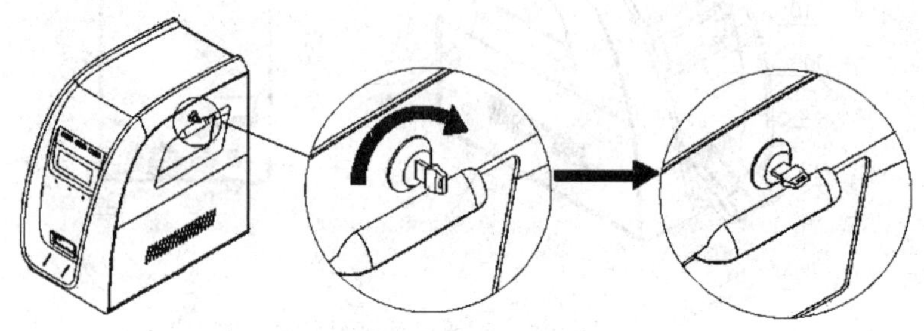

图 4-4　开盖钥匙位置示意图

第二步，按图 4-5 所示箭头方向打开打印机的右侧盖。

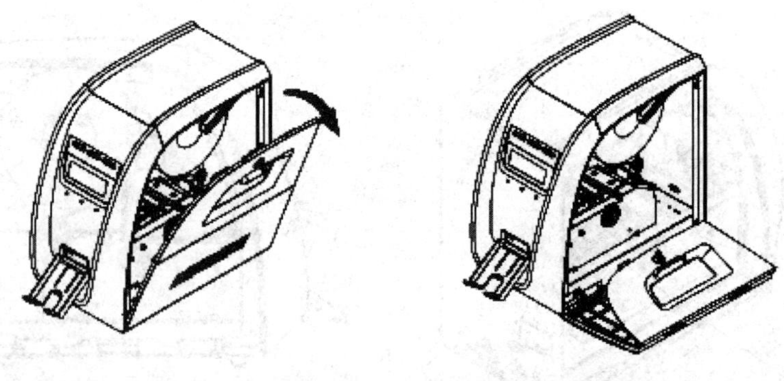

图 4-5　右侧盖开启示意图

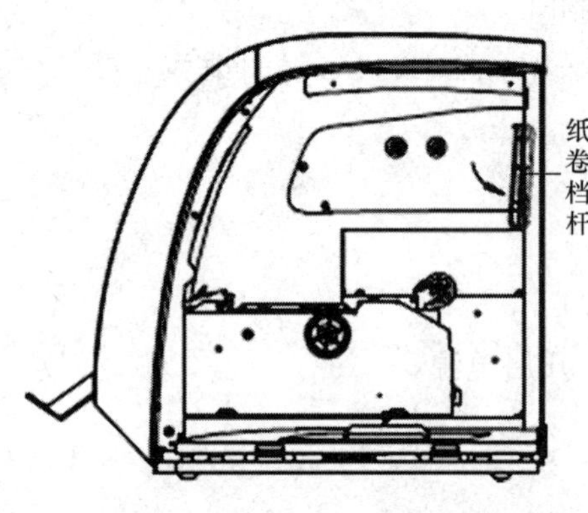

图 4-6　纸卷挡杆位置示意图

第三步，按图 4-6 所示逆时针方向转动纸卷挡杆至垂直位置。

第四步，将纸卷按图 4-7 所示方向挂在纸卷支撑架上，使纸卷靠近左支撑架后，再按顺时针方向转动纸卷挡杆，使其回转原位。装纸卷时，注意纸头卷绕方向。

第五步，按图 4-8 所示方向绕过纸卷缓冲辊，将纸头插入打印机入纸口（注意票纸的磁面向下），打印机自动将票纸送入预定位置。

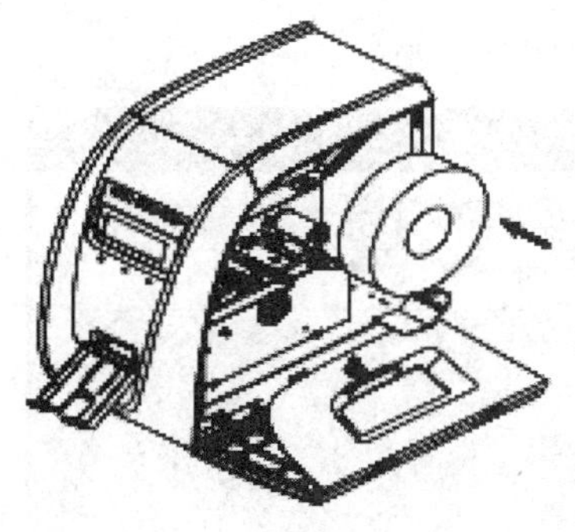

图 4-7　票卷安装图 1

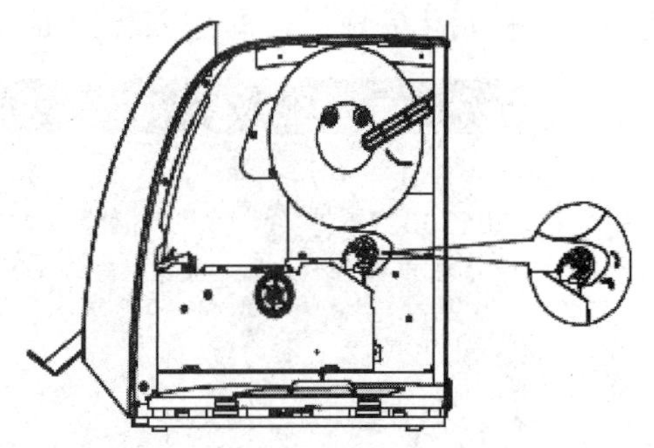

图 4-8　票卷安装图 2

二、计算机售票系统

（一）系统登录

1）开机。先开制票机，再开显示器及主机，使用安全卡，输入密码，进入永达安全系统。

2）登录、选择班次。启动售票操作程序后，输入工号和密码，在“选择班次”栏中选择正确的班次（图 4-9）。

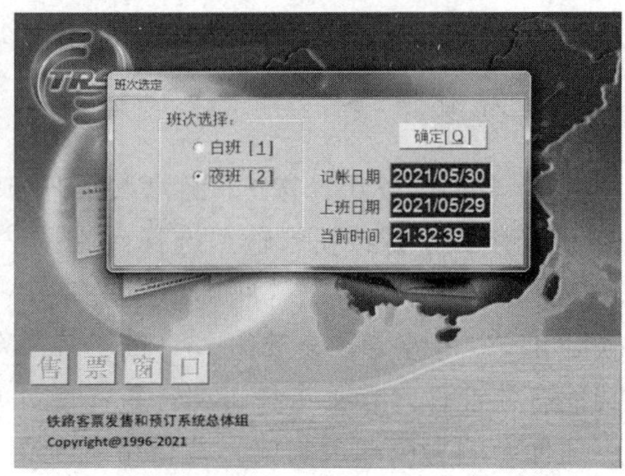

图 4-9　客票系统登录与选择班次界面

3）登录 POS 机及软 POS。在安装 POS 机的售票窗口使用客票系统工号和口令在软 POS 上签到：选择菜单栏中的“辅助功能”—“软 POS 处理”，按 Alt＋R 组合键在软 POS 机上签到。

4）核对票号。核对制票机内推出的第一张票卷印刷票号与计算机显示屏上提示的“下一票号”是否一致。

5）系统开始自动对制票机、学生优惠卡识别器、POS 机、二代身份证识别器等设备进行初始化。初始化完成后，即进入售票界面（图 4-10）。

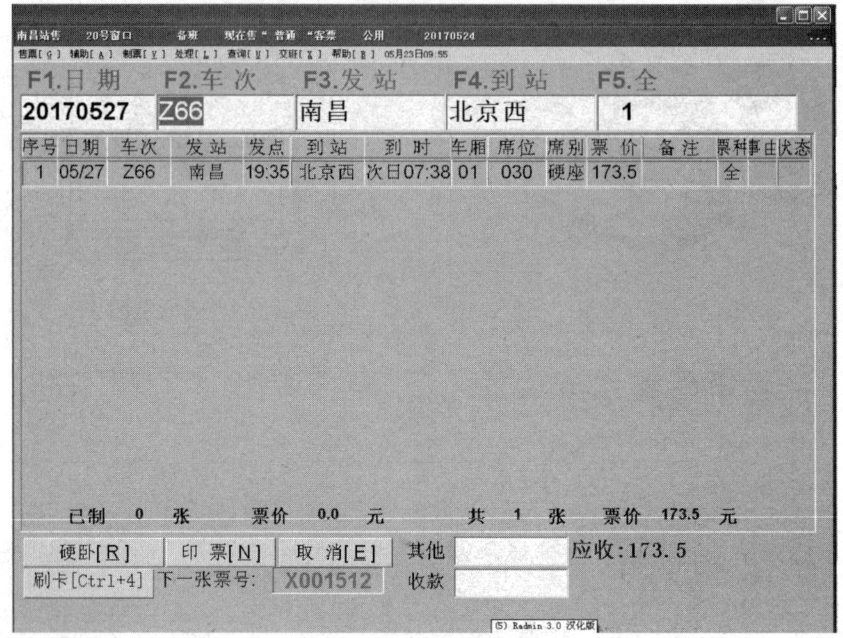

图 4-10　售票界面

6）售票员按照售票作业标准操作计算机，发售车票。

（二）售票操作

1）普通票发售。按 F1 键输入乘车日期；按 F2 键输入车次；按 F3 键选择发站；按 F4 键使用数字键或拼音输入选择到站；按 F5 键选择票种，输入张数，选择席别（硬座、软座、硬卧、软卧、一等座、二等座等），输入对应的席别代码（硬座 1，软座 2，硬卧 3，软卧 4，二等座 O，一等座 M，商务座 9 等），系统取票。使用护照、台胞证和军官证等其他有效证件打印乘车凭证时，选择相对应的选项（如护照，就选择护照选项），输入对应证件上的号码即可制票。按空格键制票，跳出“证件信息录入窗口”，使用二代身份证读卡器；按 F7 键读取乘车人二代身份证件原件的信息，或手工输入有效身份证件类型、号码、姓名，打印车票。

2）通票发售（图 4-11）。按 F1 键输入乘车日期；按 F2 键输入车次；按 F3 键输入发站后，光标至“换乘站”栏，选择换乘站；按 F4 键输入到站，根据选择的车次经由选择最短经由，确认并确定票种、张数后，光标自动跳转至“席别”栏，输入席别后取票。

3）动卧团体及优惠票发售。按 Ctrl＋U 组合键，选择是否售往返程优惠票并制票。正常动卧往程车票的界面左下角：指定优惠为“否”，优惠方式为“默认”。

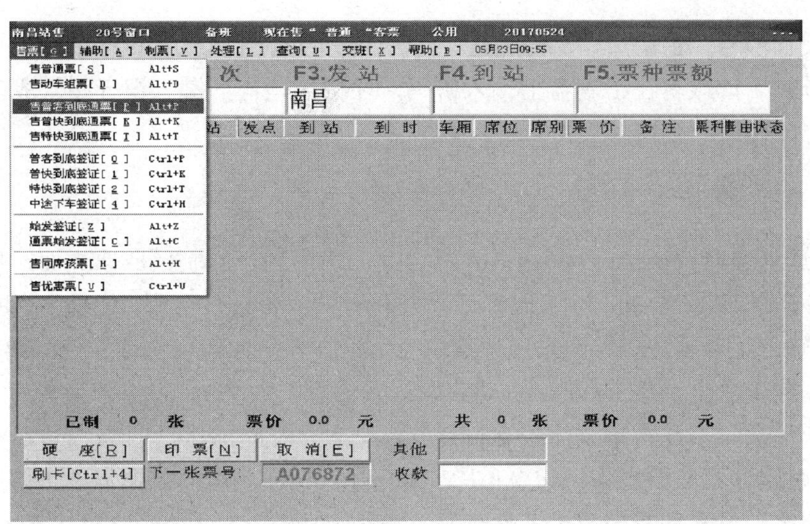

图 4-11　通票发售界面

4）电子支付（图 4-12）业务：取得旅客银行卡，并按 Ctrl＋4 组合键弹出支付界面，选择 POS 类型及卡类型并刷卡。选择 POS 机所属银行→收单行，通过↑↓键选择，按 Enter 键确认。卡类型默认选择［银行卡］，通过↑↓键选择，按 Enter 键确认；磁条面向左，由上向下刷卡或插入插卡口；选择［扣款］，程序会向 POS 机发送扣款指令，POS 机界面上提示“刷卡”，等待售票员在 POS 上进行刷卡操作。售票员在 POS 机上刷卡后，POS 机屏幕

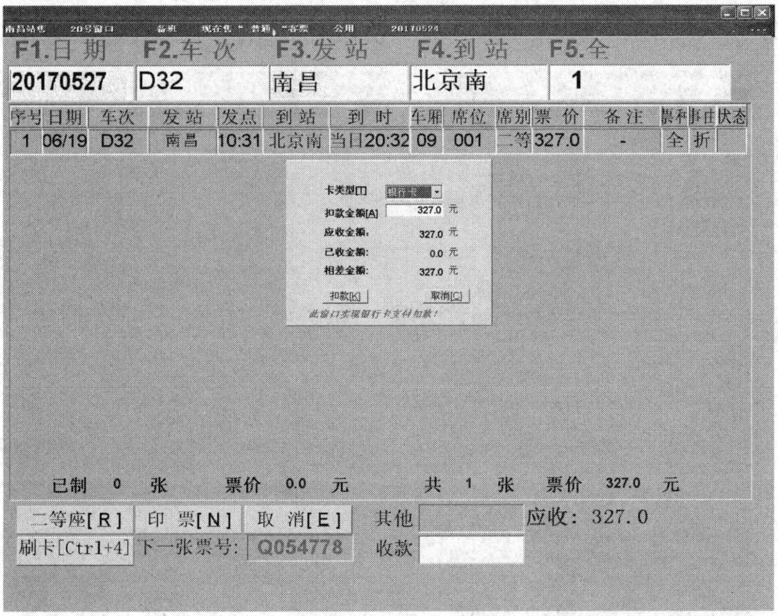

图 4-12　电子支付界面

上会显示银行卡号，售票员核对卡号后，按POS机上的［确认］键。POS机的小键盘上会显示支付金额，请旅客在小键盘上输入密码，并按［确认］键。银行扣款成功后，POS机上会首先打印两联“消费单”。

（三）取票操作

1）电话订票取票操作：按Alt＋Y组合键，切换到合同制票取票界面，按Ctrl＋W组合键到“取普通订票”界面；输入旅客订单号和有效身份证件号码：先按F3键输入订单号，再按F4键输入证件号码，界面出现订票信息。如旅客凭二代身份证原件取票时，将二代身份证放置在读卡器上，按F7键，自动获取订票信息。按Alt＋A组合键，可获得该证件下的所有车票信息；按发售车票流程支付票款，制票，交付旅客。

2）互联网订票取票操作：按Alt＋Y组合键，切换到合同制票取票“取网上车票”界面；输入旅客订单号和有效身份证件号码：先按F3键输入订单号，再按F4键输入证件号码，界面出现订票信息。当旅客凭二代身份证原件换票时，将二代身份证放置在读卡器上，按F7键，自动获取订票信息。按Alt＋A组合键，可获得该证件下的所有车票信息；按空格键制票，核对票面有无“网”字，交付旅客。

（四）退票操作

进入退票界面（图4-13），按Alt键的同时在退票理由列表中（包括正常、原退、水害、停运、晚点、铁路责任、挂失退）用↑↓键选择相应项，并按Enter键确认。将磁介质车票插入制票机后，按Alt＋M组合键读取车票信息；红色软纸车票通过扫描或将车票票面

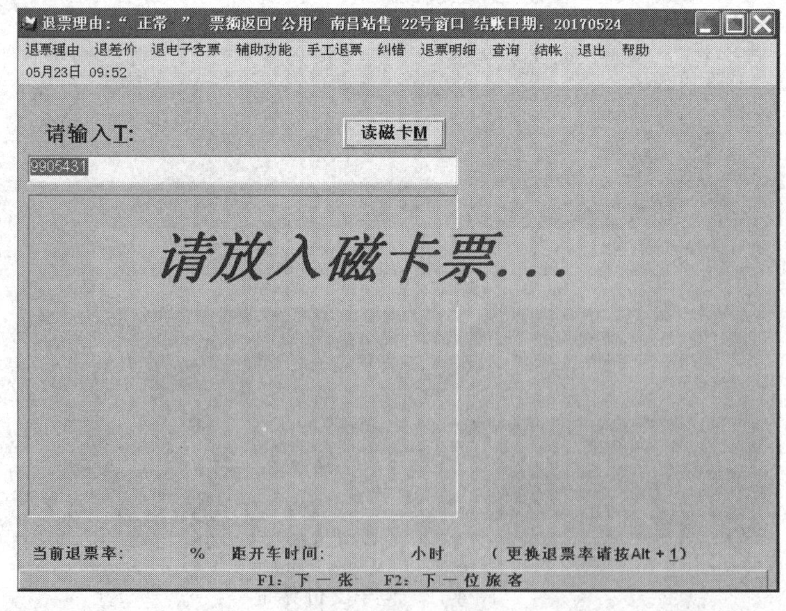

图4-13　退票界面

的 21 位码输入计算机读取车票、信息；核对票面内容和屏幕显示是否一致，按空格键或 K 键进行退票；读取乘车人有效身份证件信息或手工输入有效身份证件号码，票面打印“退”字，显示退票成功。

（五）始发改签操作

按 Alt＋Z 组合键切换至始发改签界面（图 4-14），将原票插入制票机后，按 Ctrl＋Q 组合键读取车票信息（或用扫描仪扫描原票的二维码，或按 F5 键手工输入票面下方前 21 位条码），核对票面信息与计算机显示的信息是否一致，确认无误后按 Q 键，显示“要签证否？”。继续作业按 Y 键；停止作业按 N 键。依次输入旅客指定乘车日期、车次、席别。

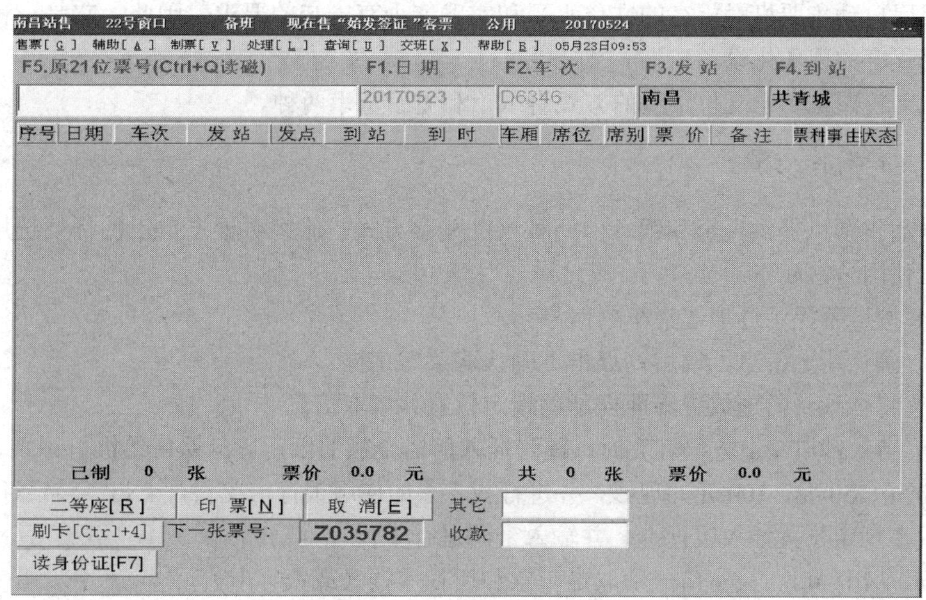

图 4-14　始发改签界面

三、自动售票系统

（一）自动售票机

自动售票机（图 4-15）又称无人售票机，是一种提供自助服务的终端，购票操作和支付的费用均由购票者自己完成。这类售票机的投资比普通窗口售票机大，其设备的可靠性和稳定性要求极高，需要一套严格鉴别旅客合法性和易于旅客掌握的操作流程。铁路自动售票机在国外早已使用，特别是地铁和市郊短途线路上更为普及。它不需要专人守护，可日夜提供服务，能够减少旅客与售票员之间因理解和语言交流上的差异带来的差错。同时，它还可以提供必要的查询功能，使旅客获得更多的旅行信息。

图 4-15　自动售票机

采用自动售票机对旅客的文化水平和实践能力有一定的要求。因此，它是一种体现社会文明程度的现代化设备。

自动售票机用于支付票款的方式有纸币和电子货币两种。

（二）操作步骤

自动售票机提供现金和银行卡两种自助购票方式，旅客可根据自己的需要选用。自动售票机使用方法如下：

1）按屏幕提示逐项选择车票信息。

2）确认所选信息无误后，点击“确认购票”字样。

3）将二代身份证放置界面提示的指定位置并读取信息。

4）当入钞口左上方绿灯亮时，逐张插入所需金额的纸币。自动售票机可识别 5 元、10 元、20 元、50 元、100 元的现钞，并进行找零。如使用银行卡支付，点击“转银行卡支付”字样，在规定位置插入银行卡，并输入密码进行支付。

5）从出票口、找零口分别取走车票和所找零钱（或银行卡）。

6）购票过程中，如果想停止或取消购票，可点击“取消购票”字样退出当前界面，并从退钞口取回插入的人民币（或银行卡）。

互联网购票在自动售票机上的取票方法如下：

1）点击界面显示的“取互联网订票”字样。

2）将二代身份证放置在界面提示的指定位置，并读取信息。

3）确认界面提示所购车票信息是否正确，如遇到取部分网订车票时，可根据界面提示选择打钩。

4）点击“打印车票”字样，在出票口取走车票。

四、自动检票系统

自动检票机（图 4-16）是自动检验旅客车票的设备。随着高速铁路及动车组列车的快速发展，磁介质车票逐步代替传统纸质车票，为铁路车站实行自动检票提供了基础条件，实现了旅客自动检票、快速通关。自动检票机目前一般主要安装于高铁车站，通过自动从客服系统集成管理平台获取列车检票信息和检票计划完成工作。旅客将当日当次有效的磁介质车票插入磁票入口由自动检票机读磁，检查票磁信息合法性，并判断检票计划、票种。车票非法时票会从磁票入口退出；车票合法时，票则回写检票磁信息并打印进站标志（进站标志为▲，出站标志为覆盖进站标志的■），然后车票从磁票口弹出。旅客取回车票后闸门会打开，等待旅客通过；旅客如超时未通过，闸门将会自动关闭。

图 4-16　自动检票机

闸机检票车次与广播、引导系统显示的作业内容一致。

五、集成管理平台

车站旅客服务系统总体采用两级架构，分别部署在区域中心和车站，国铁集团设置公共数据管理平台。旅客服务系统以集成管理平台为核心，完成区域内公共音视频数据的制作、发布和转发，以及系统间信息共享和功能联动，实现对车站导向、广播、监控、时钟等各子系统及自动检票系统的集中管控。旅客服务系统运用之初采取的是本站管控方式，即站与站之间的系统互不联网，车站的集成管理平台只对本站旅客服务系统各子系统实现管控。随着旅客服务系统的不断完善和站与站间系统联网的实现，其管理方式出现了大站带小站的管理模式，即一个中心车站的集成管理平台，在实现对本站旅客服务系统各子系统管控的同时，可根据线路情况，对相邻的其他若干车站的各子系统进行代管；被代管的车站只设置简易的操作平台，用于系统故障时的应急操作和处置。目前，集成管理平台的管控模式已实现集中管控方式，即在铁路局调度所设置系统集成管理平台，实现对一条高速铁路管辖内车站或几条高速铁路管辖内车站各子系统的集中管控，从而进一步提高旅客服务系统的工作效率。集中管控的高速铁路车站中，大型车站设置集成管理平台，中、小型车站只设置简易操作平台，用于系统故障时的应急操作和处置。

因旅客服务系统集成管理平台是近几年开发的系统，主要针对各高铁车站，而既有普速车站的广播、电子导向、监控等系统仍为各自独立，采取人工分别控制的方式。

国铁集团对全路高速铁路旅客服务系统提供信息上的支撑，进行宏观上的管理，实现对全路旅客服务的监督、管理和统计分析，并完成公共数据管理、音视频基础信息库的制作以及视频监控的工作。

目前，全路高铁车站的旅客服务系统各子系统中的站台票发售系统、求助系统、寄存系统一般不投入使用。其中，高速铁路的站台票系统之所以不投入使用，是因为高铁车站不向旅客发售站台票。

六、电子引导显示系统

客运量较大的车站为指示旅客在站内有秩序地办理各种旅行手续，在站前广场、进站口、售票厅（处）、行李房、各候车室（图 4-17）、贵宾室、检票口（图 4-18）、站台（图 4-19）及各种通道的明显处，设置了大小不同、型号不一的电子引导显示系统，向旅客通告列车到发去向、到发时刻、候车地点、列车停靠站台、晚点变更等情况，引导旅客购票、候车、乘车，使旅客在站内办理各种旅行手续的径路最短、最合理，并能尽量避免站内各种通道上的交叉干扰。

图 4-17　候车室的引导显示屏

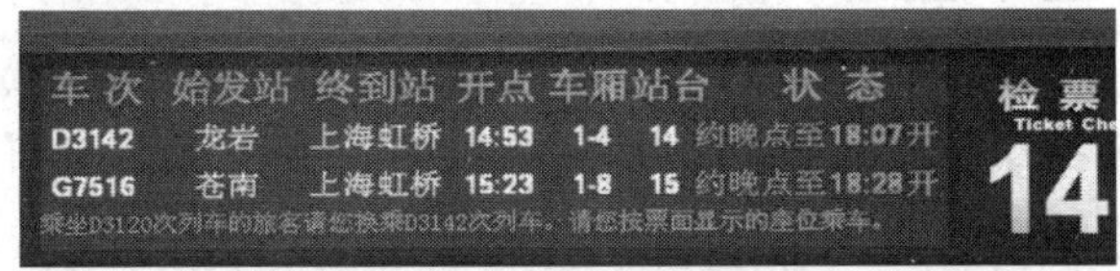

图 4-18　检票口的乘车引导显示屏

图 4-19　站台乘车引导显示屏

电子引导显示系统的信息，分为固定的（如售票处、候车室、行包房等）和随机的（如旅客列车始发、终到时间、车次、晚点情况、停靠站台等）两种。该系统具有按预排程序

自动控制显示，传输校验纠错，人工键控修改程序，临时变更、查询，监视系统工作状态以及故障报警等功能。

七、广播系统

车站的广播系统主要用于语音广播，基本由业务广播和消防广播两部分组成。正常情况下进行业务广播，向站内的旅客实时地播放相关业务、宣传、资讯等信息；在出现火灾等紧急情况时，进行消防广播。

车站广播系统的广播方式包括自动广播和人工广播两种，自动广播支持中文普通话和英语两种语言。其内容由车站工作人员编制相应的广播模板，并输入集成管理平台，由集成管理平台按照广播规则进行自动播放。

八、旅客安全监控管理系统

旅客安全监控管理系统包括电视监控系统、旅客携带品及行包安全检查设施、火灾自动报警监控系统和防盗监控系统。通过在车站各场所安装的摄像头等视频采集设备对现场进行拍摄监控，并通过传输网络将视频采集设备采集到的视频信号传送到车站（或铁路局调度所）综合控制室的显示幕墙上，综合控制室的工作人员可通过集成管理平台对作业现场的视频摄像头进行控制。

（一）电视监控系统

该系统是为方便客运值班员、广播员、行包房值班员、车站值班员等工作人员观察旅客列车到发和进出车场情况、车站客流动态及岗位服务状况而设置的。电视监控系统由各种摄像机（头），传输设备，控制、切换和显示设备组成，根据作业需要可设置多处集中监视点（尾），构成“多头多尾”式结构。

（二）旅客携带品及行包安全检查设施

该设施是车站为了对旅客携带品及托运的行包进行安全检查而设置的，由通过式检查仪、操作仪和监视器组成。安全检查设施具有对当检携带品或行包中的物品进行图形和物质属性判别的功能，并能保证感光材料、磁性介质材料、疫苗等医药和微生物制品及旅客其他携带品的绝对安全。当发现被检物品中有违禁物品时，该设施具有屏幕提示或声光报警及自动诊断功能。

（三）火灾自动报警监控系统

该系统由集中报警控制器、状态显示中心、区域报警控制器、消防广播、各种联动控

制接口装置及各类探测器组成，可对火灾进行监测、报警并联动控制各项消防装置。

（四）防盗监控系统

该系统由监控主机、监视器、各类监测报警装置及各种摄像机组成，是对客运站重点场所（如票库、财务室、行包房等处）进行监测（视）的一项安全防范设施。防盗监控系统具有对设防场所进行监测、报警和监视与录像的功能，并能进行定位和目标追踪。

任务2 高铁列车的客运设施设备

高铁列车的结构主要包括车体、转向架、车端连接装置、制动装置、供电及牵引传动系统、车辆内部设施几个部分。

一、高铁列车运行设施设备

（一）车体

车体是高铁列车的一个重要组成部分，为薄壁筒形的整体承载式轻量化结构，侧墙和车顶采用大型中空铝合金型材组焊而成（图4-20）。高铁列车车体在运行过程中，不但要把牵引力和制动力传递给车钩，还要承受各种设备载荷以及纵向和横向载荷的冲击，并要采用轻量化技术降低车内、车外噪声。

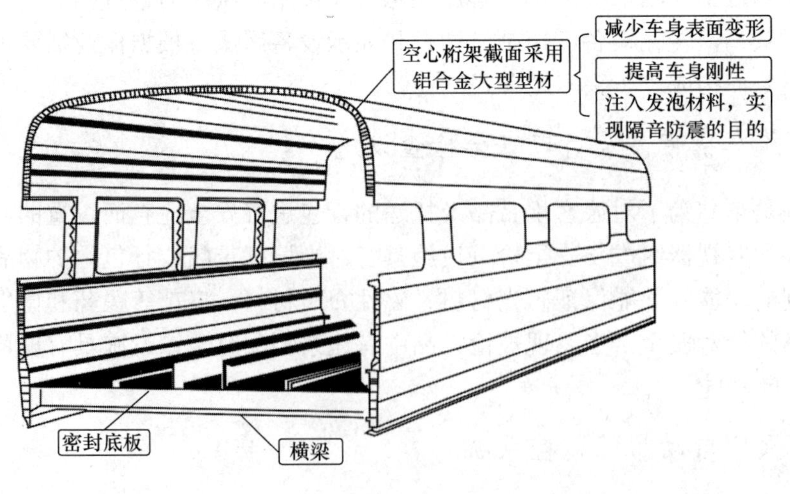

图4-20　车体结构

（二）转向架

高铁列车的转向架（图 4-21）主要有以下五个作用：

1）车体坐落在转向架上，通过轴箱装置将车轮沿钢轨方向的滚动转化为车辆沿线路方向的平动；

2）支撑车体，承受并传递车体与轮轨间载荷，并使轴重平均分配；

3）充分利用轮轨间黏着，传递牵引力与制动力；

4）缓和线路不平顺对车辆的冲击，保证运行的平稳性和安全性；

5）保证车辆有良好的直线稳定性和曲线通过能力。

图 4-21　转向架

（三）车端连接装置

车端连接装置是指连接两车辆间或连接两列车间的所有机械、压缩空气和电气装置，主要包括车钩（图 4-22）、缓冲器、内外风挡和电气连接器等。缓冲器采用基层橡胶方式，位于车钩后端。车钩及缓冲器可以在不架起车体的情况下拆装和检修。高铁列车的车端连接装置，不仅具有连接、牵引和缓冲作用，还能在运行过程中，传递牵引力、制动力和冲击力，并缓和及衰减列车运行过程中由于牵引力的变化和制动力前后不一致而引起的冲击和振动。同时，它还具有车厢间的密封功能，以及传递压缩空气、电气信号和控制信号等功能。

图 4-22　车钩装置

（四）制动装置

列车制动装置（图 4-23）是用以实现列车减速或停止运行，保证行车安全的设备。列车制动装置由装在机车上的供风系统和自动制动阀、分装在机车和车辆上的制动机和基础制动装置，以及贯通全列车的制动管（又称刹车管）组成。整个制动系统中充以压缩空气。

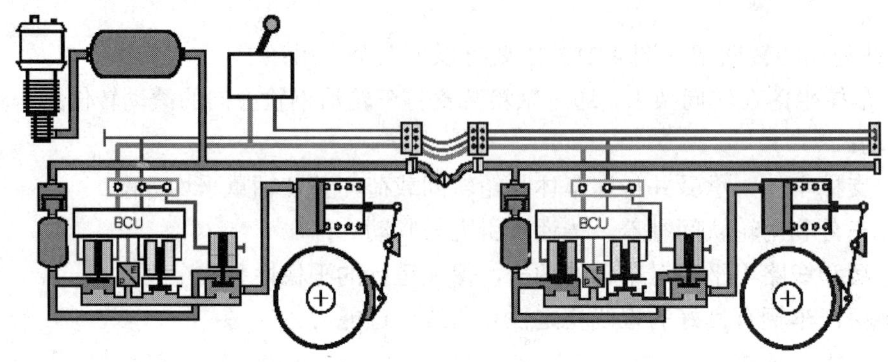

图 4-23　列车制动装置

（五）供电及牵引传动系统

供电及牵引传动系统（图 4-24）是指从电力系统或一次性供电系统接受电能，通过变压、变相或换流（将工频交流变换为低频交流或直流电压）后，向电力机车负载提供所需电流制式的电能，并完成牵引电能传输、配电等全部功能的完整系统。供电及牵引传动系统的性能，直接影响着列车牵引功率的发挥和牵引传动控制系统的性能。

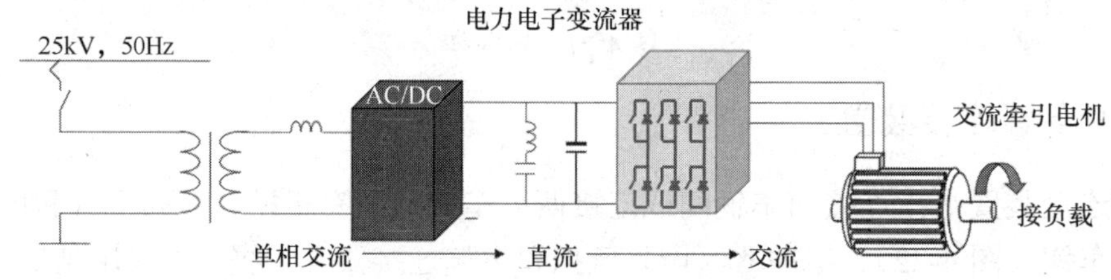

图 4-24　供电及牵引传动系统

二、车辆内部设施设备

中国铁路部门按照“引进先进技术、联合设计生产、打造中国品牌”的总体要求，迅速提升中国高速动车组生产水平，形成了自主知识产权的系列产品，并将其命名为“和谐号”，即 CRH。中国铁路已投入运营的 CRH 动车组，有 CRH1、CRH2、CRH3、CRH5、CRH380A、CRH380B、CRH6、CRH380AL、CRH380BL、CRH380CL 等车型。但是由于车体宽度、座席宽度等方面存在差别，以上不同动车组型号的列车定员有所不同，一般 8 节短编组的座车动车组定员约 600 人，而 16 节长编组的座车动车组定员约 1300 人。其中，CRH380AL 和 CRH380BL 分别表示在 CRH380A 和 CRH380B 的基础上，扩编为 16 节长编组动车组。以下对 CRH3 和 CRH5 两种车型进行介绍。

（一）CRH3 型动车组车内主要设施设备

1．基础设备

（1）侧门

侧门的数量为 22 个，日常通过集中控制进行车门开启和关闭作业。

（2）感应式内端门

感应式内端门的数量为 20 个，其中二位端共计 12 个，一位端共计 8 个。它由运动检测器、紧急按钮、打开锁定机制、关闭锁定机制、手柄组成（图 4-25）。

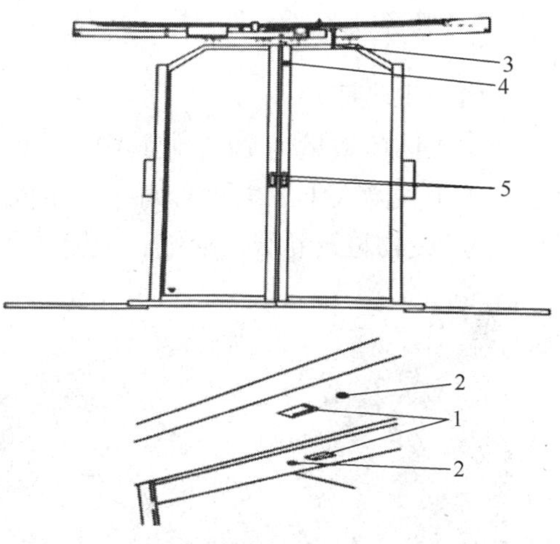

图 4-25 感应式内端门

1．运动检测器；2．紧急按钮；3．打开锁定机制；4．关闭锁定机制；5．手柄

（3）座椅、小桌、脚踏板

座椅的数量为 556 个（各车厢分布同定员），一等车为“2＋2”布局，二等车为“2＋3”布局。如图 4-26 所示，每组座椅下部都设有方向可调装置（同时可进行座椅靠背复位），可按照列车运行方向随时进行调节。一、二等车均可对靠背角度进行前后调节，其中，一等车调节按钮在扶手内侧，二等车调节按钮在扶手下方。此外，二等车每个座椅背面设有折叠式小桌及网袋（餐吧就餐区座椅除外），供后面的旅客使用。一等车扶手内设有可折叠式小桌，背面设有网袋，用于放置杂志、服务指南及清洁袋。一等车的座椅背面下方及车厢两端墙壁设有脚踏板，可提高乘坐的舒适度。

图 4-26 二等车厢与一等车厢座椅设置

（4）车窗

车窗均采用光学折射原理的减速玻璃，减小因动车组列车高速运行而产生的视觉冲击给旅客带来的身体不适感。车窗内部设有半透明内嵌下拉式遮阳帘。

2. 服务设备

（1）卫生间

卫生间的数量为10个，其中2、3、5、6、7车每车2个，均为坐式卫生间（其中5车设有1个残障人士卫生间）。每个卫生间内设有触摸式冲水装置、洗手盆、烟火报警装置（顶棚上）、废物箱及卷纸、抽纸、坐便垫储放处等（图4-27）。

图4-27　卫生间

（2）电茶炉

图4-28　电茶炉

电茶炉的数量为8个，其中1、3、5、6、8车均设置于车厢二位端，2、7车设置于车厢一位端，4车设置于吧台外侧墙壁内。使用电茶炉时，需要将按压开关按至底部（起防烫伤作用）。缺水显示灯亮起时，表示水箱内缺水，应立即通知机械师关闭电茶炉电源。电茶炉的开水箱容量为18L，产水量为40L（图4-28）。

电茶炉的开水箱和净水箱是分开的，开水和净水不会混在一起。只要电茶炉接通电源，其水温就会保持在90℃以上。

在车内环境温度小于4℃或大于45℃的条件下，电茶炉将进入自动保护状态，并停止工作。

电茶炉上有一个排水开关，按下这个开关，将自动打开电茶炉内部的排水电磁阀。因此，电茶炉内的水可以通过管路流到导轨上。

（3）乘务员室的设备

乘务员室的数量为 1 个，位于 4 车二位端。乘务员室设有列车广播通信设备 1 台、紧急制动阀 1 个、列车影视操作控制系统 1 台、多模式生物成像（multimodality imaging，MMI）显示屏 1 台（可控制车内空调温度、照明，查询车内有无异常，并显示解决提示等）（图 4-29）。

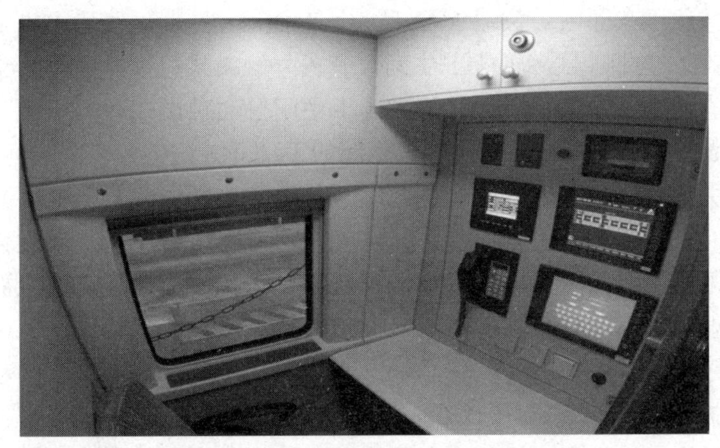

图 4-29　乘务员室的设备

（4）PIS（乘客信息系统）中的广播通信装置

PIS 中的广播通信装置的数量为 6 台，其中 1 台位于司机驾驶室，其他 5 台设置于 2、3、5、6、7 车厢二位端车门一侧壁板内，其作用是便于列车广播及工作人员联络。PIS 广播通信装置的使用方法：从托架上取下话筒时，需先按下话筒挂钩开关。键为基本乘客广播键，按下此键后，再按下话筒内侧的通话按钮，并保持其处于按下状态即可广播。广播时，所有话筒上的 AOC 指示灯（车厢扬声器占用）亮起，表明车厢广播系统当前被占用，且所有其他听筒上都将阻止该功能。靠近话筒的车厢扬声器被设定为无声。键为基本内部通信键（对驾驶员），按下此键后，所有驾驶室（双牵引机车上最多为 4 个）的托架扬声器上响起 “驾驶员”的振铃信号，等待驾驶员回应呼叫，然后建立通话。如果驾驶员话筒以外的某个话筒被拿起，该话筒上的 TOC 指示灯（电话占线）会亮起，该指示灯将一直亮着，直到话筒被重新放回托架。它指示电话系统当前占线，所有其他话筒的这一功能都被阻止。键为信号铃音键（驾驶员使用），如驾驶员按下驾驶室的内部通信装置上的信号铃音键，则整列列车的所有车厢扬声器中都会响起信号铃音。

（5）水箱

1 车、8 车水箱容量为 160L，4 车（餐吧）水箱容量为 700L，2、3、5、6、7 车水箱容量为 300L。有卫生设施的车厢，车底设有废水箱，容量为 450L。

（6）储物柜

储物柜数量为 7 个，其中 4 车吧台内 1 个，4 车二位端 6 个。

（7）大件行李处

大件行李处数量为 11 个，其中 1、8 车二位端各 1 个；5 车一位端 1 个，2、3、6、7 车一、二位端各 1 个，用于放置体积较大的行李物品。

（8）残障人士服务设施

残障人士的服务设施，包括残障人士专用区域和残障人士卫生间及残障人士弯道。残障人士专用区域位于车厢内二位端 1、2 号座席对面的空当处；残障人士卫生间及残障人士弯道均位于 5 车二位端。残障人士卫生间设有内外触摸式门锁、残障人士紧急呼叫按钮，坐便器两侧设有两个不锈钢扶手。残障人士卫生间自动触摸式开关门装置如开门后没有其他操作，则 45s 后自动关门。残障人士卫生间的手动开关门锁，在卫生间门左侧墙板上方；如锁闭手动开关门锁，则自动门锁装置失效。残障人士卫生间内的 SOS 紧急呼叫按钮如按下，则紧急呼叫被可视化地显示在乘务室 MMI 显示屏的状态区域，同时会通过车厢扬声器发出“叮当”的声音。只要该紧急呼叫未得到答复，即使紧急呼叫按钮被重复按下，也不会触发其他求助呼叫，只有通过再次按下 SOS 按钮，手动取消由通用卫生设施触发的未处理的紧急呼叫才行。

（9）婴儿护理台

婴儿护理台数量为 1 个，位于 5 车二位端残障人士厕所内。有需要时，抬起把手将婴儿护理台打开，即可使用。

（10）影视、音乐播放系统

该系统数量为 6 个，其中一等座车两端墙壁上各 1 个，顶棚每 2 台为一组共 2 组 4 台（不可折叠）。一等座车每个座椅右扶手内侧设有音乐、影视控制器，可自主调节电视及音乐的音量。

（11）电源插座

电源插座数量为 47 个，其中 1～8 车一、二位端墙壁下方各 1 个；4 车餐吧内 5 个（其中 3 个带有插座开关）；乘务室 1 个；5 车每排座席靠近通道一侧座席下各 1 个（共 25 个）。

（12）电子显示屏

电子显示屏数量为 17 块，其中 1～8 车客室两端内端门上方各 1 块；4 车乘务室墙壁背面上方 1 块。显示屏显示列车运行日期、车次、时速、时间、编组及车厢号、服务设施介绍、车外温度、安全提示、投诉电话等内容（图 4-30）。

图 4-30 列车内电子显示屏

（二）CRH5 型动车组车内主要设施

CRH5 型动车组单列编组 8 辆，动力配置为 5 动 3 拖，由 2 个牵引单元组成。每个牵引单元由 4 辆车组成，其中 1 个牵引单元包括 3 辆动车（Mc2、M2s 和 M2）和 1 辆拖车

（TP），另一个牵引单元包括 2 辆动车（Mh、Mcl）和 2 辆拖车（T2、TPb）。每个牵引单元配一个主变压器和相应的受电弓，可两列重联使用。其中，大定员车体为 1 辆一等座车，席位为“2＋2”设置；7 辆二等座车，席位为“2＋3”设置，定员 622 人。小定员车体为 2 辆一等座车和 6 辆二等座车，定员 586 人。6 号车为餐车，7 号车设有残障旅客座席。

1. 基础设备

（1）侧门

每节车厢两侧各设有一个侧门（集控车门，图 4-31）。

图 4-31　集控车门

1）外侧控制装置。

车门外侧控制装置主要包括触摸式开/关门按钮（图 4-32）、车门紧急解锁拉手、内凹式拉手、手动车门锁。

使用方法：在车门外开门时，将车门紧急解锁拉手板（图 4-33）扳至 90°位置，同时拉动车门即可开启车门；司机释放车门按钮后，可以使用触摸式开门按钮开门（司机释放后按钮内部灯呈亮灯状态，未释放为灭灯状态）；上部按钮供成人使用，下部按钮供儿童及残障人士使用。

2）内侧控制装置。

车门一侧壁板设有紧急三角锁、蜂鸣器、紧急开门按钮（外侧有保护罩）、车门紧急解锁拉手（图 4-34），供手动解锁车门时使用。手动解锁车门有两种方法：一是用三角钥匙向左侧拧动紧急三角锁，同时蜂鸣器蜂鸣，向下扳动车门紧急解锁拉手至 90°位置后，拉动车门打开（关闭时用三角钥匙将侧面的紧急三角锁向右拧到位，同时车门蜂鸣器无蜂鸣声即可）；二是直接将紧急开门按钮外部防护罩打破后按住按钮，再将车门紧急解锁拉手向下扳动至 90°位置，然后拉动车门。

图 4-32　触摸式开/关门按钮

图 4-33　外侧车门的紧急解锁拉手板

车门另一侧壁板设有触摸式红色关门按钮、绿色开门按钮（图 4-35），用于车厢内开、关车门操作。按钮必须在司机释放后方可使用。司机释放后，开/关门按钮内部灯呈亮灯状态，未释放为灭灯状态。

图 4-34　车门内侧的紧急解锁拉手

图 4-35　车门壁板触摸式开门按钮

3）车门踏板。

每个客室的入口处均设有一个车门踏板（图 4-36），其基本结构为由 2 个铰链支撑的踏板。这 2 个铰链将根据站台高低升降车门踏板，低站台情况下将其提升，高站台情况下将其降下。通过一个气动弹簧可吸收主作用力以方便乘务员操作。在顶部或底部位置时，必须使用三角钥匙锁定车门踏板。在 2 个锁壳处执行锁定操作，每个锁壳上配有 1 个限位开关，可将自动踏板的实际位置信息传输至 DCU（数据存储单元）。

4）站台补偿器。

车门踏板旁装有一个电驱动可伸缩站台补偿器（图 4-37），搭接在高站台和门口之间。站台补偿器位于车门踏板边缘，列车停稳开门后，站台补偿器会自动伸出。自动装置故障时，应通知机械师使用三角钥匙调整。

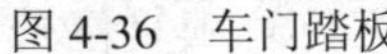

图 4-36　车门踏板

图 4-37　站台补偿器

5）车门和站台补偿器的安全操作要求。

① 当列车加速至 5km/h 或该速度以上时，由乘务员操作的车门开启授权和车门开启控制可自动取消；当列车减速至 5km/h 或该速度以下时，必须重新允许按规定操作。

② 速度为 5km/h 或超过该速度时，车门必须自动关闭。

③ 车门开启过程中，如站台补偿器未处于正确位置，则需阻止车门开启。

④ 车门关闭过程中，如站台补偿器未返回至原始位置，则需阻止车门关闭。

⑤ 车门上设有若干敏感条，如关闭过程中在车门和门框之间碰到任何人或物体，则敏感条会使车门重新完全开启。约 5s 后，车门将自动重新关闭。该循环会重复操作，直至障碍物被清除。即使在无安全装置保护下，手指（最小直径 10mm）也不可能被夹在车门和门框之间。因此，车门会一直运动直至关闭循环结束。

⑥ 站台补偿器设有收回装置，当作用于其上的力超过 300N 时，可阻止站台补偿器关闭。如果关闭过程中检测到站台补偿器上有障碍物，踏板会打开至完全开启位置并尝试重新关闭。尝试几次后，站台补偿器会停止关闭并发出故障指示。

⑦ 每个车门上均设有声音信号蜂鸣器，间隔 1Hz 鸣响。车门即将关闭时，鸣响 2s；因检测到障碍物而紧急开启车门时（只要在该情况下），则以 5Hz 间隔鸣响 2s。车门处于停用状态但踏板未收回时，鸣响 20s。

6）车门指示灯。

车门指示灯是车门关闭和开启的信号装置，车门内侧设有内凹式拉手，上方有红色、绿色、白色三个显示灯（图 4-38），在通过台区的内部可见。绿灯表示车门正常，车门完全关闭、锁定且站台补偿器收回；红灯表示车门故障，车门未完全关闭或站台补偿器未收回；白灯表示车门隔离、停用。

（2）电动内端门

每节车厢两端各设有一个电动内端门（图 4-39），用于保持车厢温度和隔离运行中车厢连接处产生的噪声。

图 4-38　车门指示灯

图 4-39　电动内端门

电动内端门的主要控制装置由黄色开启按钮、红色解锁复位按钮、三角锁和内凹式拉手组成。通过电动内端门时，只需按下内侧或外侧黄色按钮，端门即可打开，延时数秒后自动关闭。需要长时间开启内端门时，须按下内侧或外侧红色按钮；再次按下红色按钮，电动内端门关闭，恢复自动状态。以上操作需将三角锁置于解锁状态，在锁定状态时，各按钮不可用。

（3）照明灯、阅读灯及电源插座

1）每节车厢配有照明设备，由随车机械师统一操纵。

2）一等座车在行李架下方设有阅读灯（图 4-40），按下开关键，灯即亮起。灯座可根据旅客需要进行角度调整。

3）车厢内的电源插座（图 4-41）设在座席下方，卫生间、大件行李存放处及过道墙壁上也设有部分电源插座。

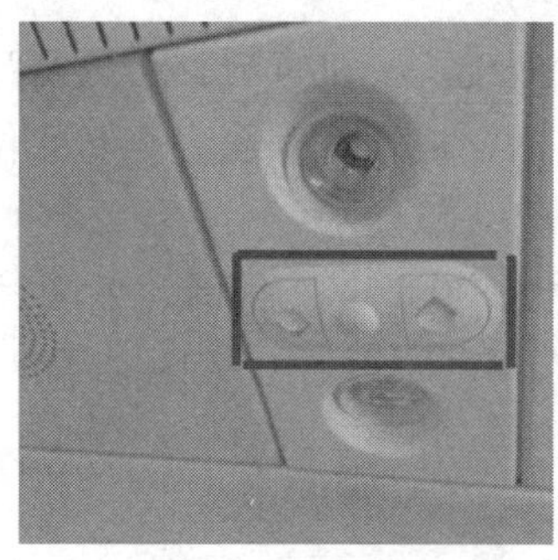

图 4-40　阅读灯

图 4-41　电源插座

（4）综合控制箱

单组 2～7 号车分别设有综合控制箱（图 4-42），内有车载电话（6 车在机械师室内）、照明开关、紧急通风按钮、空调调节旋钮、液位仪和集便器指示灯。另外，1 车、8 车司机室内设有车载电话、液位仪和集便器指示灯。

图 4-42　综合控制箱

2. 服务设备

（1）座椅、小桌、衣帽钩

1）一等车座椅为“2＋2”布局（图 4-43），主要设备有织物衬套、头枕、扶手、小方桌、杂志网、脚踏板等。座椅上方设有阅读灯。

图 4-43　一等车座椅

2）二等车座椅为“3＋2”布局，主要设备有织物衬套、扶手、小方桌（图 4-44）、杂志网等。

3）每个座椅的扶手处设有一个靠背调节按钮（图 4-45），用于调节座椅靠背的角度。大定员车体的座席调节方法为向上扳动座席下方的拉手（图 4-46），同时身体向前滑动。

4）设有旋转装置的座椅（图 4-47）可以旋转（大定员车体不能旋转）。调换方向时，须将座椅后的小桌板归位，然后轻轻踩住座椅下方的脚踏板，按顺时针方向旋转座椅。

图 4-44　二等车座椅小方桌

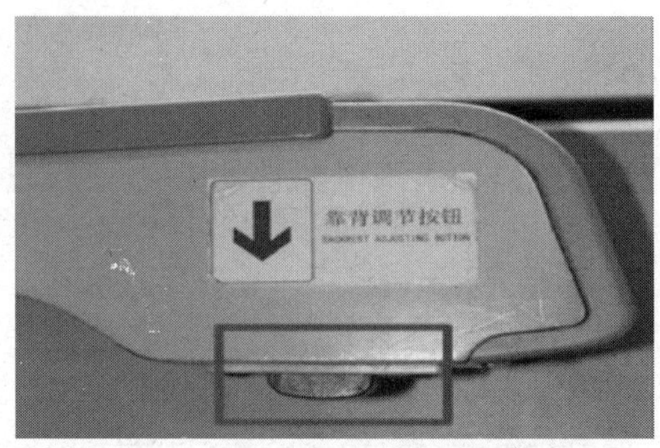

图 4-45　靠背调节按钮

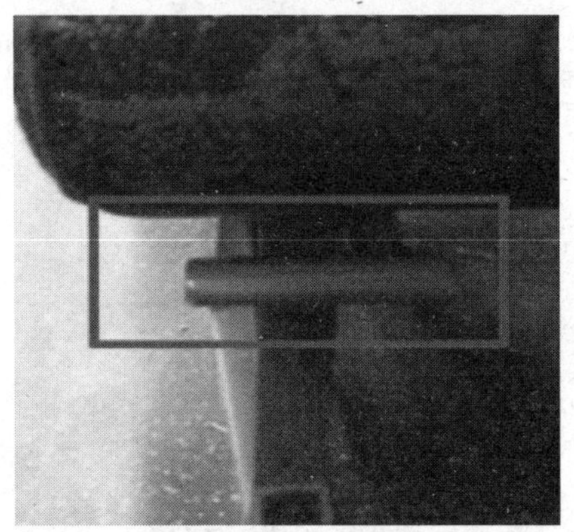

图 4-46　座席下方的拉手

图 4-47　设有旋转装置的座椅

5）背靠折叠小方桌展开即可使用；位于扶手内的折叠小方桌需打开扶手活动盖板，向上取出后展开方可使用。

6）座椅侧面墙壁设有衣帽钩，按压下部悬挂点即可弹出。

7）单组 7 号车二位端设有残障人士专用区域及残障人士弯道，以供残障人士使用。大定员车体设有残障人士座椅，位于 74 号座位，座椅靠墙壁一侧有紧急求助按钮。

8）残障人士的轮椅可存放在 7 号车厢残障人士专用区域（设有防护带），使用时，将防护带轻轻拉出、扣紧，将轮椅固定好即可。

图 4-48　车窗和遮阳帘

（2）车窗、遮阳帘

动车组由于车速高，所以车窗采用减速玻璃。车窗处设有半透明内嵌下拉式遮阳帘（图 4-48）。

（3）行李架、空调出风口

每节车厢座席上方设有行李架和空调出风口。

（4）大件行李处

部分车厢二位端设有大件行李存放处，每处为三层结构。

（5）卫生间

1）卫生间分蹲式便器和坐式便器两种，均采用真空集便器。

2）每个卫生间设有洗手盆、感应器、洗手液盒、干手器、烟雾感应装置（顶棚上）、电源插座、扶手、垃圾箱、触摸式冲水按键及卷纸、抽纸、坐便垫储放处等设施；卫生间门上设有“有人/无人”显示装置。垃圾箱拆卸后，应注意防止其他物品触碰到电器线路。

3）残障人士卫生间（图 4-49）设在 7 号车厢，采用坐式便器，设有内、外触摸式自动门锁、紧急求助按钮、不锈钢扶手、婴儿整理台、电源插座等设备。使用时，按下外部黄色按钮即可开门；进入后，先按下黄色按钮，待门完全关闭后，再按下红色按钮，锁闭卫生间门。出来时，按黄色按钮开门。

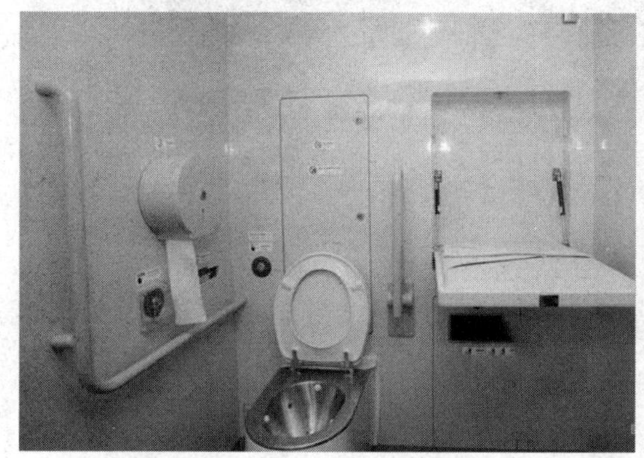

图 4-49　残障人士卫生间

4）需要求助时，可按下坐便器一侧或内门上的“SOS”紧急求助按钮。紧急呼叫会显示在机械室显示屏上，同时，机械室和车厢内扬声器会发出提示音。再次按下“SOS”按钮，可取消紧急呼叫。

5）卫生间内设有残障人士扶手和婴儿护理台。婴儿护理台的使用方法是抬起把手，将婴儿护理台打开，确定整理台平稳后即可正常使用。

（6）垃圾箱

每节车在车厢连接处和电茶炉下各设有一个垃圾箱（餐吧车除外）。

（7）餐吧车

餐吧车（图 4-50）位于单组车体 6 号车，重联时为 6 号、14 号车。餐吧车的设备有餐桌、倚靠栏、吧台、陈列柜、微波炉、冷藏柜、储藏柜、电茶炉、水槽、售货车、垃圾箱等。

售货车应配备防撞胶条和制动装置，放置于吧台一侧。

图 4-50　餐吧车

（8）备品柜

全列车共设备品柜 5 个，其中 6 号车机械师室对面 1 个，7 号车二位端 2 个，1 号、8 号车二位端各 1 个。

（9）PIS

1）系统描述。

PIS 是安装在车组上的电子系统，具有如下特征：

① 生成音频/视频行程信息并传输给乘客；

② 生成音频/视频娱乐信息并传输给乘客；

③ 传输司机发送的由地面设备生成的音频/视频应用信息、司机发起的对讲呼叫；

④ 实现与传输媒介 CAN 总线上的 TCMS（列车监控系统）车辆总线接口对接。

PIS 还为一等车（MC1 车）乘客提供下列娱乐设施和内容：

① 一等车中用于放映影片的 10 台 14in LCD（液晶显示屏）。

② 中英双语座椅音频。

③ 两个立体声音乐频道。

④ 一个立体声无线广播频道。

⑤ 餐车（TPB 车）中提供一台 20in LCD 电视用于放映影片。

⑥ PIS 使司机和列车长能通过各节车上的扬声器向乘客广播。该广播能自动优先于耳机音频并实现对讲，司机还可与另一司机室司机对讲。

⑦ GPS（全球定位系统）用于行程控制，可提供精确的卫星定位和时间信息，自动进

行当前站和下一站的音频广播，并管理行程数据及内部和外部的显示。当两节车组联挂时，音频广播（PA）信息可通过第一列车组的PIS系统自动在第二列车组上广播。

2）PIS管理单元。

PIS管理单元（PMU）位于列车长室，被用作PIS设备间的通信管理设备，执行多层菜单人机界面。列车长室内的触摸显示屏参见图4-51。

图4-51 列车长室内的触摸显示屏

PIS管理单元与触摸显示屏连接，并与功能控制单元（FCU）和音频/视频阅读器单元（AVRU）共用信息。

PMU可执行下列任务：

① 插入行程/进路信息（由车组编码和进路编码识别）。如需要，可针对运营车站/非运营车站修改信息（未规定的临时停站或无法在一个或多个应到站停车）。

② 开始任务指令。接收到该指令后，系统以全自动模式生成并显示下列信息：

➢ 所有“下一站”音频/视频信息（在距下一站预定距离处）。

➢ 系统允许开启车门前，内部LED显示屏单元显示的当前站信息。

➢ 内部LED显示屏单元上显示的速度、车内/外温度、终到站、日期和时间。

➢ 外部LED显示屏单元上显示的车号、车次号、始发站、终到站。

➢ 车速超过45km/h时，外部LED显示屏单元关闭。

➢ 所有信息均按规定的方式（水平/垂直滚动、翻页和每条文本的持续时间）以中英文交替显示。

③ 即时信息以服务信息（如显示时刻表更改、延误、车载服务等）的形式显示。这些信息由地面设备生成，用可移除的海量存储设备（如USB钥匙）存储在硬盘中。

3）广播和对讲。

司机和列车长均可通过位于每节车厢及司机室内的听筒发起广播呼叫，通过扬声器和座椅音频进行广播通知。通知的优先级高于头戴式耳机的娱乐音频。每个听筒均设有一组按键，这些按键可通过软件用下列设备进行启用或禁用：

① 司机室听筒和列车长室听筒。司机室听筒和列车长室听筒比车辆听筒增设更多功能。

② 车组中所有的车辆听筒。

4）LED显示屏单元。

① 内部显示屏单元。

内部LED显示屏单元（1、2、3）为单路LED型，尺寸为570mm×92mm。内部LED显示屏单元安装在客室天花板上。

内部 LED 显示屏单元上的显示信息的可视距离为 10m。该单元由车辆 RS485 总线驱动，并由音频供电单元（APU）和音频控制单元（ACU）进行管理。

内部 LED 显示屏单元用中英文交替显示以下信息：终到站、下一站、进路时刻表、日期和时间、速度、车内和车外温度、列车长发送的即时信息。

内部 LED 显示屏单元支持水平滚动和垂直滚动，易于设计信息持续显示时间。

② 外部显示屏单元。

外部 LED 显示屏单元分为三个不同的区域，分别用于显示车号、车次号和进路信息（始发站和终到站）。

进路信息以中英文交替显示，特征与内部 LED 显示屏单元相同。当车速大于 45km/h 时，外部 LED 显示屏单元关闭。

复习思考题

1．高速铁路客运车站主要有哪些客运设施设备？分别布置在哪些客运场所？
2．请思考：高速铁路车站的哪些自动化设备代替了传统的人工劳动？
3．我国目前在用的动车组车型有哪些？
4．请分别描述 CRH3 和 CRH5 两种车型的车内主要设施。

技能训练

模拟演练：在有条件的情况下，两人一组（乘客 1 名、售票员 1 名），模拟进行铁路车票的发售、改签和退票操作。如无实训软件，可按操作步骤进行描述或书写。

项目五

高速铁路旅客乘降组织

项目描述

高速铁路车站是旅客办理旅行手续的地方，也是高速铁路列车办理接发作业的场所，其工作水平影响到旅客、铁路及城市三方面。同时，旅客旅行生活的大部分时间是在列车上度过的，而旅客列车乘务工作的主要任务就是使旅客安全、准确、便利、舒适地到达目的地。

高速铁路车站的购票、进站、候车、上车等过程是否顺畅，以及列车上的休息环境是否舒适，将直接影响到旅客二次的出行方式选择。

教学目标

1. 知识目标

✧ 熟悉高速铁路车站的进站作业、乘降作业及出站作业流程；

✧ 掌握动车组列车乘务组组成与各岗位职责；

✧ 了解投诉产生的原因；

✧ 掌握投诉的处理方法和技巧；

✧ 掌握避免旅客投诉的方法；

✧ 掌握客运记录与铁路电报的填写范围与填写方法。

2. 能力目标

✧ 能按作业标准组织旅客完成购票、进站、候车、乘降等作业；

✧ 能正确描述列车长工作流程，并能按标准完成作业；

✧ 能正确描述列车员工作流程，并能按标准完成作业；
✧ 能按照规范要求接待和处理旅客投诉；
✧ 能正确填写客运记录与铁路电报。

3．素质目标

✧ 培养学生遵章守纪、按章作业的工作作风；
✧ 培养学生严谨、认真、细致的工作态度和良好的职业素质；
✧ 培养学生良好的社会适应性和交流沟通能力；
✧ 培养学生的应急处理能力；
✧ 培养学生的团队协作能力。

任务 1 高铁车站旅客运输组织

高速铁路客运组织将使旅客的行为模式发生较大改变，高速铁路客运设备也须适应旅客行为模式的变化。作为直接为旅客服务的客运站房（车站），最能体现高速铁路的形象及其高效、安全、方便、快捷的特点。因此，应以“功能性、系统性、先进性、文化性、经济性”为原则进行高速铁路车站的设计和设备的布置。

设计高速铁路车站时，应将其与车站内的旅客活动平台、站台、雨棚、跨线设施、相关功能用房等综合考虑，形成以客运服务为主的车站建筑，并与周边的广场、城市交通设施、主要建筑相协调，使之成为铁路与城市的有机结合点，体现所在城市的地域特色和文化。

高速铁路车站将在很大程度上改革传统的客运组织模式，形成售票、候车、检票、上车、进出站以及在途服务等全过程的客运组织新模式，最大限度提升旅客出行的便捷性和舒适性。在实际工作中，应充分借鉴地铁和国外铁路客运站的先进经验，在现有铁路计算机客票发售及预订系统广泛应用的基础上，通过应用自动售检票系统、旅客自主查询系统、车站自动引导揭示系统等先进的信息管理系统，建立以综合大厅为中心的新格局，实行“自动售票—自动检票进站—站台或候车室候车—上车—在途服务—下车—自动检票出站”的新模式，引导旅客快捷进出车站；简化进站流程，缩短在站停留时间。

车站应根据客流量的大小，配备一定数量的自动售票机、车站信息发布和客流导向系统等，以方便旅客购票、乘车，缩短其排队购票和进出站的时间。

一、高速铁路客运站概述

（一）高速铁路客运站的组成

高速铁路客运站由站房、站场及站前广场组成。

1. 站房

站房是客运站的主体，包括为旅客服务的各种用房、运营管理工作所需的各种技术办公用房。

站房应根据客运量设置为旅客服务和为客运生产、管理、办公、生活及驻站单位服务的各类房舍和设施，如售票厅、候车室、综合大厅、问讯处等。还应设有阅览室、广播室、微机房、监控室、医务室、售货部、饮水处、厕所、工作人员休息室等文化、卫生和生活上的必要设施，以及方便残障旅客的无障碍通道。较大车站的上下通道应设置自动扶梯、电梯。另外，还可根据需要设置贵宾室、软席候车室、母婴候车室、军人候车室和旅客餐厅等。

（1）售票厅

随着售票系统的完善，车站售票厅购票已不再是旅客获取车票的主要途径，原来作为站房主要组成部分的售票大厅的功能弱化，售票窗口主要服务于直接购票者和部分换乘的旅客，以当天票和自动售票为主。考虑到铁路运输的时段性高峰，还应设置临时售票点。

（2）候车室

高速铁路车站强调通过功能，等候空间成为辅助功能，候车室要设计为尽端式，尽量不影响旅客进站流线。休息区域应尽可能宽松，有较好的室内环境，其标准可参照普通铁路的软席候车室。休息区内还应该设有丰富的活动和服务功能，充分体现候车服务的人性化。具体包括：候车区域合理布局，环境舒适，整洁优雅，候车座椅摆放与环境相适应，设置厕所、饮水处；引导揭示醒目、指向明确，安全信息、服务信息、乘车信息等广播宣传准确、清晰、悦耳；适当设置咨询台，提供列车信息查询、票务查询及沿线旅游景点、医疗、饭店等服务信息；厕所有卫生纸，洗手间有洗手液（皂）、干手器（擦手纸），保持清洁卫生，空气清新；有条件的车站，可在候车区域配备无线网络设备，设立儿童乐园。

（3）综合大厅

高速铁路一般不办理行包业务，通常不再设置行包房。客运用房主要由综合大厅和候车室组成，传统车站内综合大厅仅起分配人流的作用，是过渡性空间，旅客在此基本不做停留。高速铁路强调服务，综合大厅是车站建筑的核心，不仅拥有分配人流的作用，而且集多功能于一身，在保证旅客通过的前提下，可设置售票处、寄存处、邮局、银行、商务中心、报刊亭、休息室等多种场所，大大提高空间的使用效率。旅客在综合大厅可以选择快速通过，也可以办理手续和进行商务活动或休闲购物。进一步来说，高铁车站不仅可以面对旅客，也可以向城市开放，增加其商业活力，成为城市空间与车站空间的结合体。

（4）问讯处

车站问讯处是解答旅客问询的处所，如列车发到时刻、购票等问题。车站问讯处的基本任务是正确、迅速、主动、热情地解答旅客提出的有关购票、乘降、中转、集散等方面的各种问题，使旅客在购票、上车及中转换乘等方面得到便利。问讯处应设在旅客集中的进出站口、综合大厅、站前广场等处。为加强服务的亲和力，一般应以人工服务为主，也可在综合大厅设置一些自助查询设备。人工问讯服务应根据客流动态及车站具体情况进行宣传和组织工作，尽可能使旅客的旅行不发生错误。

2. 站场

站场是办理客运技术作业的场所，也是旅客的集散地点。站场内应具备各类站线、站台、雨棚、天桥、地道、照明、给排水、栅栏（围墙）、跨线设备（天桥、地道）和垃圾处理等设施。这些设施的布置应既能满足安全需要，又能合理地组织旅客流线。

3. 站前广场

站前广场是客运站与城市联系的纽带，应具备旅客和各种车辆集散、停留的场地，以及旅客活动地带和相应的绿化区域，并考虑远期规划用地。另外，站前广场应设置为旅客服务的各种公共设施，如售货亭、餐厅和公共厕所等。

（二）高速铁路客运站的作业

1）客运服务作业。包括旅客进出站、安检、候车、问讯、小件行李寄存，以及为改善旅客候车环境而在文化、生活、饮水、卫生等方面提供的服务。

2）客运业务。主要是售票业务，包括自动售票机和窗口人工售票。

3）高铁快件作业。有如下几项：

① 设置承运、交付办理窗口，提供托运单、高铁快件快递面单和必要的填写用具。

② 承运高铁快件及时准确、品名相符、实名验证、逐件安检；正确检斤、制票、唱收唱付。“站到站”和“站到门”高铁快件，按到站和服务产品正确分拣、装箱。

③ 装卸、搬运高铁快件时轻拿轻放，堆码整齐。装车时，合理计划，按方案装载，站、车认真核对、准确交接；装车完毕及时确认信息，做到不逾期、不破损、不丢失。

④ 运输过程中发生高铁快件包装松散、破损时，有记录、有交接。

⑤ 到站卸车时，提前到位，立岗接车，准确交接。集装件外包装、施封破损或集装件短少的，凭客运记录或现场检查，核实现状，办理交接。

⑥ 对到达的高铁快件核对票据，妥善保管，及时通知，正确交付。“站到站”和“站到门”集装件，双人拆箱，一箱一清。对无法交付的高铁快件，按规定处理。

⑦ 认真处理站间运输快件差错，发生高铁快件损失时，比照行李包裹损失的有关规定执行，先赔付、后定责。

⑧ 作业区无闲杂人员出入，无非高铁快件工作人员查找、搬运。发现非工作人员持集装件出站时，当场制止。

⑨ 高铁快件装卸人员应经过装卸作业知识、技能和铁路安全知识培训合格后，持证上岗。

4）技术作业，包括动车组接发、列车技术检查、动车组上水、餐料供应等。

二、旅客进站组织

（一）售票作业

1. 售票作业设置情况

1）提供窗口、自动售（取）票机、铁路客票代售点等多种售票渠道，售票网点布局合理、管理规范。

① 售票窗口和自动售（取）票机设置、开放的数量要适应客流量；日常窗口排队不超过 20 人。

当站内最高聚集人数为 600 人时，售票窗口最少设置 4 个；当站内最高聚集人数为 1800 人时，售票窗口最少设置 9 个；当站内最高聚集人数为 3000 人时，售票窗口最少设置 14 个；当站内最高聚集人数为 7000 人时，售票窗口最少设置 30 个，其中包括售票窗口、中转签证窗口等。具体数量要根据车站客流量合理布置。

② 办理售票、退票、改签、换票、取票、挂失补办、中转签证等业务，发售学生票、残疾军人票、乘车证等各种车票，支持现金、银行卡等支付方式。

2）在售票处醒目位置公布售票时间和停售时间，开窗时间不晚于本站首趟列车开车前 1h，关窗时间不早于本站最后一趟列车办理客运业务后 30min。工作时间内暂停售票时设有提示。用餐或交接班时，实行错时暂停售票。

3）自动售（取）票机及时补充票据、零钞和凭条。设备故障等异常状况处置及时。

4）票据、现金妥善保管，票面完整、清晰。票据填写规范，内容准确、无涂改，按规定加盖站名戳和签名章。

2. 售票作业流程

售票作业要严格执行相关作业标准（“六字售票法”），即：问、输、收、取、核、交。

1）问。问清旅客购票方式、乘车日期、车次、发到站、席别、票种、张数、支付方式。

2）输。输入旅客乘车日期、车次，选择发到站、票种、票数及席别。

3）收。收取票款，确认币面，摊平复点复唱，打印车票，并与旅客认真核对票面信息（采用 24h 制核对乘车日期）。

4）取。取出打印好的车票和找零款。

5）核。核对票面上的上、下票号是否一致、价格是否正确，发现票号不一致或证件号码错误时，应及时改正。

6）交。将车票、购票时使用的证件、余款、银行卡、POS 机凭条的持卡人联一起交给旅客。

（二）实名制验证验票作业

旅客在进站时，必须按规定实行实名制验证，核验车票、有效身份证件原件、旅客的一致性。目前，有人工实名制验证验票和自动实名制验证验票两种方式。

人工实名制验证验票是旅客进站乘车时，由车站客运和公安人员对旅客所持车票和票面所记载的有效身份证件信息进行查验。旅客应持与票面所载身份信息相符的本人有效身份证件原件进站乘车。持减价优惠（待）票的旅客，需同时核对符合优惠（待）票规定的凭证。票、证、人不一致或无法出示有效身份证件原件的旅客，不得进站乘车，应到车站铁路公安制证窗口办理临时身份证明或经铁路公安部门核实身份后，方可检票乘车。由此耽误乘车的责任由旅客自负。

自动实名制验证验票（俗称人脸识别验票闸机）可对乘客的身份信息和购票信息进行配对，自动完成对乘客人、票、证的一致性查验。验票时，将车票正面朝上、身份证重叠车票下方，一起放入检票口；购买全价票的旅客可直接将身份证放入检票口，随后面向摄像头，片刻，闸机的绿灯亮起，闸机门打开，验票操作便完成了，整个过程不到 5s。相较于人工实名制验证验票，自动实名制验证验票大大缩短了检票时间，提高了检票效率。

车站在开通人脸识别验票闸机的同时，也保留了人工验票通道，持护照、港澳通行证、临时身份证明等非二代身份证的乘客，必须通过人工验票通道进站。如果遇到身份证不能识别、车票二维码打印模糊等情况，闸机会做出相应提示，乘客既可以当即联系工作人员解决问题，也可以走人工验票通道。

（三）安全检查

铁道运输企业应当按照法律、行政法规和国务院铁路主管部门的规定，对旅客携带物品和托运的行李进行安全检查。从事安全检查的工作人员，应当佩戴安全检查标志，依法

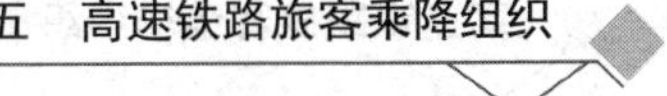

履行检查职责，并有权拒绝不接受安全检查的旅客进站乘车。

旅客应当接受并配合铁路运输企业在车站、列车上实施的安全检查，不得违法携带、夹带匕首、弹簧刀及其他管制刀具，或者违法携带烟花爆竹、枪支弹药等危险物品、违禁物品。

车站配有危险品检查仪、安全门、手持金属探测器等安全检查设备，对旅客及其携带品、小件寄存物品实施安全检查。每台安检仪要设 4 个岗位，即值机岗位、组织旅客放置行李岗位、危险品处置岗位和旅客引导岗位。值机人员和危险品处置人员应是公安民警或铁路职工；组织旅客放置行李过机安检的人员，主要由公安民警和铁路职工担任，引导和维护旅客秩序的工作，可以由保安人员承担。实施运输安全检查的铁路职工应统一着装，佩戴安全检查证。

安检工作可采用仪器或人工查验两种形式。通过时安全门报警的旅客，应当重复过门检查或使用金属探测器以及人工检查的方法进行复查，排除疑点后方可放行。实施人工检查时，一般应由旅客自己打开行李包裹或携带物品，必要时可由检查人员进行重点开包查验，但应尽量保持旅客物品完好。因检查不慎损坏物品时，应当按有关规定，经安检领导小组认定并区分责任后，进行赔偿。

严禁持站台票人员或其他人员未经安检从出站口进入车站；铁路职工应凭工作证进入车站，携带行李物品时必须通过安全检查；进入车站区域作业的职工必须佩戴明显标志；严禁非工作人员通过行李房或随客车车底进站；严禁列车工作人员从车库带人进站；车站内部的职工通道，应由相关单位派专人把守。

站车检查出危险品时，按下列规定处理：

① 对危险品应依法予以收缴或扣押，但进站、托运前查出的少量危险品，可由旅客、托运人选择交送站亲友带回或放弃该物品。

② 对携带、托运、寄存数量较大的危险品，由公安机关登记、保管、处理。

③ 对未列入管制范围的可能危害公共安全的器具，一般不进行罚没，而是劝携带者交送行人员带回或办理托运；特殊情况下，公安派出所可代为保管，并出具保管单据，限定 30 日内取回；逾期视为主动放弃，由公安派出所按无主物品处理。

④ 对违反规定携带危险品进站上车或在车站寄存危险品以及违反规定托运危险品的，应依照有关法律法规予以处罚；情节严重，构成犯罪的，应依法追究刑事责任。

⑤ 旅客进站上车时主动交出其携带的危险品的，可以从轻、减轻或不予处罚。

⑥ 对收缴危险品予以罚没的，安全检查人员应向当事人告知其有关权利。

为保证进站秩序良好，集中时间段安检排队人数不超过 10 人，以最大限度减少旅客排队现象。同时引导揭示也应到位，以方便旅客到相应候车区检票乘车。

（四）候车服务

高速铁路车站的候车服务主要包括问讯服务、候车室服务等工作。

1. 问讯服务

问讯处主要设置在旅客集中的进出站口、综合大厅、站前广场等处。其工作人员的主要任务是接听电话、解答旅客问询，定时与广播、售票、计划、客运值班室联系，掌握列车运行计划、客运计划、售票组织、旅客乘降和车票票价等有关情况，及时更新自动查询系统的有关信息等。

问讯处工作人员必须通过口头解答或文字解答的形式解答旅客的问询。若出现列车到发前后或列车晚点、满员时旅客问询较多，可用广播来解答旅客中带有普遍性的问题，使有同类问题的旅客都得到答复。解答问询时要耐心热情，做到“有问必答，答必正确，百问不烦，让旅客满意”。

为了能正确、及时地解答旅客所提出的各种问题，问讯处应收集和积累各种资料。

2. 候车室服务

候车室的旅客流动性很大，车站必须为其创造一个良好的候车环境。候车室一般实行凭票候车的方法。较大的车站，可按旅客去向设置候车室或按车次、席别、客流性质设置候车室。候车室应设有一定数量的座椅，可按需求设置少量的服务项目，如提供电视、报刊、饮水、信息发布服务等。

候车室工作人员应保证候车室拥有良好的秩序，要主动、热情、诚恳、周到地为旅客服务。其服务工作包括以下几个方面：

1）仪容整洁、大方，耐心解答旅客问询，使用文明用语；主动迎送旅客，使其凭票进入候车室，引导旅客按方向、车次到相应的候车区域候车；主动宣传候车区域、检票车次；加强候车室内的巡视，落实禁止吸烟、禁止随地吐痰和乱扔杂物等规定。为保证旅客安心休息及其旅行安全，应及时清理候车室内的闲杂人员，保证候车室秩序良好，并对进入候车室的旅客进行携带品的安全巡查。

2）了解列车运行情况，及时通过电子显示屏向旅客通告有关列车到、开和检票进站时间的信息。加强安全、卫生及旅行常识的宣传工作；落实作业标准，严格执行预检、停检等制度；组织旅客有秩序地进站、上车，消灭责任事故。

3）搞好清洁卫生。除随脏随扫外，应根据列车开、到时刻，在候车室内旅客较少时进行清扫工作，避免对旅客造成干扰。

4）保持室内空气清新。候车室门窗要定时打开，保持室内空气流通。要定期由防疫部门对候车室进行消毒。做好吸烟危害健康的宣传工作，禁止旅客在候车室内吸烟。对吸烟旅客以劝诫为主，个别不听劝阻的要进行必要和适度的罚款。冬季搞好采暖工作，夏季搞好降温工作，为旅客创造良好的候车环境。

5）旅客至上、优质服务，满足旅客饮水、吃饭、洗脸和文娱活动等要求。

6）保证候车室内服务设施完好，标志明显，电子揭示牌内容准确；在明显处设立旅客

意见簿和投诉簿，公开路内举报电话，自觉接受旅客监督。

（五）检票作业

检票作业以自动检票为主、人工检票为辅，同时要加强检票前的组织宣传和自动检票机使用方法介绍工作，满足旅客快速进站的需求。自动检票闸机应保证每分钟至少15人的通过能力，处理每张磁性车票的时间不超过1s，卡票率小于万分之一，通行检测最小间隔不超过200mm。具体检票作业流程如下。

1．正常检票

（1）公告时间

利用车站候车大屏和检票口屏，提前告知旅客列车正晚点信息、检票开始时间。要求显示屏及时显示车次、检票信息，状态良好。

（2）提前上岗

检票开始前5min上岗，每组闸机2人，检查闸机状态，宣传车次、到站、检票机使用方法（磁票、身份证）等，打开检票口自动门。要求上岗、宣传及时准确，广播清晰，语音适宜。

（3）检票开始

检票客运员利用对讲机通知站台客运员检票开始，用语："×站台××次列车开始检票。"站台客运员回答："××次列车开始检票，×站台明白。"

（4）重点照顾

帮扶重点旅客检票进站。要求发现重点旅客后及时帮扶、认真交接，对旅客礼貌得体、微笑示意。

（5）确保秩序

及时处理异常情况，发现无票旅客强行进站时，应立即处理。具体方法如下：

1）发现因错误使用闸机导致报警时，立即帮助旅客处理通过。

2）持减价票旅客通过闸机时，根据相应提示，核对旅客减价凭证。

3）自动闸机卡票时，立即处理，并引导旅客通过其他闸机或人工检票口进站。

4）自动闸机故障时，及时引导旅客通过其他闸机或人工检票口进站；全部故障时，改为人工检票进站。

（6）实时宣传

检票过程中，隔3min进行一次宣传，引导后续旅客检票。

（7）停止检票

按规定时间停检（通常是列车开车前3min），显示停检标识，及时关闭检票口自动门，引导来晚旅客到售票处办理车票改签、退票手续。要求及时锁闭，信息显示及时正确；遇来晚旅客，耐心解释。

2. 重点旅客检票

（1）提前宣传

正常旅客检票前，应宣传重点旅客在人工检票口等待检票。要求宣传及时，语音清晰。

（2）联系检票

与站台联系后，引导重点旅客经人工检票口进站。要求联系及时，秩序良好。

（3）重点交接

就需要特殊照顾的重点旅客与站台客运员办理交接。要求及时帮扶，认真交接。

3. 身份证检票

1）引导凭身份证购票旅客经专用闸机检票进站。

2）无专用闸机时，使用手持检票机检票进站。

3）要求宣传及时，引导有序，统计准确。

4. 中铁银通卡检票

1）在检票口设置揭示牌，提示旅客中铁银通卡预留席位。

2）引导中铁银通卡旅客经专用闸机检票进站。

3）预留席位满员时，引导旅客乘坐下一趟列车。

4）要求揭示清晰醒目，引导有序。

5. 人工检票（含闸机故障）

1）检查检票车次信息是否正确，发布检票通告，通报检票车次、开车时间、站台等，提前打开检票口自动门。

2）帮扶重点旅客检票进站。

3）引导旅客排队检票进站，检票做到“一确认、二下剪”（一确认：车票是否有效，车次、日期、经由、到站、身份是否相符；二下剪：确认后下剪）。

4）检票过程中，及时宣传，引导后续旅客检票。

5）按规定时间停止检票，显示停检标识，引导来晚旅客到售票处办理车票改签、退票手续。

6. 零换乘

1）接到站台客运员中转旅客需换乘信息，确定集中检票客流进站后，根据旅客人数开启上行自动扶梯和人工检票口。

2）通知站台客运员引导旅客经无障碍电梯、自动扶梯或楼梯进入候车室。

3）引导旅客经人工检票口或双向闸机进入候车室候车。

4）要求应答、联系及时，引导有序、不对流。

三、站台乘降组织

（一）旅客站台

为保证旅客上下列车的安全和便利，在办理客运业务的车站应设置旅客站台。旅客站台的基本设置情况如下：

1）旅客站台宜设在直线上。站台设在曲线上时，曲线半径不宜小于 800m，采用 12 号道岔；困难条件下，曲线半径不应小于 600m。

2）旅客站台应为高站台，为方便旅客上下，站台高度应高出轨面 1. 25m。

3）站台端部最小宽度不宜小于 5m。站台两端应设置台阶或坡道及防护栅栏，设宽度不小于 1m 的栅栏门，并悬挂禁行标志。防护栅栏不得侵线。

4）站台应设置安全标线。无列车通过或列车通过速度小于等于 80km/h 时，站台边缘距线路中心线的距离为 1.75m，安全标线距站台边缘 1m；列车通过速度大于 80km/h 时，站台边缘距线路中心线的距离为 1.8m，安全标线距站台边缘 1.5m，必要时，在距站台边缘 1.2m 处设置安全防护设施；列车通过速度达到 200km/h 及以上时，需设置屏蔽门、安全门等防护设施；列车通过速度最高不得超过 250km/h。安全标线宜采用黄色，并应与提示盲道合并铺设，如图 5-1 所示。

图 5-1　安全标线

5）应设置动车组列车停车位置标。动车组列车在车站办理客运业务时，需要固定股道、固定站台、固定停车位置。在有动车组列车客运作业的车站，应设置动车组列车停车位置标（图 5-2），设置位置由铁路局规定。该标志为表面采用反光材料的蓝底白字牌，写有 “动车组停车位置” 字样。由于 8 辆编组及 16 辆编组的动车组停车位置不同，应分别写明“8 辆动车组停车位置”和“16 辆动车组停车位置”。

图 5-2　动车组列车停车位置标

列车进站停车时，司机应按动车组停车位置标停车，确认列车停稳、对准停车位置后，开启车门。动车组列车在站台停靠时间短，对乘降组织水平要求高，主要依靠设备而非专门的客运员进行候车管理：在站台上通过设备以不同的色标区分不同线路的列车，以鲜艳的颜色标出候车安全线；在地面上设置明显的各种车型门位标记、排队标志等，以便引导旅客排队和快速上下车。

（二）旅客跨线通道

高速铁路行车速度高，站内设置平过道对人身和行车安全极为不利，故规定，站内不得设置平过道。需要跨越铁路时，必须设置地道或天桥。

旅客跨线通道（天桥或地道）的数量：省会城市和地级特大城市的车站，日均上、下车人数在 15 000～75 000 人以下的客运站，天桥、地道设置不少于 2 处；地级大城市和县城的车站，天桥、地道设置不少于 1 处。有近郊、通勤、通学等大量短途客流的车站，宜另增单独旅客跨线通道，使其与长途旅客流程分开。

天桥、地道的宽度应根据客流密度确定，旅客进出站的组织应避免通道内有对流现象。通道的宽度主要取决于一次下车或同时进站的旅客最大人数，大型站的进、出站通道应分别设置。聚集人数在 600 人及以下的小型站，通道的宽度不应小于 4m；聚集人数在 601～3000 人时，通道的宽度不应小于 6m；聚集人数在 3001～10 000 人及以上的大型客运站，通道的宽度不应小于 8m。

（三）旅客乘降工作的组织

高速铁路车站由于大多采用了进站检票、候车室和候车站台间没有障碍等，其旅客乘

降的组织工作相对既有线比较简单，组织的主要内容大致包括正确引导旅客上下车和站台服务等。

1. 引导旅客上下车

正确引导组织旅客，主要依靠自动化的旅客导向系统（指示设备）。旅客导向系统主要从调度系统提取信息并结合人工录入的方式，在车站加工处理形成信息源，以音频和视频的方式发布给旅客。导向系统主要分为4部分：站外信息服务、站内信息服务、车上信息服务和网上服务系统。通过这些服务，旅客可以了解到各次列车的发到时间、始发站/经停站/终到站、列车编组、客票发售、列车运行（列车正在运行区间、列车正晚点、列车晚点原因）等信息，以及候车地点、服务地点、进出站行走路径、城市交通状况等信息。还可以考虑提供部分服务计算机，供旅客查询其他相关信息并直接进行有关操作，如预订车票、预订旅馆等业务。

旅客导向系统广泛分布于各个进出站口、交换大厅、售票大厅、地上地下电梯处，各种固定引导标记和电子显示应十分醒目、清晰。每个进站、出站闸口最好都设有摄像头，以便密切监控乘客的情况。一旦发现异常情况，工作人员能立即出动，快速处置。

2. 站台服务

站台服务包括做好接送列车、旅客宣传、乘降组织、清理站台等工作，相关工作人员应文明礼貌地为旅客服务。

1）用电子设备显示列车停靠站台、开车时刻、车厢方向等有关信息。

2）候车室放行旅客后，引导旅客安全通过天桥、地道，组织旅客站在站台安全线内排队候车，及时正确引导旅客按票面标明的车厢乘车。

3）做好安全宣传，随时注意乘客动态，防止旅客钻车、爬车及横越股道；加强站台的巡视、检查，重点检查站台、股道内是否有障碍物和闲杂人员，是否有物品侵线，电梯、软隔离带、站台面及栏杆有无损坏。

4）加强宣传，利用电子设备引导下车旅客安全通过出站通道出站，防止旅客对流。

5）列车开车铃响后，及时清理侵入安全线的送行人员和其他人员，防止人员伤亡。列车出站后，及时清洁站台。

6）上岗及时，站内无闲杂人员，秩序良好；列车信息显示及时、正确；重点旅客做到送上车，送出站；旅客乘降秩序好，天桥、地道不对流，达到“四无”（无旅客伤亡事故，无责任晚点，无旅客漏乘误乘，无旅客跨越股道、钻爬车底）；卫生达到“站台无纸屑、无烟头，股道内无垃圾”，符合国铁集团有关卫生标准。

站台客运员应坚守检票口、天桥口、地道口及进站通路交叉地点，按最短、交叉最少的进出站流线组织旅客进出站、上下车。随时做到扶老携幼，组织中转换乘的旅客在适当地点候车、换乘，保证乘降工作安全、迅速，不乱、不错。

（四）站车交接

站车交接是指车站与列车相互交接旅客或物品时，应履行的手续和办理的作业。列车在车站停靠时，站台客运值班员应在规定的位置与列车长办理业务交接。

办理站车交接，短编组动车组列车在4、5号车厢之间，长编组动车组列车在8、9号车厢之间，重联动车组列车在列车运行方向前组7、8号车厢之间。

在办理站车交接作业时，由交方出具客运记录，记明事件的过程、交办的内容及应证明的情况等。接方应核实情况，在客运记录上签章（一份返交方，一份自己留用）后接收。

按照有关规定，由列车交给车站的人（如弃婴、死亡旅客）、物，车站不得拒绝接收。

四、旅客出站组织

（一）出站检票作业

1. 列车预报上岗

出站检票人员在列车到达前提前到岗。

2. 检查设施设备

1）清理出口通道，开足自动检票闸机，做到通道畅通、无闲杂人员和障碍物，方便旅客通行。

2）检查出站闸机、电梯、到达显示屏、补票计算机（含票据）等设施设备，确认状态良好、显示正常。

3. 引导旅客出站

1）在出站口面向旅客立岗，通过广播、小喇叭等提示旅客提前手持票证，宣传如何使用自动检票闸机，引导旅客快速有序出站。

2）宣传引导持软纸票或其他乘车凭证的旅客至人工通道，做好验票出站工作。

3）遇到无票或减价不符旅客，引导其到补票处办理相关手续。

4. 处理闸机异常

1）发现因错误使用导致闸机报警，立即帮助旅客处理通过。

2）持减价票旅客通过闸机时，根据相应提示，核对旅客减价凭证。

3）自动闸机卡票时，立即处理，并引导旅客通过其他闸机或人工检票口出站。

4）自动闸机故障时，及时引导旅客通过其他闸机或人工检票口出站；全部故障时，改为人工检票出站。

5. 办理旅客到补

1）旅客铁路乘车卡损坏的，到出口处卡务服务点处理。

2）对无票、减价不符、乘车卡丢失或无进站记录的旅客，按正常规定补票。

3）按照旅客应补车次票种正确补票，核对票款，为旅客做好铁路规章及其他相关规定的解释工作。

4）严格执行票据、现金管理制度，做到票据、现金“入柜加锁、离柜落锁”。

5）正确处理违章乘车旅客及违章携带品，票款收付准确。

（二）整备作业

1）旅客出站完毕后，检查自动检票机、人工通道门，为下次出站检票作业做好准备。

2）引导出站地道内滞留人员出站。

3）全天作业完毕后，关闭出口处大门。

任务 2 动车乘务组织

一、动车乘务组的组成及人员要求

（一）动车乘务组的组成

动车组列车乘务组由客运乘务人员、随车机械师、司机、公安乘警、随车保洁和餐饮服务人员组成，简称“六乘人员”。“六乘人员”必须在列车长的统一领导下（除行车救援指挥外），分工负责，各司其职，共同做好旅客服务工作。

动车客运乘务组根据交路实际需要采用轮乘制或包乘制。客运乘务组由 1 名列车长、2 名列车员、2 名配餐员组成，根据需要有些动车组还在车上配备有售货员和保洁人员。动车组重联时，按 2 个乘务组配备。编组 16 辆的动车组按 1 名列车长和 4 名列车员配备。对以上运行时间较长的动车组，可适当增加客运乘务人员。动车组司机实行单司机值乘制，客车检车员（随车机械师）按每组 1 人配备，不设运转车长。乘务人员预备率：动车组司机（含地勤司机）为 16%，其他人员为 7%。

（二）动车乘务组的人员要求

1. 乘务组的职责

客运乘务组承担服务旅客、处理票务、检查列车保洁及餐饮工作质量等工作。发生影响旅客安全问题时，客运乘务组应当立即采取有效措施，确保旅客安全。

2. 乘务员的基本要求

1）客运人员应具备高中及以上文化程度，能够熟练使用计算机、服务设施设备、消防器材；掌握常用英语会话，具有良好的语言文字表达能力和服务技巧；五官端正、身材匀称。女性身高一般不低于 1.60m，男性身高一般不低于 1.70m。

2）客运人员应当按照规定进行岗前培训，其中列车长由铁路局负责，列车员由客运段负责，经考试合格后，由铁路局统一颁发上岗证，持证上岗。上岗后，应按规定进行适应性培训和定期脱产培训。

3）动车组列车餐饮、随车保洁人员应五官端正、身材匀称，保持队伍相对稳定；遇有人员变动，应当通知列车担当铁路局客运处。餐饮、保洁人员上岗前，应委托站段进行铁路安全知识、应急演练和设备操作培训。培训及考核发证工作由铁路局负责，相关人员持证上岗。上岗时，工作人员应穿着统一服饰、佩戴工号牌。

3. 乘务员应具备的品质与作风

1）热爱祖国、热爱社会主义、热爱党、热爱铁路事业，具有高度的工作责任心和全心全意为人民服务的精神；忠于职守，热爱乘务工作，具有良好的工作态度。乘务人员应具备的工作作风：诚信严谨，认真负责，一丝不苟，任劳任怨，在服务中做到主动、热情、周到、有礼。

2）遵守国家法律、法规和铁路条例规章，严守国家机密；团结协作，谦虚谨慎，平等待人，树立社会主义精神文明的新风尚；爱护公共财物，廉洁奉公，公私分明，管理好列车上的供应品，不贪占企业财物。

3）努力钻研业务，丰富社会知识，研究旅客心理，探索旅客需求，不断提高服务技能、提高处理突发事件的能力，做好乘务工作。

（三）人员配备与隶属关系

1）动车组运行应配备本务司机、随车机械师、客运乘务人员和乘警；运用所应配备地勤司机、行车安全设备检修人员、地面检修维护人员、动车组车内保洁人员等。

2）动车组本务司机、地勤司机隶属机务段管理，地勤司机派驻运用所。司机须经国铁集团组织的动车组司机理论培训，并经铁路局组织相应的实作培训，考核合格后，持铁路

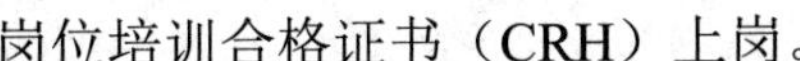

岗位培训合格证书（CRH）上岗。

3）随车机械师、存放点车辆调度、地勤机械师隶属车辆段管理。随车机械师、地勤机械师须经国铁集团组织的动车组随车机械师或检修运用人员理论知识培训，并经铁路局组织相应的实作培训，考核合格，持铁路岗位培训合格证书（CRH）上岗。

4）客运乘务人员（列车长、列车员）隶属客运段管理。客运乘务人员须经铁路局组织的动车组设备使用培训，熟悉动车组车厢内上部服务设施的操作和设备操作注意事项，并考核合格，持铁路岗位培训合格证书（CRH）上岗。

5）公安乘务民警隶属公安处乘警支队。值乘民警须熟悉动车组车厢内安全和消防设施、设备的操作及注意事项。

6）行车安全设备检修人员分别隶属既有专业体系管理：ATP、LKJ2000 检修人员隶属电务段，接触网检测设备检修人员隶属供电段，CIR 设备检修人员隶属铁通公司。各检修人员须经铁路局组织的动车组理论、实作培训，考核合格后，持铁路岗位培训合格证书（CRH）上岗。

7）动车组车体外皮清洗（含人工清洗、洗车机操作）、库内吸污人员隶属车辆段管理；车内保洁、随车保洁人员隶属客运段管理；动车组司机室保洁隶属机务段管理；车站吸污人员隶属车站管理。

（四）列车广播

运行时间在 3h 以内的列车，一般只播迎送词、服务设备介绍、安全提示、站名和背景音乐。运行时间超过 3h 的列车，可在不干扰旅客休息的前提下，适当增加播放内容。列车旅客信息服务及影音播放系统播放的内容，应由客运部门提供，由车辆部门录入。

京津城际动车组列车采取中英文广播，动车组列车在始发前 5min 播放安全提示，始发后 5min 内播放欢迎词、安全提示及背景音乐，终到站前 5min 播放终到告别词。广播内容由客运段提供，铁路局宣传部、客运处审定，车辆部门录入。始发前由随车机械师按规定操作自动广播装置。自动广播发生故障时，由客运人员人工广播。

二、动车组列车长的乘务作业

1. 岗位资格要求

1）教育背景：大专（或同等学力）及以上文化程度。

2）知识技能：具有符合动车组列车长工作性质要求的相关业务知识技能。

3）工作经验：从事列车乘务工作 2 年以上（其中动车组列车 1 年以上）。

4）职业道德：敬业爱岗、遵章守纪、服从指挥、团结协作。

2. 上岗资格要求

取得列车长岗位培训合格证书和中级及以上职业资格证书，具备妥善处理突发情况的能力。

3. 职责和权限

1）贯彻执行有关安全生产及旅客运输的规章制度、命令、指示，落实上级布置的各项工作。

2）负责列车“六乘一体”的协调、管理。

3）组织召开客运乘务组出乘会、退乘会。

4）负责列车安全服务设备设施的检查、记录及报修工作。

5）负责检查验收列车保洁、整备质量，监督检查列车餐营工作质量。

6）负责办理列车上的各项客运业务。

7）负责班组基础管理和建设，督促乘务组人员按照标准作业，落实考核制度。

8）负责受理旅客投诉，帮助旅客解决困难，收集旅客对列车服务工作的意见及建议。

9）负责列车非正常情况和突发事件的应急处理。

10）及时准确填写本岗位各类记录与表格。

11）有权纠正列车客运相关工作人员的违章违纪行为，有权制止和劝阻列车其他工作人员的违章违纪行为。

4. 工作内容与要求

列车长实施作业标准见表 5-1。

表 5-1　列车长实施作业标准

程序	项目	作业内容	质量要求
始发站准备作业	出乘准备	① 按时到指定地点报到，接受命令指示，确认担当乘务情况；填写乘务日志，领取有关设备及票据	出乘准时，命令、指示记录准确，任务明确，设备齐全、性能良好
		② 准时到指定地点列队点名，召开出乘会，检查乘务员仪容仪表；传达命令、指示，布置乘务任务	按规定着装，仪容仪表规范，列队整齐，乘务统一；布置工作重点突出，措施具体，达到人人清楚
		③ 携带客运业务资料及 GSM-R 手持终端（或 PDA）、移动补票机、无线对讲机等设备；列车进站前 20min，组织乘务组在站台接车	资料携带齐全，设备状态良好，接车准时
始发站作业	始发站车容整备	① 列车进站停稳后，调试 GSM-R 终端和无线对讲机，与动车组司机校对时间及车次 ② 组织列车员检查列车服务设施设备及上水情况，验收车厢卫生，办理交接时做好记录	校对准确，检查细致，记录翔实，交接清楚

续表

程序	项目	作业内容	质量要求
始发站作业	始发站放客时作业	① 在指定站台位置处立岗，做好重点旅客引导 ② 与车站客运工作人员办理业务交接，掌握乘车人数 ③ 确认旅客乘降完毕后，通知司机（或随车机械师）关闭车门；遇动车组重联运行时，2 名列车长互相确认旅客乘降完毕后，由运行前方第一组的列车长负责通知司机（或随车机械师）关闭车门	立岗及时，引导有序，安排妥善 交接清楚，通知及时 确认旅客乘降完毕细致、及时
途中作业	开车后作业	① 播放欢迎词及乘车须知 ② 巡视车厢，检查行李摆放情况 ③ 根据剩余席位信息，核对空余席位，组织查验车票 ④ 督促检查途中保洁作业质量，如实填写验收记录 ⑤ 检查列车餐营工作情况，制止违规经营行为 ⑥ 掌握重点旅客动态，落实首问首诉负责制 ⑦ 发现设备故障，通知随车机械师及时处理。若不能及时修复，经随车机械师与列车长共同确认并如实记录，双方签字 ⑧ 遇有列车晚点超过 15min，及时向司机了解原因，通过广播向旅客致歉并说明情况	按时播报，音量适中；行李物品摆放平稳，通道保持畅通，减少对旅客的干扰 保洁和餐营工作检查仔细，质量达标 重点旅客重点照顾，服务旅客耐心周到 及时督促机械师修复设备故障，确保设备运行良好 耐心解答问询，广播致歉及时
	中途停站作业	① 到站前 5min，广播通报站名、到开时刻；开车后 5min 内，广播预告前方停车站、到开时刻 ② 在指定站台位置处立岗，做好重点旅客引导 ③ 与车站客运值班员办理业务交接，确认旅客乘降完毕后，通知司机（或随车机械师）关闭车门。遇动车组重联运行时，2 名列车长互相确认旅客乘降完毕后，由运行前方第一组的列车长负责通知司机（或随车机械师）关闭车门	广播按时播报，内容准确，音量适中 到站立岗及时、引导有序，安排妥善 确认旅客乘降完毕准确，通知及时
终到、折返站作业	组织旅客下车	① 列车终到前 5min 播放欢送词 ② 列车到站后，在指定站台位置处立岗，与旅客道别，协助重点旅客下车 ③ 旅客下车完毕，巡视检查全列车厢	广播按时播报，音量适中 立岗标准，举止规范，主动热情 巡视动作迅速，检查仔细
	交接作业	① 与车站客运值班员办理业务交接 ② 遇交接班时，交接班列车长在指定站台位置处交接 ③ 交接完毕后，带领交班乘务组列队在指定站台位置处面向列车立岗，目送列车出站	交接迅速，内容清楚，手续完备
退乘作业	退乘作业	① 召开退乘会，总结工作完成情况，填写乘务日志 ② 带领客运乘务人员列队退乘 ③ 需要解款时，到规定地点缴款 ④ 到客运段值班室报到，汇报工作完成情况，递交乘务日志等报表，上交有关设备，接受命令指示	总结重点突出，乘务日志记录翔实；队列整齐；交款及时，有专人护送，账款相符；设备交接清楚，手续完备

三、动车组列车员的作业标准

1. 岗位资格要求

1）教育背景：高中（或同等学力）及以上文化程度。
2）知识技能：具有符合动车组列车员工作性质要求的相关业务知识技能。
3）工作经验：从事列车乘务工作 1 年以上。
4）职业道德：敬业爱岗、遵章守纪、服从指挥、团结协作。

2. 上岗资格要求

取得列车员岗位培训合格证书和中级及以上职业资格证书。

3. 职责和权限

1）贯彻执行有关安全生产及旅客运输的规章制度、命令、指示。
2）负责列车车厢内的旅客安全与服务工作。
3）负责检查运行中车厢内安全设备的状态和列车服务备品配置情况。
4）负责监督检查列车保洁、整备情况。
5）配合列车长处置车内非正常情况。
6）及时准确填写本岗位各类记录与表格。
7）有权制止和劝阻列车其他工作人员的违章违纪行为。

4. 工作内容与要求。

列车员实施作业标准见表 5-2。

表 5-2　列车员实施作业标准

程序	项目	作业内容	质量要求
始发准备作业	出乘准备	① 准时到指定地点列队，参加出乘会，整理仪容仪表；接受列车长命令，确认担当乘务情况，检查设备性能 ② 列车进站前 20min，随列车长统一列队在站台接车	出乘准时，按规定着装，做到仪容仪表规范，列队整齐，乘务包统一 资料携带齐全，设备状态良好，接车准时
始发站作业	始发站整备	对列车保洁整备质量进行检查验收，并向列车长汇报检查情况	检查认真，记录翔实，交接清楚
	始发站放客时作业	① 锁闭卧车与座车间通过门 ② 在指定车厢边门处（站台）立岗，引导重点旅客就位，指引旅客放置行李 ③ 确认旅客乘降完毕后，向列车长汇报	立岗及时，引导有序，安排妥善 确认旅客乘降完毕时细致、认真，汇报及时

续表

程序	项目	作业内容	质量要求
途中作业	开车后作业	① 巡视车厢，检查行李摆放情况 ② 根据剩余席位信息，协助列车长核对空余席位，查验车票并办理相关业务。卧车做好旅客乘车登记，掌握旅客去向 ③ 督促检查途中保洁作业质量，如实填写验收记录，及时跟踪整改情况 ④ 掌握重点旅客动态，落实首问首诉负责制 ⑤ 发现设备故障，及时向列车长汇报 ⑥ 遇有列车晚点，做好旅客安抚和解释工作	行李物品摆放平稳，通道保持畅通；核对席位仔细，态度和蔼；登记及时，记录准确；减少对旅客的干扰 保洁卫生验收检查仔细，质量达标；重点旅客重点照顾，服务旅客耐心周到；设备故障汇报及时，确保设备运行良好 解答问询耐心，解释安抚及时
	中途停站作业	① 到站前，提前通报旅客做好下车准备 ② 在指定车厢边门处（站台）立岗，引导重点旅客到位，指引旅客放置行李 ③ 确认旅客乘降完毕后，向列车长汇报 ④ 卧车更换中途下车旅客的卧具 ⑤ 卧车做好中途上车旅客乘车登记，掌握旅客去向	到站立岗及时，引导有序，安排妥善 确认旅客乘降完毕准确，汇报及时 卧具一客一换，卧车登记及时，记录准确
终到及折返站作业	组织旅客下车	① 到站前，提前通报旅客做好下车准备 ② 到站后，在指定车厢边门处（站台）立岗，与旅客道别，协助重点旅客下车 ③ 旅客下车完毕，巡视检查车厢，发现旅客遗失物品时，及时报告	立岗标准，主动热情，举止规范 动作迅速，检查仔细，旅客遗失物品及时上交列车长
	交接作业	① 交接班时，清点备品（卧具），办理交接 ② 交接完毕后，交班乘务组列队在站台指定位置处，面向列车立岗，目送列车出站	清点准确，交接清楚，手续完备
退乘作业	退乘作业	① 参加退乘会，听取列车长当趟乘务工作总结 ② 在列车长的带领下列队退乘	认真听记，队列整齐

四、动车组客运乘务工作流程

（一）准备阶段

1. 列车长准备

1）到派班室报到或电话联系，接收命令指示，确认当日担当乘务情况；填写乘务报告，做到按时出乘。出乘前，命令指示记录准确、无遗漏，乘务任务明确。

2）检查乘务资料、通信设备等携带情况。乘务资料包括电报、客运记录、票务处理必要的资料等。做到资料携带齐全，通信设备状态良好。

3）列车开车前 40min 在站台接车，召开出乘会；检查乘务员的仪容仪表、着装及应配物品，布置乘务任务。做到准时接收列车，仪容备品达标，命令传达准确，任务布置清楚。

4）全面巡视车厢，检查车内保洁、备品和饮用水配置情况；督促保洁人员补做车内卫生，并做好交接记录。做到按照保洁质量标准验收检查，确保保洁质量达标、饮用水充足。

5）与司机、随车机械师对表，联系有关事宜，做到设备状况良好。

2. 列车员准备

1）整理仪容仪表，检查对讲机等设备、资料携带情况。做到仪容着装达标、资料携带齐全、设备状态良好。

2）列车开车前40min在站台接车，参加出乘会，接受列车长的命令指示。做到准时接收列车，乘务任务明确。

3）全面巡视车厢，检查车内保洁和备品配置情况，督促保洁人员补做车内卫生。做到按照保洁质量标准验收检查，检查结果报告列车长。

（二）乘务阶段

1. 开车前

（1）列车长

1）开车前，列车长应在指定位置立岗（以在随车机械师值乘位置附近为宜，机械师监控5型车时在6号车，2型车时在7号车，1型和3型车时在5号车），与车站客运值班员办理交接，掌握售票情况。做到交接清楚、掌握重点。

2）检查餐饮供应情况，做到人员仪容仪表整齐，商品、餐料充足，明码标价，定置摆放，卫生达标。

3）引导重点旅客，做好开车前5min广播通告；做到引导有序、妥善安排、通告及时。

4）与乘务员联系，确认旅客乘降完毕，通知司机关闭车门；做到准确无误、通知及时。

（2）列车员

1）在与列车长所在位置相对应的列车另一端引导旅客；做到引导有序，妥善安排重点旅客。

2）确认旅客乘降完毕后报告列车长，做到准确无误、报告及时。

2. 开车后

（1）列车长

1）在10min之内播完欢迎词及相关内容（通报站名、服务设施介绍、安全提示等），随后可播放背景音乐。做到按时播报、音量适宜。

2）巡视车厢，查验车票；检查行李摆放情况，提醒旅客将大件行李及铁器、锐器等不适宜放在行李架上的物品，放在指定位置并自行看管。做到行李物品摆放平稳，通道保持畅通。

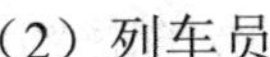

（2）列车员

1）巡视车厢，检查行李摆放情况，提醒旅客将大件行李及铁器、锐器等不适宜放在行李架上的物品放在指定位置并自行看管。做到行李物品摆放平稳，通道保持畅通。

2）协助列车长查验车票。

3. 运行中

（1）列车长

1）巡视车厢，掌握车内动态，处理服务过程中的各类问题；做到耐心解答旅客问询，做好解释工作。重点旅客心中有数，主动提供帮助；特殊情况妥善处理，汇报准确及时。

2）检查途中保洁作业质量，做到定时定量，结果有记录。

3）做好开车后和到站前广播通告，遇有列车晚点超过 15min 时，通过广播向旅客致歉；组织中途停站旅客乘降。做到通告准确、乘降有序。

4）途中停站时，与车站客运值班员办理交接；做到交接清楚、手续完备。

（2）列车员

1）巡视车厢，掌握车内动态，处理服务过程中的各类问题；耐心解答旅客问询，做好解释工作。对重点旅客心中有数，主动提供帮助，特殊情况妥善处理；做到处理违章态度和蔼，执行规章熟练准确，减少对旅客的干扰。

2）做好车厢内卫生清洁工作，保证车厢干净整洁、卫生达标。

3）协助列车长做好到站前 5min 的广播通报站名、到站开车时刻工作，提醒旅客做好在列车运行前方车门下车的准备。开车后 5min 内广播预告前方停车站及相关内容（通报站名、服务设施介绍、安全提示等）；做到按时播报、内容准确、音量适宜。

4. 终到前后

（1）列车长

1）征求旅客的意见建议，做到态度诚恳、记录详细。到站前 5min，广播通报站名，致道别词，提醒旅客做好下车准备，请旅客配合尽快下车；做到按时播报、语音适宜。列车到站后，向旅客道别，协助重点旅客下车；做到用语统一，微笑致意，主动热情，帮助重点。旅客下车完毕，从大号车厢开始巡视，检查有无旅客遗失物品等；做到动作迅速，检查仔细，发现问题，按章处理。

2）在规定位置与车站客运值班员办理重点旅客、遗失物品等业务交接；做到交接清楚、手续完备。

（2）列车员

协助列车长做好到站前 5min 的广播通报站名、致道别词工作，提醒旅客做好下车准备，请旅客配合尽快下车；做到按时播报、语音适宜。列车到站后，向旅客道别，协助重点旅客下车；做到用语统一，微笑致意，主动热情。旅客下车完毕，从小号车厢开始，检查有无旅客遗失物品等，发现问题报告列车长；做到动作迅速，检查仔细，报告及时。

（三）退乘阶段

1. 列车长

1）召开退乘会，讲评当日工作，填写乘务报告；做到讲评全面，记录翔实。

2）对随车保洁情况做出鉴定；做到保洁情况记录清楚，鉴定结果准确。

3）带领乘务组退乘；做到着装整齐，列队退乘。

4）需要解款时，到规定地点缴款；做到乘警护送（无乘警时，列车员协助），账款相符，及时解缴款。

2. 列车员

1）参加退乘会，汇报当日乘务工作情况；做到汇报简明扼要，准确无误。

2）协助列车长到指定地点缴款。

五、动车组服务设备设施

（一）动车组运用

1）动车运用所应按规定的修程、修制，完成动车组的运用检修，确保动车组出所时的技术状态达到标准要求。

2）机务段应在动车运用所设派班室和待乘室，安排本务司机按计划出乘。本务司机在派班室出、退勤。运用所应根据需要提供司机候班待乘室。动车组出入库作业由本务司机负责。

3）动车组运行途中突发故障影响行车安全时，值乘司机须及时向列车调度员和动车运用所调度汇报，同时与随车机械师依据车载信息系统提供的处理方法排除故障。属司机独立处置的，司机处理完成后应及时将情况通报随车机械师；属司机与随车机械师协作处置的，在司机的指挥下，二人共同处理；属随车机械师独立处置的，机械师处理完成后及时将情况通报司机。

4）动车组车门操作。动车组发车前，列车长确认旅客上下完毕后，通知司机关闭车门；动车组到站停稳后，司机开启车门。按钮不在司机操作台上的，由列车长通知随车机械师关闭、开启车门。自动开关门装置故障时，由司机通知列车工作人员手动开关车门。

5）动车组司机室门的管理。运行中主控司机室隔断门的管理由司机负责，除随车机械师外，其他人不得入内。因工作需要进入司机室的，按有关文件规定执行。非操纵端司机

室隔断门由随车机械师负责锁闭，未经许可任何人不得入内。主控司机室侧门、侧窗，由司机负责锁闭。

（二）车内设备使用和管理要求

1）动车组出库前，客运段应安排质检人员参加动车基地（所）组织的出库联检，负责对车厢内服务设施设备状况、保洁质量进行检查确认，并办理交接手续。质检人员应熟悉动车组内与客运相关的安全、服务设施设备和客运整备、保洁标准，并经过培训合格，持证上岗。

2）动车组列车内的配电柜、车载信息系统、旅客信息系统、车内空调及照明等设备由车辆部门负责管理和维修，使用时由随车机械师操作。客运服务设施设备在运行中发生故障时，客运乘务人员应及时通知随车机械师进行处理，并由列车长填写在乘务日志上；随车机械师与列车长共同确认，填写上部设施破损记录，双方签字。

3）动车组车内自动播放装置的管理及检修工作由车辆部门负责，播放内容由客运段负责。客运段应按规定要求录制，但可根据需要进行调整、更换，然后由车辆部门负责及时录入。

4）座椅转向、更换桶装水以及饮水机插座插拔，均由客运人员负责。餐车微波炉、移动座椅由客运人员负责使用和维护。

5）未经车辆部门审批，任何单位不得对车上各设备和宣传装置进行任何改造或加装。

（三）动车组的整备和保洁

1）动车组的外皮清洗、转向架异物清理、车顶设备保洁、吸污作业由车辆段负责。

2）动车组的客运整备和车内保洁由客运部门负责，司机室内部保洁由机务段负责。

3）进行客运整备和车内保洁作业时，不得损害车辆板壁及外观，不得用水冲洗地板；信息显示和触摸屏不得使用坚硬或者湿抹布擦洗；不得在库内使用紧急开门装置；车内垃圾和污水必须收集到运用所指定位置，以防其堵塞饮水机槽、厕所、洗脸池等装置的排水孔和管路；保洁人员必须对使用的保洁设备进行检查，确认设备状态良好后方可在车上使用；作业人员不得随意操作其他设备，如自动门、相关电气设备以及控制柜柜门等。其中，动车组在库内停留时，车内窗帘和自动门设备必须处于常开位。

4）库内吸污作业由车辆段负责，列车集便处理时间和地点由车辆部门确定。应合理确定作业时间和地点，按照日检修计划下达任务，及时吸污，保证旅客正常使用。

六、动车组看管

1）进入运营使用状态的动车组由客运部门负责看管；在运用所库内检修、放置于存放点的未进入使用状态的动车组（含检修、临修库、存放线）由铁路公安部门负责看管，并由车辆段负责每年与铁路公安处签订看管协议。

2）动车组要指定存放，优先安排。动车组要存放在整备库内或指定的股道，不得随意乱放。动车组到、发线及作业股道要相对稳定，优先考虑进、出库。遇有特殊情况时，车站、车辆段要及时联系对方。

任务 3 客运记录与铁路电报

一、客运记录

1. 客运记录的含义

客运记录是指在旅客、行包运输过程中因特殊情况，承运人与旅客、托运人、收货人之间需记载某种事项或车站与列车之间办理业务交接的书面凭证（图 5-3）。客运记录不能作为乘车凭证，更不能代替车票乘车。

客统-1

× × 铁 路 局

客 运 记 录

第___号

记录事由：

注：1. 站、车需要编写记录时均适用。
2. 本记录不能作为乘车凭证。

站段 编制人员______（印）

站段 签收人员______（印）

年 月 日编

图 5-3 客运记录

2. 编写客运记录应当遵循的原则

1）仅限于站车交接使用。

2）第一行应明确写出××站或××站公安派出所。

3）记录内容应精练，层次清楚，叙事完整，目的明确。

4）记录的词句应本着实事求是的原则，做到具体、准确，不应似是而非、含糊不清。

5）涉及交人时，要注明乘车区段、有无车票、移交理由等。如果移交的是病人，还要注明病因、病况、处理过程、旁证材料等事项。在移交精神病旅客时，要根据其车票移交给到站或换乘站；对无票的精神病患者要交给最近的三等及以上车站处理。

6）涉及的数据、名称、单位、姓名、性别、年龄、发到站、座别、时间、伤势状态、程度，应尽量准确。

7）涉及退票款时，应记录原票种类、发到站、票号、座别、铺别、后补票号及应退票价（票号字头应抄全）。

8）涉及交票时，要注明发到站、票种、票号、票价、有效期、席别、铺别、移交原因等主要事项。

9）涉及交物品时，要注明品名、件数、移交原因等主要事项。

10）涉及交危险品时，要注明危险品的品名、数量，携带人的单位、地址、姓名，车票情况，已采取的应急措施、移交原因等主要事项。

11）移交旅客遗失物品（包括外宾物品）时，在能判明旅客下车站时，应注明旅客的下车站。

12）记录时不应出现命令、质问、强制以及不尊重站方的语句。

3. 编写客运记录的注意事项

1）内容要符合铁路部门的规章制度。

2）移交人员附带材料、人民币、证件、档案时，一定要在记录上注明。

3）凡是交接的记录，一定要有接受人签字。

4）记录存根要根据需要保存备查。

5）客运记录保管期限为1年。

4. 旅客列车编制客运记录的范围

编制的客运记录直接交给旅客，由旅客到站自行办理退票的范围如下：

1）旅客丢失车票，重新买票或补票后，又找到原票，需由到站在出站前退还重新买票或补票的票价时；

2）车站发售卧铺重号，列车无能力安排时；

3）因车辆故障中途甩车、线路中断等，应退还旅客票价或票价差额时；

4）因空调故障，应退还旅客票款或票价差额时；

5）发现误售、误购车票，需由正当到站退还旅客票价差额时。

编制的客运记录交车站值班人员，需车站值班人员签认、由车站协助办理的范围如下：

1）旅客误乘列车或坐过了站，交前方停车站免费送回时。

2）对无票乘车、违章乘车、拒绝按章补票的人员，责令其下车，移交县市所在地车站或三等及以上车站处理时（旅客的到站近于上述移交站时，应交其到站处理）。

3）旅客携带品超重、超大或携带妨碍公共卫生的物品、动物以及能够损坏或污染车辆的物品，无钱或拒绝补交运费，移交车站处理时。

4）发现旅客携带国家禁止或限制运输的物品、危险品，移交最近前方停车站或有关车站处理时。

5）旅客在列车上发生急病或因病死亡，移交县、市所在地或三等及以上车站处理时。

6）因意外伤害（包括区间坠车）导致旅客伤亡，移交有关车站处理时。

7）旅客因纠纷受到伤害或死亡，将受伤者、死亡者移交有关车站处理时。

8）列车发现无人护送的精神病患者，移交到站或中转站处理时。

9）发现违章使用各种乘车证，移交车站或有关部门处理时。

10）发现车站多收票款或运费，转交车站退款时。

11）发现列车装载的行李、包裹品名不符，但不属于有意取巧或伪报一般品名者，以及发现实际重量与票面记载的重量不符，移交到站补收运费时。

12）发现列车装载的行李、包裹中因有国家限制运输的物品或危险品而伪报其他品名，移交到站或前方停车站处理时。

13）伪报品名的行李、包裹损坏其他旅客的行李、包裹时，应分别编制客运记录说明情况，并将其分别附在被伪报品名的行李、包裹损坏的行李、包裹票上，移交有关到站处理。

14）列车接到发站行李、包裹变更运输（包括行李误运）电报时，应编制客运记录，并连同行李、包裹和运输报单，交前方营业站，或运至新到站（需中转时，移交前方中转站继续转运）。旅客在列车上要求变更时，按同样方法办理。

15）列车内发现旅客因误购、误售车票而误运行李，其托运的行李在本列车装运时，应编制客运记录，交前方营业站或中转站向正当到站转运。

16）发现无票装运的行李、包裹，交到站按章补收运费时。

17）行李、包裹在运输途中发生事故，移交到站处理时。

18）其他与车站办理的交接事项。

5. *编写方法*

1）编号填在右上角，标明月份和顺序号，如 1 月份第 1 张记录编号为 0101。

2）事由栏：注明交接主要事项。

3）受理单位：指站名或车次。

4）内容：

① 日期、车次。

② 运行区段、姓名、性别等。

③ 处理经过。

④ 落款（所属站、段、车次，列车长印章、日期）。

二、铁路电报

1. 铁路电报的含义及等级

铁路电报（图 5-4）是铁路企业处理生产经营业务的通信工具，是铁路部门办理紧急事务时的一种公文。

铁路电报

电报统-1

发报所	电报号码	组数	等级	日期	时分	附注

主送：

抄送：

抄收　　时　分　号

图 5-4　铁路电报

按照性质和急缓程度，铁路电报可以划分为以下 7 个等级：

1）特提电报（TT）：指特别紧急的命令、指示，是处置重大突发事件等的电报。受理后即行办理，从受理到送达用户，原则上不超过 2h。

2）特急电报（TJ）：指非常紧急的命令、指示，是处理较大突发事件等的电报。从受理到送达用户，原则上不超过 4h。

3）加急电报（JJ）：指国铁集团、铁路局的紧急命令、指示、时间紧迫的会议通知、列车改点、变更到站和收货人、车辆甩挂、超限货物运行及行车设备施工、停用、开通、限速的电报，以及国际公务电报和其他时间紧迫的电报。从受理到送达用户，原则上不超过 8h。

4）平急电报（PJ）：指一般性命令、指示、会议通知等性质的电报。从受理到送达用户，原则上不超过24h。

5）限时电报（X）：指限定时间到达的电报，根据需要与可能，由用户与电报所商定。在附注栏内填记送、交、收电单位的时间。如限时8:30，应写“XS8:30”。

6）列车电报（L）：指处理列车业务时，必须在列车到达以前或在列车到达当时送交用户的电报。

7）国际联运电报（C或G）：指处理国际铁路运输业务的电报，办理时限同特急电报。中朝报代码为C，其他代码为G。从受理到出口，原则上不超过4h。

2. 铁路电报的拍发权限

列车长（加盖列车长名章）和执行各项列车乘务工作的负责人员，在同一区段内，不得重复拍发同一内容的电报。临时列车乘务工作负责人拍发电报时，应写明经由区间，并在附注栏内注明本次列车在发报站的开车时间。

下列单位和人员有权制发电报：

1）国铁集团和国铁集团机关各部门、各直属机构、驻外单位、控股公司；

2）国铁集团所属单位，所属单位机关各部门、各直属机构、驻外单位、控股公司；

3）铁路局所属站段或同级单位；

4）站段与运输有直接关系的生产部门（车站、折返段、救援列车、商检、货运营业部、列检所、公寓等）的制发电报权限，由铁路局批准；

5）执行列车乘务的负责人员，包括列车长、车辆乘务员、随车机械师等；

6）铁路公安系统各单位（公安局、公安处、公安派出所、乘警队等）；

7）执行公务的各级监察、稽查、审计人员。

下列情况不准拍发电报：

1）处理个人私事；

2）已经有文电的重复通知；

3）工作不协调导致的互相申告（执行列车乘务工作的负责人向上级领导汇报列车运行中发生的问题不在此限）；

4）不符合规定的版式或书写格式的电报；

5）未签订服务协议的非铁路单位制发的电报；

6）非铁路单位超过服务协议规定的业务范围的电报；

7）推销产品、书刊及广告类的电报。

3. 铁路电报的发报范围

1）列车超员。

2）旅客烫伤（自身责任、第三人责任和铁路责任造成的）。

3）铁路设备设施损坏造成的旅客伤害。

4）旅客挤伤手（自身责任、第三人责任和铁路责任造成的）。

5）紧急制动造成的旅客伤害。

6）行李架上物品掉下砸伤旅客。

7）行为、神情异常人员（或旅客）跳车。

8）行李车内货物满载。

9）终到站，因故未办理交接手续，造成货物倒塌。

10）紧急制动造成货物倒塌。

11）有货无票顶件运输。

12）发现运输收入现金丢失，客票票据丢失、被盗。

13）发生火灾爆炸及重大刑事案件。

14）其他紧急情况。

4. 铁路电报的交接

1）铁路电报一般交有电报所的车站拍发。

2）特殊情况可委托无电报所的车站代转。

3）电报编制一式两份，一份交车站，一份签收留存。

4）电报发出后，应设法索取电报号码。

5. 客运业务电报拟稿要求

（1）有明确的发报单位

主送单位：应为电文所列事项的直接承办者或汇报事项时所涉及的直接有关上级部门。

抄送单位：应为电文所列事项须呈报的上级单位及涉及的有关领导、部门和单位。一般应抄送本段及有关局主管部门，需要时，抄送国铁集团主管部门。

（2）具体要求

编拟电报稿要做到电文通顺、文字简练、中心意思突出；标点符号完整、准确，字体清晰。电文开头应注明发生日期、车次、区间。电报要求不超过 500 字，拍发电报应一式两份，并盖章、签字留存。

运用准确的标点符号是完成一份电文的重要手段；要做到句号、逗号、分号、冒号、引号、括号、省略号等标点符号运用正确，不漏点、错点。

（3）文稿体裁

1）公文式，即以公文形式陈述文电内容。

2）书信式，是现在通用的格式。其特点如写书信。在电报稿纸上，发给谁，发报开头就写谁。

任务4

高速铁路旅客运输服务质量规范

一、高铁车站服务质量规范

（一）术语和定义

1. 高铁中型及以上车站

高铁中型及以上车站是指办理动车组列车客运业务，建筑规模为特大型、大型、中型的高速铁路（含客运专线）车站。

2. 高铁小型车站

高铁小型车站是指办理动车组列车客运业务、建筑规模小的高速铁路（含客运专线）车站。

3. 动车组列车

动车组列车是指由若干带动力和不带动力的车辆以固定编组组成、两端设有司机室的一组列车。

4. 重点旅客

重点旅客是指老、幼、病、残、孕旅客。特殊重点旅客是指依靠辅助器具才能行动、需要特殊照顾的重点旅客。

5. 普速车站

普速车站是指办理普速旅客列车客运业务的车站。

6. 普速旅客列车

普速旅客列车是指运送旅客或行包、邮件的非动车组列车。

7. 照度（平面照度）

照度（平面照度）是指单位面积的光通量，单位为lx（勒克斯）。

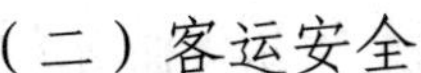

（二）客运安全

1）安全制度健全有效，安全管理职责明确，能满足安全生产的需要。

① 有安全生产责任制、安全检查和安全质量考核、劳动安全、消防管理制度和办法；有食品安全、设施设备、安检查危、实名验证、结合部、现金票据安全、站台作业车辆安全、旅客人身伤害处理等管理制度和办法。

② 有旅客候车、乘降、进出站，高铁快件保管和装卸等安全防范措施。

③ 与保洁、商业、物业、广告、安检、高铁快件等结合部有安全协议。

④ 有恶劣天气、列车停运、大面积晚点、启动热备车底、突发大客流、设备故障、客票（服）系统故障、火灾爆炸、重大疫情、食物中毒、作业车辆（设备）坠入站台、旅客人身伤害等非正常情况下的应急预案。

2）安全设备设施配备齐全到位，状态良好。

① 按规定配备危险品检查仪、安全门、危险品处置台、手持金属探测器、防爆罐等安全检查设施设备并正常启用，显示器满足查验不同危险品的需求。危险品检查仪、安全门、危险品处置台、防爆罐设在旅客进站流线、高铁快件营业场所适当位置，不影响旅客通行；危险品检查仪延长端适当。

② 按规定配备消防设备、器材，定期检测维护，保证其合格有效。

③ 应急照明系统覆盖进出站口、候车室、售票厅、站台、天桥、地道等场所，且状态良好。

④ 备有喇叭、手持应急照明灯具、应急车次牌、隔离设施等应急物品，且定点存放。有应急食品储备或定点食品供应商联系供应机制。

⑤ 安全标志使用正确，位置恰当，便于识别。电梯、天桥、地道口、楼梯踏步、站台有引导、安全标志；落地玻璃前有防撞装置和警示图形标志。

⑥ 电梯、天桥、楼梯悬空侧按规定设置防护装置，高度不低于 1.7m。

3）执行安全检查。

① 配备安检人员，有引导、值机、手检、处置程序。开启的危险品检查仪数量满足旅客进站需求。

② 每位旅客都应通过安全门和手持金属探测器检查，每件携带品都应过机。安检口外开设的车站小件寄存处，应对寄存物品进行安全检查。

③ 安检人员持证上岗，佩戴标志。

④ 对检查发现和列车移交的危险物品、违禁品，按规定处理。

4）站区实行封闭式管理，旅客进出站乘降有序，站内无闲杂人员。进出站通道，流线清晰，有管理措施。站台两端设置防护栅栏，并有“禁止通行”标志。夜间不办理客运业务时，虽可关闭站区相应服务处所，但应对外公告。疏散通道、紧急出口、消防车通道等有专人管理，无堵塞。

5）进入站台的作业车辆及移动小机具、小推车不影响旅客乘降，不堵塞通道；停放在指定位置，与列车平行，有制动措施；行驶或移动时，不与本站台的列车同时移动，不侵入安全线，速度不超过 10km/h。无非作业车辆进入站台。

6）安全使用电源，不违规使用电源、电器。

7）工作人员人人通过生产作业、消防、电器、电气化、卫生防疫、劳动人身等安全培训，特定岗位工作人员按规定通过相应岗位安全培训。安全培训有计划、记载和考核。

8）发生旅客人身伤害、突发疾病或接受列车移交的伤、病人员时，及时联系医疗机构；造成旅客死亡或涉及违法犯罪的，及时报告（通知）公安机关。

（三）设备设施

1. 基础设施设备要求

基础设施设备符合设计规范，定期维护，状态良好，无违规改造和改变用途现象。

1）有售票处、公安制证处、候车室、补票处、高铁快件营业场所、天桥或地道、站台、风雨棚、围墙（栅栏）等基础设施。地面硬化平整，房屋、风雨棚、天桥、地道无渗漏；墙面、天花板无开裂翘起脱落现象，扶手、护栏、隔断、门窗牢固完好；楼梯踏步无缺损，独立进出站楼梯有行李坡道。

2）有通风、照明、广播、供水、排水、防寒、防暑等设备设施。

2. 图形标志要求

图形标志符合标准，齐全醒目，位置恰当，安装牢固，内容规范，信息准确。

1）有位置标志、导向标志、平面示意图、信息板等引导标志，且指引准确。站台两端各设有站名牌，进出站地道围栏、无障碍电梯、广告牌、垃圾箱（桶）、基本站台栅栏等站台设施齐全；设有便于列车内旅客以正常视角快速识别的站名标志，各站台设有出站方向标志。

2）根据各服务处所和服务设备设施的功能、用途设置揭示揭挂，采取电子显示屏、公告栏等方式公布规章文电摘抄、旅客乘车安全须知、客运杂费收费标准、量规范摘要、高铁快件办理范围等服务信息。

3）电子显示引导系统信息显示及时，每屏信息的显示时间适当，便于旅客阅读。

4）售票处、候车区（室）、出站检票处和补票处设有儿童票标高线。

5）售票窗口、自动售（取）票机、自动检票机前设置黄色“一米线”， 宽度为 10cm。

6）采用中、英文显示。少数民族自治区的车站，可按规定增加当地通用的民族语言文字。

7）办理动车组列车旅客乘降业务的普速车站，设有动车组旅客专用的售票窗口、候车室，相关标志含有“和谐号”、 CRH 图标、图形符号 3 个基本元素。“和谐号”的字体为

隶书、加粗，字号大于标志中的其他文字；高铁快件营业场所相关标志含有“高铁快递”、CRHE 图标和高铁图形符号 3 个基本元素。

3. 旅客服务系统要求

旅客服务系统运行稳定可靠，自动检票、导向、广播、时钟、查询、监控等服务设备设施齐全，状态良好。

1）管理平台采用“铁路局集中控制、大站集中控制、车站独立控制”模式，有用户管理和安全保密制度。

2）售票处、候车区、站台有时钟，时间显示准确。

3）广播覆盖各服务处所，具备无线小区广播和分区广播功能；音箱（喇叭）设备设置合理，音响效果清晰。

4）电子显示引导系统满足温度环境使用要求，室外显示屏具有防雨、防湿、防寒、防晒、防尘等性能。

① 特大、大型车站进站大厅（集散厅）设置进站显示屏，显示车次、始发站、终到站、开车时刻、候车区（检票口）、状态等发车信息。

② 候车区内设置候车引导屏，显示车次、始发站、终到站、开车时刻、检票口、状态等信息。

③ 检票口处设置进站检票屏，显示车次、终到站、开车时刻、站台、状态等信息。

④ 天桥、地道内设置进、出站通道屏，显示当前到发列车车次、始发站、终到站、站台、到开时刻、编组前后顺位等信息。

⑤ 站台设置站台屏，显示当前车次、始发站、终到站、实际开点（终到站为到点）、列车前后顺位编组、引导提示等信息。

⑥ 出站口外侧设置出站屏，显示到达车次、始发站、到达时刻、站台、状态等信息。

⑦ 待机状态显示站名、安全提示、欢迎词等信息。

5）售票处、候车区有自助查询终端，查询内容完整、准确。

6）视频监控系统覆盖车站各服务处所，具备自动录像功能。录像资料留存时间不少于 15 天；涉及旅客人身伤害、扰乱车站公共秩序等的重要视频资料，留存时间为 1 年。

7）特大、大型车站的候车等场所能为旅客提供无线互联网接入服务。

4. 售票设施设备要求

售票设施设备满足生产需要，状态良好。

1）售票窗口配备桌椅、计算机、制票机、居民身份证阅读器、双向对讲器、窗口屏、保险柜、验钞机等售票设备，以及具有录像、拾音、录音功能的监控设备；发售学生票、残疾军人票的窗口，配备学生优惠卡、残疾军人证的识读器；退票、改签窗口，配备二维码扫描仪；电子支付窗口，配备 POS 机。

① 在窗口正上方设置窗口屏，显示窗口号、窗口功能、工作时间或状态等信息。

② 有对外显示屏，同步显示售票员操作的售票信息。

③ 设置工号牌或采用电子显示屏，显示售票人员姓名、工号及本人正面二寸工作服彩色白底照片等信息。

2）有剩余票额信息显示屏，及时、正确显示日期、车次、始发站、终到站、开车时刻、各席别剩余票额等售票信息。

3）配备自动售（取）票机，自动售票机具备现金或银行卡支付功能。

4）补票处邻近出站检票机，配备桌椅、计算机、制票机、保险柜、验钞机、学生优惠卡识读器等售票设备和设施，有防盗、报警设施。

5）有存放票据、现金的处所和设备，且处所和设备具备防潮、防鼠、防盗、监控和报警功能。

5. 候车区布局配置要求

候车区应布局合理，方便旅客。

1）配备适量座椅且摆放整齐，不影响旅客通行。

2）设有问讯处（服务台、遗失物品招领处）且位置适当、标志醒目，配备信息终端和存放服务资料、备品的设备。

3）设有饮水处，配备电开水器。电开水器上有加热、保温标志，水质符合国家标准要求。可开启式箱盖的电开水器加锁，箱盖与箱体无间隙。

4）设有卫生间，厕位适量。通风换气和洗手池、干手器等盥洗设备能正常使用，状态良好。厕位间设置挂钩。

5）电梯正常启用，状态良好，安全标志醒目；遇故障、维修时有停止使用等提示，操作人员持证上岗（仅操作停止、启动、调整方向的除外）。

6）省会城市所在地高铁特大、大型车站为商务座旅客设置独立的贵宾候车区，其他车站提供候车区域。

7）检票口设自动检票通道和人工检票通道，配备自动检票机。已检票区域与候车区有围栏，封闭良好。

6. 车站验证区域配置要求

实施全封闭实名制验证的站台，应设有独立的验证口、验证区域、验证通道和复位口，并配备验证设备。

7. 高铁快件营业场所设施要求

高铁快件营业场所外应有机动车作业场地和停车位。办理窗口应设有桌椅、计算机、制票机、扫描枪等设施设备，使用行包信息系统，配有电子衡器和装卸搬运机具；电子支

付窗口配备 POS 机；有施封钳等包装工具；有专用箱、集装袋、锁等包装材料。高铁快件作业场地应分区合理，有防火、防爆、防盗、防水、防鼠设备。

8. 站台设施要求

站台应设有响铃设备，且状态良好；地面设有站台安全线或安装安全门（屏蔽门），内侧铺设提示盲道；安全线内侧或安全门（屏蔽门）左侧设置上下车指示线，位置准确，醒目易识；设置的座椅、垃圾箱（桶）、广告灯箱等设施设备安装牢固，不影响旅客通行。

9. 给水站配置要求

给水站应按规定设置水井、水栓，给水系统运行良好，水源保护、水质符合国家标准。按规定办理吸污作业的车站，应设有吸污设备。

10. 客运人员电台配备要求

客运人员应每人配备手持电台，其他岗位按需配备。电台应状态良好，具备录音功能。站台客运人员手持电台应具备与司机通话功能。

11. 设备管理制度要求

有设备管理制度和设备登记台账，有巡视检查、维护保养记录。设备发生故障时立即报告，及时维修；影响旅客使用时，设有提示。

（四）文明服务

客运人员应提供以下文明服务。

1. 仪容整洁，着装统一、平整

1）头发干净整齐，颜色自然，不理奇异发型，不剃光头。男性两侧鬓角不得超过耳垂底部，后部头发不长于衬衣领，不遮盖眉毛、耳朵，不烫发；不留胡须。女性长发不过肩，刘海长不遮眉，短发不短于两寸。

2）面部、双手保持清洁，指甲修剪整齐，长度不超过指尖 2mm，身体外露部位无文身。女性化淡妆上岗，保持妆容美观，不浓妆艳抹，不染彩色指甲。

3）着装统一，衣扣拉链整齐。着裙装时，丝袜统一，无破损。系领带时，将衬衣束在裙子或裤子内，外露的皮带为黑色。佩戴的外露饰物款式简洁，可戴一只手表、一枚戒指；女性还可佩戴发夹、发箍或头花及一副直径不超过 3mm 的耳钉。不歪戴帽子，不挽袖子和裤脚，不敞胸露怀，不赤足穿鞋，不穿尖头鞋、拖鞋、露趾鞋，鞋跟高度不超过 3.5cm，跟径不小于 3.5cm。

4）佩戴职务标志（售票员除外）。胸章牌（长方形职务标志）戴于左胸口袋上方正中，下边沿距口袋 1cm（无口袋的戴于相应位置），包含单位、姓名、职务、工号等内容。菱形臂章佩戴在上衣左袖肩下四指处。按规定应佩戴制帽的，在执行职务时戴上制帽，帽徽在制帽折檐上方正中位置。

2. 表情自然，态度和蔼，用语文明，举止得体

1）使用普通话，表达准确，口齿清晰。服务语言表达规范、准确；使用“请”“您好”“谢谢”“对不起”“再见”等服务用语。对旅客、货主称呼恰当：统一时称“旅客们”“各位旅客”“旅客朋友”；单独时称“先生”“女士”“小朋友”“同志”等。

2）旅客问询时，面向旅客站立（售票员、封闭式问讯处工作人员办理业务时除外），目视旅客，有问必答，回答准确，解释耐心。遇有失误时，向旅客表示歉意。对旅客的配合与支持，表示感谢。

3）坐立、行走姿态端正，步伐适中，轻重适宜。在旅客多的地方，先示意后通行；与旅客走对面时，主动让路，面向旅客侧身让行，不与旅客抢行。列队出（退）勤时，按规定线路行走，步伐一致。多人行走时，两人成排，三人成列。

4）立岗姿势规范，精神饱满。站立时，挺胸收腹，两肩平衡，身体自然挺直；双臂自然下垂，手指并拢贴于裤线上，脚跟靠拢，脚尖略向外张呈“V”字形。女性可双手四指并拢，交叉相握，右手叠放在左手之上，自然垂于腹前；左脚靠在右脚内侧，夹角为 45°，呈“丁”字形。

5）迎送列车时，足踏安全线，不侵入安全线外；面向列车方向目迎目送，自列车进入站台时始、开出站台时止。办理交接时，行举手礼，右手五指并拢平展，向内上方举手至帽檐右侧边沿，小臂呈 45°。

6）清理卫生时，清扫工具不触碰旅客及其携带的物品；挪动旅客物品时，征得旅客同意。需要踩踏座席时，戴鞋套或使用垫布。占用洗脸间洗漱时，礼让旅客。

7）不高声喧哗、嬉笑打闹、勾肩搭背，不在旅客面前吃食物、吸烟、剔牙齿和出现其他不文明、不礼貌的动作，不对旅客评头论足；接班前和工作中，不食用易塞牙齿和散发异味的食品。

3. 站容整洁，环境舒适

1）干净整洁，窗明地净，物见本色。

① 地面干净无垃圾；玻璃透明无污渍；墙壁无污渍、涂鸦。电梯、扶手、护栏、座椅、台面、危险品检查仪、危险品处置台等处，无积尘、污渍。卫生间通风良好，干净无异味，地面无积水；便池无积便、积垢，洗手池清洁无污垢。饮水处地面无积水，饮水机表面清洁无污渍，沥水槽无残渣。站台、天桥、地道等地面无积水、积冰、积雪，股道无杂物。

② 各服务处所设置适量的垃圾箱（桶），外皮清洁，每日消毒一次。内配的垃圾袋材

质符合国家标准，厚度不小于0.025mm，无破损、渗漏；垃圾车外表无明显污垢，垃圾不散落，污水不外溢。垃圾清运及时，储运密闭化，固定通道，日产日清。

③ 保洁工具定点隐蔽存放。设有供保洁作业使用的水、电设施和存放保洁机具、清扫工具的处所，不影响旅客候车、乘降。

④ 由具备资质的专业保洁企业进行保洁，使用专业保洁机具和清洁工具，清洗剂符合环保要求，不腐蚀、污染设备备品。保洁人员经过保洁专业知识和铁路安全知识培训合格，持证上岗。墙壁、玻璃、隔断、护栏等2m以下的部位，每日保洁；2m以上的部位及顶、棚等设施，定期保洁。车站对保洁作业进行检查、考核。

2）通风良好，温度适宜，空气质量符合国家标准。室内温度，冬季为18～20℃，夏季为26～28℃。无空调的服务处所的室内温度，冬季不低于14℃，夏季超过28℃时使用电风扇。高寒地区站房出口处设有门斗和风幕（防寒挡风门帘）。

3）照明充足。售票处、问讯处（服务台）、高铁快件营业场所的照明照度不低于150lx，候车区照明照度不低于100lx，站台、天桥及进出站地道照明照度不低于50lx。

4）各服务处所按规定开展消毒、杀虫、灭鼠工作；蚊、蝇、蟑螂等病媒昆虫指数及鼠密度符合国家规定。

5）服务备品齐全完整，质地良好，符合国家环保规定。卫生间配有卫生纸、芳香球、洗手液（皂）、擦手纸（干手器）；坐便器配一次性坐便垫圈，及时补充。落客平台、站台设置的垃圾箱（桶）上有烟灰盒。分设照明开关，使用节能灯具，根据自然光照度及时开启或关闭照明。用水处有节水宣传揭示。

4. 广播语音清晰，音量适宜，用语规范，内容准确，播放及时

1）通告列车运行情况、检票等信息，禁止旅客携带危险品进站上车，进行旅行安全常识、公共卫生和候车区禁止吸烟等宣传。

2）使用普通话。少数民族自治区车站，可根据需要增加当地通用的民族语言播音。特大、大型车站使用普通话和英语双语播报客运作业信息；中型车站，可增加英语播报客运作业信息。

3）采用自动语音合成方式，日常重点内容播音录音化。

5. 全面服务，重点照顾

1）无需求无干扰。配备自动售（取）票机、自动检票机、电子显示屏等服务设备，通过广播、揭示揭挂、电子显示等方式宣传服务设备的使用方法，方便旅客自助服务。

2）有需求有服务。售票处、候车区公布中国铁路客户服务中心客户服务电话（区号＋电话号码）；特大、大型车站设有服务品牌，受理旅客咨询、求助、投诉，专人负责，及时回应。实行首问首诉负责制，旅客问询时，有问必答，回答准确。对旅客提出的问题不能解决时，将其指引到相应岗位，并耐心解释。接听电话时，先向旅客通报单位和工号。

3）重点关注，优先照顾，保障重点旅客服务。

① 按规范设置无障碍设施设备。售票厅设有无障碍售票窗口。特大、大型车站候车室设有重点旅客候车区和特殊重点旅客服务点（可与问讯处、服务台等合设），位置醒目、便于寻找，并配备轮椅、担架等辅助器具；特大型车站内设置相对封闭的哺乳区；在检票口附近等方便的区域设置带有黄色标志的重点旅客候车专座。卫生间设置无障碍厕所。设有无障碍电梯，且能正常使用。盲道畅通无障碍。

② 重点旅客优先购票、优先进站、优先检票上车。

③ 根据需求为特殊重点旅客提供帮助，做到有服务、有交接、有通报。

4）尊重民族习俗和宗教信仰。少数民族自治区车站，可按规定在图形标志上方或下方，增加当地通用的民族语言文字，可根据需要增加当地通用的民族语言播音。

5）旅客在站内遗失物品时，帮助其查找（或广播）；收到旅客遗失物品时及时登记、公告，登记内容完整，保管措施妥当，处置措施合法。

（五）客运组织

1. 售票

1）提供窗口、自动售（取）票机、铁路客票代售点等多种售票渠道，售票点布局合理、管理规范。

① 售票窗口和自动售（取）票机设置、开放的数量适应客流量，日常窗口排队不超过20人。

② 办理售票、退票、改签、换票、取票、挂失补办、中转签证等业务，发售学生票、残疾军人票、乘车证等各种车票，支持现金、银行卡等支付方式。

2）在售票处醒目位置公布售票时间和停售时间。开窗时间不晚于本站首趟列车开车前1h；关窗时间不早于本站最后一趟列车办理客运业务后 30min。工作时间内暂停售票时，设有提示。用餐或交接班时，实行错时暂停售票。

3）为自动售（取）票机及时补充票据、零钞和凭条。出现设备故障等异常状况时及时处置。

4）票据、现金妥善保管，票面完整、清晰。票据填写规范，内容准确、无涂改，按规定加盖站名戳和名章。

2. 进站、候车、检票组织

1）按规定实行实名制验证，核验车票、有效身份证件原件、旅客的一致性。无法实施全封闭实名制验证的，在检票口组织验证。验证与检票分离的车站，应对热门车次在检票口进行二次验证。

2）秩序良好，通道畅通，安检日常旅客排队进站等候时间不超过15min。

3）候车室（区）旅客可视范围内有客运人员，客运人员能及时巡视、解答旅客咨询，

妥善处置异常情况。特大、大型车站设有值班站长。贵宾候车区按规定配备专职服务人员及验票终端等服务设备，免费提供小食品、饮品、报刊等。

4）开始、停止检票时间的设置要适应客流量和站场条件，进站口有提前停止检票时间的提示。开始检票或列车到站前，通告车次、停靠站台等检票信息。

5）自动检票机通道和人工检票通道正常启用，通道数量适应客流情况，并设有商务座旅客快速检票通道。设两侧检票口的，对长编组、重联动车组列车同时开检。按照先重点、后团体、再一般的原则，引导旅客通过自动检票机、人工检票通道检票进站。宣传自动检票机的使用方法，提醒旅客拿好车票或身份证，防止意图不轨者尾随。具备居民身份证自动识读检票条件的自动检票机正常启用，人工检票口核验车票和其他乘车凭证。

6）对无票、日期车次不符、减价不符、票证人不一致等人员，按规定拒绝其进站、乘车。

7）停止检票前通告候车室，做到无漏乘；停止检票时，关闭检票口，通告候车室和站台。

3. 站台组织

1）站台客运人员提前到岗，检查引导屏状态和显示内容以及站台和股道情况。

2）按站台车厢位置标志，在站台安全线或屏蔽门内组织旅客排队等候，有序乘降。铃响时，巡视站台，无漏乘。

3）办理站车交接：短编组动车组列车在4、5号车厢之间；长编组动车组列车在8、9号车厢之间；重联动车组列车在列车运行方向前组7、8号车厢之间。

4）开车前30s打响开车铃，铃声时长10s。

5）同一站台有两趟动车组同时进行乘降作业时，有宣传，有引导，无误乘。站台一侧邻靠线路有动车组列车通过时，另一侧停止旅客乘降或设防护栏。

4. 出站组织

1）出站检票人员提前到岗，检查自动检票机、出站显示屏状态和内容。

2）引导旅客通过自动检票机和人工检票通道检票出站，具备居民身份证自动识读检票条件的自动检票机正常启用。人工检票口核对车票及其他乘车凭证，秩序良好，防止尾随。

3）正确处理违章乘车旅客及违章携带品，票款收付准确。

4）列车出站后及时清理，确保站台、通道内无滞留人员。

5）换乘客流大的车站根据需要设置站内换乘流线，配备相应的设备和引导标志。

5. 高铁快件作业

1）设置承运、交付办理窗口，提供托运单、高铁快件快递面单和必要的填写用具。

2）承运高铁快件及时准确，确保品名相符、实名验证、逐件安检，正确检斤、制票，唱收唱付。“站到站”和“站到门”的高铁快件，按到站和服务产品正确分拣、装箱。

3）装卸、搬运高铁快件时轻搬轻放，堆码整齐。装车时，合理计划，按方案装载；站、车认真核对、准确交接；装车完毕，及时确认信息，做到不逾期、不破损、不丢失。

4）运输过程中发生高铁快件包装松散、破损时，有记录、有交接。

5）到站卸车提前到位，立岗接车，准确交接。集装件外包装、施封破损或短少的，凭客运记录或现场检查，核实现状，办理交接。

6）为到达的高铁快件核对票据，妥善保管，及时通知，正确交付。“站到站”和“站到门”集装件双人拆箱，一箱一清。对无法交付的高铁快件，按规定处理。

7）认真处理站间运输高铁快件的差错，发生高铁快件损失时，比照行李包裹损失处理有关规定执行，先赔付、后定责。

8）作业区无闲杂人员出入，无非高铁快件工作人员查找、搬运。发现非工作人员持集装件出站时，应当场制止。

9）高铁快件装卸人员经过装卸作业知识、技能和铁路安全知识培训合格，持证上岗。

（六）商业广告经营

1. 站内商业场所规划要求

站内商业场所、位置、面积、业态布局统一规划，不占用旅客候车空间，不影响旅客乘降流线；统一标志、统一服务内容、统一服务标准，有商业经营管理规范，对经营行为有检查、有考核。

2. 站内经营单位营业要求

经营单位持有效经营许可证，经营行为规范，明码标价；文明售货，提供发票；不出售禁止或限量携带等影响运输安全的商品，不出售无生产单位、无生产日期、无保质期、过期、变质及口香糖等严重影响环境卫生的食品；代搬行李服务无诱导旅客消费。

3. 餐饮食品经营要求

餐饮食品经营场所环境卫生符合要求，用具清洁、消毒合格，生熟分开。销售散装熟食时，有防蝇、防尘措施，不徒手接触食品。

4. 站内广告设置要求

站内广告设置场所、位置、面积、形式统一规划，广告设施安全牢固、形式规范、内容健康，与车站环境相协调；不挤占、遮挡图形标志、业务揭示、安全宣传等客运服务信息，不影响客运服务功能，不影响旅客安全。旅客通道内安装的广告牌使用嵌入式灯箱，突出墙面部分不超过200mm，棱角部位采取打磨、倒角处理。除围墙、栅栏外，无直接涂写、张贴式广告。广播系统不发布音频广告；播放视频时，不得外放声音。

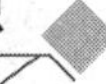

（七）基础管理

1）管理制度健全，有考核、有记载。定期分析安全和服务质量状况，有针对性地制定具体整改措施。

2）业务资料配置到位，内容修改及时、正确。

3）各工种按岗位责任各司其职，相互协作，落实作业标准。

4）业务办理符合规定，票据、台账、报表填写规范、清晰。营运进款结算准确，票据、现金入柜加锁，及时解款。

5）定期召开站区结合部协调会，有监督、有检查、有考核。

6）定期开展职业技能培训，培训内容适应岗位要求，评判准确。

（八）人员素质

1）身体健康，五官端正，持有有效健康证明。新入职人员要具备高中（职高、中专）及以上文化程度。

2）持有有效上岗证，经过岗前安全、技术业务培训并合格。客运值班员、售票值班员、客运计划员、综控室操作人员要从事客运服务工作满 2 年。综控室操作人员要具备广播员资质。

3）熟练使用岗位相关设备设施，熟知岗位业务知识和职责，掌握岗位应急处置作业流程，具备应对突发事件的能力。

二、动车组列车服务规范

（一）动车组列车服务语言

1）使用普通话，表达准确，口齿清晰。服务语言表达规范、准确，使用“请”“您好”“谢谢”“对不起”“再见”等服务用语。对旅客、货主称呼恰当，统一时称“旅客们”“各位旅客”“旅客朋友”，单独时称“先生”“女士”“小朋友”“同志”等。

2）旅客问询时，面向旅客站立（工作人员办理业务时除外），目视旅客，有问必答；回答准确，解释耐心。遇有失误时，向旅客表示歉意。对旅客的配合与支持，表示感谢。

3）广播常播内容录音化，使用普通话。经停少数民族自治区车站的列车，可根据需要增加当地通用的民族语言播音；过港列车可增加粤语播音；直通列车可增加英语播报录音。

4）广播语音清晰，音量适宜，用语准确，不干扰旅客正常休息；自动广播系统播报正确。

5）视频系统性能良好，使用正常。始发前，开启系统播放节目，播放内容符合规定并定期更新。

6）广播、视频内容以方便旅行生活为主，可介绍宣传安全常识和车辆设备设施的使用方法，提示旅客遵守安全乘车规定，播报前方停站、到站信息等内容；可适当插播文艺娱乐、文明礼仪、沿线风光、民俗风情、餐食供应、广告等节目。

（二）商务座服务作业

1. 接车整备作业

检查杂志的配备情况，接收商务座备品（座席靠枕、防寒毯、暖瓶、托盘等），整理备品柜。

质量标准：与备品补充人员签字交接，各种服务备品齐全、定位摆放、干净整洁，入柜加锁。

2. 整理车容作业

1）整理商务座区、座椅，摆放靠枕。整理一等座遮阳板、座椅套、头枕、头枕片、服务推车等。防寒毯塑封包装，统一放置在备品柜内，按旅客需求发放。

质量标准：座椅统一复位，靠枕、头枕干净整洁，定位统一，美观大方，服务车内外整洁。

2）请领消耗品，补充车内、卫生间内消耗品。

质量标准：消耗品补充齐全，剩余入柜加锁。

3）放出电茶炉内冷水。

质量标准：旅客上车前，电茶炉水温达标。

3. 开车后作业

（1）整理车容

开车后整理车容的主要工作为整理行李架和大件行李区。

质量标准：逐个车厢整理，大件行李及铁器、锐器等物品摆放在大件行李区；行李架摆放平稳、整齐，通道畅通。

（2）了解需求

向旅客递送专项服务项目单，从运行前方开始依次征求旅客意见；用语：“您好，为您准备了饮品，喝点什么？”得到答复后，做好登记，告知旅客稍等，退出商务座区，对讲通知餐车配送。

质量标准：旅客席位、乘车区间及相应餐食需求记录清楚，与餐服员确认旅行用品及餐食品数量、种类准确无误。

（3）发放商务座旅行用品和餐食品

旅行用品和食品送达后，与餐服员签字交接，先发放旅行用品套装，再将饮品和小食

品装入托盘，热饮拆袋沸水冲开，倒入杯子七分满位置，逐一发放至旅客手中。

质量标准：①从运行前方开始，依次为旅客发放。用语：“这是您的××（饮品或旅行用品）。”②递给旅客水杯时，应拿杯子的下四分之一处；递送旅行用品及小食品时，应双手递送。③为旅客取送食品时，必须着装整洁、双手干净。

4. 商务座供餐作业

1）按时间征求商务座旅客的用餐需求。开车前 40min，使用专项服务项目单供旅客点餐；用语：“列车为您准备了配餐，请您选择。”得到答复后，做好记录，告知旅客约 30min 后上餐。

质量标准：为 8:00 前的旅客提供 1 份早餐；11:30～13:00 和 17:30～19:00 期间，为旅客提供 1 份午餐和晚餐；优先为即将到站的旅客提供餐食。

2）提前 30min 使用对讲机通知餐服员加热相应套餐。套餐食品送达后，与餐服员签字交接。

质量标准：与餐服员核对套餐种类和数量，准确无误。

3）为旅客发餐。从运行前方开始，依次使用托盘将加热好的配餐发放给旅客；用语：“这是您的配餐，请慢用。”双手递送至旅客面前，帮助旅客使用小茶几。

质量标准：禁止将餐食从旅客头顶上方掠过。遇旅客协助递送时，需及时向旅客致谢。遇老人、盲人或行动不便的特殊旅客，商务座列车员要主动征求旅客意见，看是否需要帮助打开餐具包装。如旅客正在休息，应待旅客醒来后及时为其提供餐食服务。如旅客在送餐过程中提出其他需求，要尽可能及时满足；如当时无法满足，要记录旅客座位号，尽快提供帮助；如确实无法满足时，应委婉向旅客说明原因，取得旅客的谅解。

4）餐后清理。供餐后 15min，巡视车厢，回收餐盒垃圾。使用标准用语：“打扰了，您还需要吗？”得到答复后的标准用语：“好的。”

5. 送水作业

运行途中，按照商务座旅客需求，提供白开水或茶水。

质量标准：递给旅客水杯时，应双手拿杯子的下四分之一处。全程供应，随时续杯。

6. 解答问询作业

落实首问首诉负责制，准确回答旅客问询。遇有旅客使用呼唤应答器、应答器产生蜂鸣时，及时按触服务台上方显示屏的相应座席号消除蜂鸣音后，到旅客所在座位询问旅客：“您需要帮助吗？”得到答复后，按照旅客需求解决问题。

质量标准：掌握担当车次时刻表，解答旅客问询；对无能力解答的问题，通知列车长处理。

7. 续乘作业

1）交班前，将商务座服务备品定位摆放整齐。清点一等座赠品，掌握剩余数量。
质量标准：商务座服务备品定位摆放，干净整洁。一等座剩余赠品数量掌握准确。
2）与接班班组商务座列车员交接设备设施、消耗品、赠品、重点旅客等。
质量标准：面对面交接清楚，赠品数量清点准确，杜绝“信誉”交接。

（三）特等座、一等座服务作业

1. 始发前交接特等座、一等座赠品

与餐服员交接特等座、一等座旅客赠品，定位存放在服务车或备品柜内，做好发放准备。
质量标准：各种品类均衡、数量准确、包装良好，与餐服员签字交接。

2. 为特等座旅客送迎客水

开车后，为特等座旅客送一杯白开水，询问旅客需求。
质量标准：倒入杯子七分满位置，递给乘客时，应双手拿杯子的下四分之一处。

3. 核对特等座、一等座车厢车票，同时发放赠品

按照特等座、一等座旅客现员，从赠品储存柜内取出赠品，整齐摆放到服务推车上。核票时，双手接票并告知旅客到站时间，使用高铁服务手册逐人登记。核票后，询问旅客赠品需求：“先生（女士）您好，为您准备了……，您需要哪种？”得到答复后，双手递送。

质量标准：纠正违章，态度和蔼。发现无票、超高、不符、携带品超重、挂失补票等问题，通知列车长处理。

验票过程中，逐人进行禁烟宣传，并劝离越席旅客。

（四）车内巡视作业

1）清理卫生时，清扫工具不触碰旅客及其携带物品。挪动旅客物品时，征得旅客同意。需要踩踏座席、铺位时，戴鞋套或使用垫布。占用洗脸间洗漱时，礼让旅客。清洁厕所时，作业人员戴保洁专用手套。

2）夜间作业、行走、交接、开关门要轻。进包房先敲门，离开时应倒退出包房。

3）不高声喧哗、嬉笑打闹、勾肩搭背，定时定点分批用乘务餐，其他时段不在旅客面前吃东西、吸烟、刷牙和出现其他不文明、不礼貌的动作；不对旅客评头论足；接班前和工作中不食用异味食品。餐车对旅客供餐时，不在餐车逗留、闲谈、占用座席、陪客人就餐。

4）客运乘务人员进出车厢时，面向旅客鞠躬致谢。

（五）其他服务作业

1）通风系统状态良好，车内空气清新，质量符合国家标准。始发前，对车厢进行预冷、预热；空调温度调节适宜，体感舒适。原则上，冬季保持 18～20℃，夏季保持 26～28℃。

2）车内照明符合规定。夜间运行（22:00～7:00）时，座车照明开关置于半灯位；始发、终到站和客流量大的停站，以及列车途经地区与北京时间存在时差时，自行调整。

3）保证饮用水供应，在途中上水站按规定上水。

4）运行途中为有需求的重点旅客提供送水服务；售货车配热水瓶，利用售货时为有需求的旅客提供补水服务。

5）运行途中遇厕所吸污时或未供电时，锁闭厕所，其他时间不锁闭厕所。厕所锁闭时，为特殊情况急需使用厕所的旅客提供方便。

6）公共区域的电源插座，要保证符合标示范围的旅行必需的小型电器正常使用。

7）通过图形符号、电子显示、广播、视频、服务指南等方式宣传旅客运输服务信息，引导旅客自主服务。

8）终点站收取卧具，贴身卧具一客一换。到站前提醒卧车旅客做好下车准备，不干扰其他旅客。夜间运行，卧车乘务员在边凳值岗，并定时巡视车厢。始发后和夜间，客运乘务人员核对卧车铺位。列车剩余铺位在列车办公席或指定位置公开发售，公布手续费收费标准。

9）发现旅客遗失物品妥善保管，设法归还失主；无法归还时，编制客运记录交站处理。无法判明旅客下车站时，交列车终到站处理。

10）无需求、无干扰。通过广播、电子显示屏等方式宣传服务设备的使用方法，方便旅客自助服务。

11）有需求、有服务。在各车厢电子显示屏公布中国铁路客户服务中心客户服务电话（区号＋电话号码）。实行首问首诉负责制，受理旅客咨询、求助、投诉，及时回应，热情处置，有问必答，回答准确；对旅客提出的问题不能解决时，指引其到相应岗位并耐心做好解释工作。

12）按规范设置无障碍厕所、座椅、专用座席等设施设备，并确保状态良好。

三、投诉与处理

（一）投诉产生的原因

铁路企业应从旅客需求的角度出发，定性分析旅客投诉的原因，制定有效的措施，确保措施实施效果，降低旅客投诉率，从而提高客运服务质量。

1. 铁路企业自身原因

1）铁路服务不能满足旅客需求。旅客在旅行的过程中，如果得不到满意的服务，肯定会产生各种不满的情绪。例如，客运工作人员对于旅客的提问不回答或者回答的语气不耐烦、候车环境卫生脏乱差、购票等待时间长等，都会造成旅客的不满，从而导致旅客投诉。

2）铁路运输服务与旅客期望之间产生差距。旅客在选择铁路前，往往会基于一些因素对服务形成一定的期望。旅客选择铁路服务之后，肯定会将其旅行途中的实际感受与期望进行比较：如果实际感受和期望相匹配，旅客就感到满意；比期望低，旅客就感到不满意；比期望高，旅客就感到高度满意。

2. 旅客原因

1）弥补损失。旅客往往因为三种动机而投诉：一是为了赔偿；二是挽回自尊；三是为了宣泄。

2）性格的差异。不同类型的旅客对待不满意的态度，也不尽相同。当遇到不满意的事情时，性子较急的旅客往往会大吵大闹；理智的旅客不吵不闹，但会据理力争；忧郁的旅客只会自认倒霉，悄然离去，但不会再来体验铁路的服务。

3. 外部环境因素

（1）文化背景的影响

不同的背景下，人的思维方式、做事风格不尽相同，所以旅客投诉的行为也存在一定差异。遇到不满意的事情时，集体主义文化的人倾向私下抱怨，而个人主义文化的人倾向投诉。

（2）服务的可替代性

旅客在遇到不满的时候，如果有其他服务可以选择，多数会改为其他服务。但如果没有相应的服务替代，就更加容易变成投诉。

（3）其他环境因素

影响制约旅客投诉行为的因素有很多，如生活水平和政府管制、消费者援助等。在消费者权益机制健全的情况下，旅客可能会向消费者服务机构投诉、向监管部门投诉，而不是直接向铁路部门投诉。

（二）接待投诉的规范要求

1）进行自我介绍，如姓名、职务等。

2）保持冷静理智，设法消除旅客的怨气。

3）聚精会神聆听旅客的投诉，让旅客把话说完，切勿胡乱解释或随便打断旅客的讲述。

4）旅客讲话时，要表现出足够的耐心，决不随旅客的情绪波动而波动。即使遇到一些故意挑剔、无理取闹的旅客，也不要大声争辩或仗“理”欺人，而要耐心听取意见，以柔

克刚，使事态不至于扩大或影响别的旅客。如果旅客在窗口投诉时吵闹或喧哗，应将该旅客与别的旅客分开，或带到别的地方进行沟通处理，以免影响其他旅客或造成围观。

5）与旅客讲话时，要注意语音、音调、语调的大小和高低。

6）在售票窗口处理投诉时，一定要做到微笑服务。否则，旅客会认为处理者在“幸灾乐祸”。

7）做好旅客投诉登记，如投诉的内容、旅客的姓名、联系电话、投诉的时间等。这样可以使旅客放慢说话速度，同时也使其感到工作人员对他的投诉很重视，从而缓解旅客愤怒的情绪。

8）对旅客的心情表示理解并道歉。即使旅客反映不完全属实，或者工作人员没有先出错，也不要让旅客感觉不舒服或不愉快，要使旅客感觉到被尊重，从而减少对抗情绪。

9）对旅客反映的问题要立即着手调查和处理，切勿轻易做出权利范围外的许诺。

（三）处理投诉的方法和技巧

1. 做好接待旅客投诉的心理准备

1）具备“客人总是对的”的服务意识。

2）掌握和判断旅客投诉的三种心态：一是求发泄型；二是求尊重型；三是求补偿型。

2. 处理旅客投诉的方法

1）接纳投诉后，做礼仪性的道歉。当然，要视实际情况而定。

2）进行录像回放查询和实地调查，尽量在最短时间内给旅客以明确的答复。

3）处理比较严重的旅客投诉时，还必须向车间领导汇报。

4）投诉问题解决后，要向旅客询问其结果是否满意，并要真诚地向旅客致谢，感谢旅客提出的宝贵意见，从而在旅客的心中留下美好的印象。

5）如果问题当天无法解决，要留下旅客的联系方式，等第二天查证后，给旅客一个满意的答复。

3. 处理旅客投诉的技巧

处理投诉的总原则：先处理感情，后处理事件。

1）切不可在旅客面前推卸责任。

2）从倾听开始。

3）认同旅客的感受。

4）表示愿意提供帮助。

5）解决问题。

6）灵活处理。

（四）如何避免旅客投诉

1）强化员工的教育培训。
2）为旅客购票提供方便。
3）把投诉消灭在现场。

复习思考题

1．高速铁路车站有哪些作业？
2．简述高速铁路车站售票作业设置情况。
3．简述高速铁路车站售票作业流程。
4．分析高速铁路实名制验票、自动验票方式的发展趋势。
5．简述高速铁路旅客站台的基本设置情况。
6．简述出站口客运员的作业内容及标准。
7．动车组列车客运乘务人员应具备哪些素质？
8．动车组列车长出乘工作的主要内容有哪些？
9．试说明客运记录的含义和作用。
10．编制客运记录有哪些要求？
11．拍发列车业务电报时如何进行交接？
12．铁路电报在拟稿方面有哪些要求？
13．简述接待投诉的规范要求。

技能训练

一、高速铁路旅客乘降组织作业。

分小组运用该项目相关知识进行角色扮演，模拟组织旅客进站、出站以及动车上乘务工作等情景，落实现场处理主要环节。要求：每小组 8～9 人，每人扮演不同的角色；每小组根据自己设定的角色编写剧本，然后演练。

二、不同情况下，编制客运记录。

1．旅客误乘列车或坐过了站，交前方停车站免费送回时。

2017 年 2 月 17 日，一位持 D2013 次列车（石家庄至太原）车票（二站台）的旅客，进站后自己直接到六站台误乘了 D2012 次列车（太原至北京西），D2012 次列车长需要编制客运记录交保定站处理。如果您是列车长，应该如何编制客运记录？

2．旅客持“挂失补”车票乘车，需到站办理退票时。

2017 年 5 月 20 日，某旅客持一张 G71 次北京西至郑州东“挂失补”车票乘车到郑州

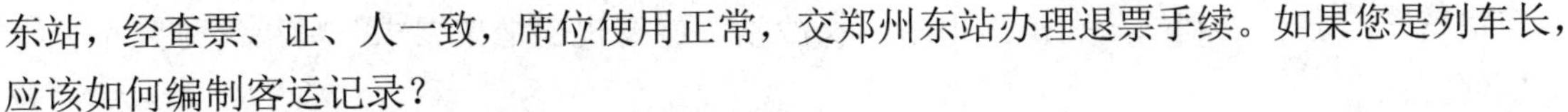

东站，经查票、证、人一致，席位使用正常，交郑州东站办理退票手续。如果您是列车长，应该如何编制客运记录？

3．列车向车站移交发生急病的旅客时。

2018年10月23日，北京客运段值乘的北京西开往信阳东的G571次列车，由石家庄站开出后，一名男性旅客因心脏病发作休克，通过广播找医生组织抢救。列车长会同乘警清点其携带品，将旅客和携带品移交邢台东站处理。该旅客系四川绵阳××厂工人盛××，45岁。其上衣内装有钱夹一个，内有本人身份证、工作证和北京西至成都东A000011号二等座车票及人民币450.00元；佩戴手表一块，随身携带折叠提包一个。如果您是列车长，该如何处理?

4．移交遗失物品时。

2017年2月22日，G80次（深圳北至北京西）列车到达武汉站后，武汉站来电话告知，一名持广州至武汉车票的旅客与武汉站客运值班员联系，说将一个黑色行李箱遗忘在3车8F上方的行李架上。如果您是列车长，该如何处理?

5．发现误售误购车票，须由正当到站退还旅客票价时。

2017年8月23日，郑州站一旅客持一张G1955次列车（由太原南经石家庄、郑州东、商丘至上海虹桥）石家庄至商丘的二等座车票找到列车长，称误购车票，实际到站是沧州。如果您是列车长，该如何处理?

6．对无票乘车、违章乘车、拒绝按章补票的人员。

2019年4月5日，D1756次列车（广州至成都东）在贵阳东开车查验车票时（前方到达毕节站），查出一无票乘车人员，且该乘客拒绝补票。如果您是列车长，该如何处理?

7．发现旅客携带国家禁止或限制运输的物品、危险品。

2017年4月12日，G1524次列车（贵阳北、邵阳北至武汉）邵阳北开车后查验危险品时，发现一旅客携带的提包里装有汽油2kg（前方到达韶山南站）。如果您是列车长，该如何处理?

8．发现违章使用各种乘车证，移交车站或转交有关部门处理时。

2017年6月12日，成都东至南京南的D2374次列车自重庆北开车后查验车票时，发现旅客张×借用成都动车段顾××成都至汉口二等座往返乘车证，且该旅客拒绝补票。如果您是列车长，该如何处理?

9．因空调故障，应退还旅客票款或票价差额时。

2017年6月3日，某新型空调列车运行至蚌埠站，因3号车厢空调发生故障，致使车内温度一度达到29.5℃，虽然进行抢修但未能修复。该次列车当日超员30%，3号车厢为100名到北京南站的团体旅客，他们提出退票。如果您是列车长，该如何处理?

10．因车辆故障中途甩车，应退还旅客票价或票价差额时。

2017年4月20日，新型空调Z1次（北京西至长沙）列车运行至郑州站时，站检发现9号软卧车厢一位轴温过高，需将该车厢甩下。列车长立即组织乘务人员将36名旅客安置在宿营车，旅客的到站分别是岳阳站、长沙站，旅客提出退票要求。如果您是列车长，该如何处理？

三、不同情况下，编制铁路电报。

1．跨局高铁列车超员电报。

2016 年 8 月 15 日，G1405 次列车（上饶至广州南，8 节编组）自南昌西站开车后，车内有旅客 780 人，列车如何拍发电报？（G1405 次列车站顺：上饶、弋阳、鹰潭北、抚州东、进贤南、南昌西、宜春、萍乡北、长沙南、衡阳东、韶关、广州南）

2．局管内高铁列车超员电报。

2017 年 3 月 27 日，G7598 次列车（合肥南至宁波，8 节编组）自南京南站开车后，车厢内旅客共计 789 人，列车如何拍发电报？（G7598 次列车站顺：合肥南、南京南、无锡东、苏州北、昆山南、上海虹桥、嘉兴南、海宁西、杭州东、杭州南、绍兴北、宁波）

3．列车上因第三人责任造成旅客手挤伤。

2017 年 2 月 24 日，G129 次列车（北京南至上海虹桥，上海铁路局上海客运段担当乘务工作）济南西站到站前，旅客赵××（男，29 岁，身份证号 2105221988××××7012，持北京南站至上海虹桥站的高铁车票，06 车 08F 号二等座，票号 Y069346）上厕所关门时不慎将旅客孙××（身份证号 2202111970××××7829，持德州东至宿州东 06 车 07A 号二等座票，票号 Y094672）右手中指夹伤，列车如何拍发电报？

4．紧急制动撞伤旅客。

2017 年 2 月 25 日，G102 次列车（上海虹桥至北京南，上海铁路局上海客运段担当乘务工作）济南西站到站前，列车进道岔时，车体晃动，造成旅客黄××（女，22 岁，身份证号 3422241995××××6723，持宿州东至天津南站的高铁车票，05 车 02B 号二等座，票号 1X058293）在起身去洗手间时，撞在车座扶手处，造成肋骨处擦伤，列车如何拍发电报？

5．行李架物品掉落，砸伤旅客。

2017 年 2 月 25 日，G102 次列车（上海虹桥至北京南，上海铁路局上海客运段担当乘务工作）运行在常州北至南京南区间时，05 车 02 排行李架上的两袋真空包装的大米滑落，砸到旅客李××（女，25 岁，身份证号 3422241993××××6763，持无锡东至济南西站的高铁车票，05 车 02B 号二等座，票号 1X058293）的头部，该乘客自述头昏恶心，伤口处持续疼痛，列车该如何拍发电报？

项目六 高速铁路旅客运输计划

项目描述

旅客运输计划不仅是确定旅客列车对数和客运机车车辆需要数的基础，也是确定客运设备、客运机车车辆修造计划以及客运运营支出计划的重要依据。同时，旅客运输计划也是旅客运输组织工作的前提，从而保证旅客安全、迅速、准确、便利、舒适地旅行。

本项目主要讲述旅客运输计划的种类与特点、客流的形成与分类，客流的组成规律及主要特点、客流调查、客运量预测，以及旅客列车开行方案、列车运行图及动车组运用等内容。

教学目标

1．知识目标

✧ 了解高速铁路旅客运输计划的形式与特点；

✧ 掌握高速铁路客流的分类与特点；

✧ 掌握高速铁路客流的调查方法；

✧ 了解高速铁路列车开行方案编制的基本原则；

✧ 掌握动车组的运用计划。

2．能力目标

✧ 能正确描述客流的特点；

✧ 能采用不同的方法对客流进行调查；

✧ 能制订动车组的分配计划。

3．素质目标

✧ 培养遵章守纪、按章作业的工作作风；

✧ 培养严谨、认真、细致的工作态度和良好的职业素质。

任务 1 旅客运输计划概述

充分满足旅客在经济文化生活上的旅行需求，安全、快速、舒适地将旅客运送至目的地，是铁路旅客运输的基本任务。实行计划运输是铁路运输业满足旅客旅行需求、提高服务质量、有效利用客运技术设备的重要保证。

旅客运输计划是铁路旅客运输的基础工作之一，其目的是为了充分挖掘运输潜力，组织旅客均衡运输；提高客运服务质量，保证旅客安全、迅速、准确、便利地旅行。旅客计划运输组织工作要从全局出发，认真贯彻执行始发局（站）兼顾中间局（站），大站兼顾小站，先中转、后始发，先长途、后短途及保证重点的运输原则，达到长短途列车合理分工、密切配合，保证均衡运输。

一、旅客运输计划的种类与内容

1．旅客运输计划的种类

旅客运输计划一般是指年度计划，但根据执行期间的不同，可分为长远计划、年度计划、日常计划 3 种。

1）长远计划：一般为 5 年、10 年或更长时期的规划，是铁路旅客运输的发展计划，通常根据国民经济计划的时间进行编制。

2）年度计划：旅客运输的任务计划，根据长远计划、结合年度具体情况进行编制。

3）日常计划：日常旅客运输的工作计划，根据年度计划任务、结合日常和节假日客流波动进行编制。

2．旅客运输计划的主要内容

旅客运输计划的主要内容包括旅客运输量（客运量）、旅客发送量、旅客周转量、旅客平均行程。

1）旅客运输量（客运量）：在铁路旅客运输统计中，旅客人数和旅客周转量统称为旅客运输量。

2）旅客发送量：在报告期内，购买客票在铁路各营业站和乘降所乘车的旅客人数、在列车内补票和到站补票的旅客人数、由国外及新线接运的旅客人数之和并减去退票人数。

3）旅客周转量：在报告期内，旅客人数与运送距离的乘积。

4）旅客平均行程：平均每一旅客的旅行距离。

二、旅客运输计划的特点

旅客运输计划与货物运输计划相比较，具有以下特点：

1）计划期内人们提出的旅行需要，运输部门不能拒绝，不能延期或提前，必须及时满足。

2）旅客要求的乘车径路和到达地，不能像货流那样可以在全国范围内根据产销合理联系的原则进行调整。

3）铁路输送旅客的能力及客运机车车辆的工作量，与旅客运输计划的时间并不一致，从而增加了综合平衡的复杂性。

4）作为铁路运输主要产品之一的旅客运输（即人的位移），对质量的要求比货物运输更高、更严。

三、编制旅客运输计划的主要依据

1. 客流调查资料

客流调查资料是编制旅客运输计划的基础。根据客流调查资料，铁路部门可以掌握客运量的变化和发展情况。对于大批团体客流和节假日客流，可通过专门的客流调查直接确定流量、流向和流程，从而为编制旅客运输计划提供可靠的依据。

2. 旅客运输统计报告资料

旅客运输统计报告资料是掌握旅客运输变化规律的重要资料。根据旅客运输统计报告资料，铁路局可以分析历年来实际客流的流量、流向及其变化规律，可以查明旅客运输的季节性波动。通过分析各方向各次列车乘车人数的统计资料，铁路局可以确定各区段列车的利用情况。旅客运输统计报告资料主要包括以下几个方面：

（1）旅客运输部门掌握的日常统计分析资料

车站根据售出客票记录，分别对直通、管内、市郊列车编制售出客票报告（月报）及退票报告（月报）等业务统计资料，报铁路局统计部门。根据各次列车上下车人数的统计，按日、旬、月分别车次、去向统计发送旅客及中转旅客的流量。铁路局可以根据车站报告，掌握各次列车席位利用率，有计划地组织日常运输。根据统计资料的汇总比较，可以分析客流变化规律，作为确定计划客流的参考。

（2）由统计部门编制的客流统计资料

车站和车务段根据售出客票记录，分别对直通、管内、市郊列车编制售出客票报告（月报）、退票报告（月报），并将其与区段票、代用票、市郊定期票据（包括乘降所上车票据）一起报铁路局统计部门（主要是统计工厂），再由统计部门根据各站的售出客票报告、退票报告和局间交换资料（输入和通过客流）编制有关报表。

根据客流经济调查，并结合客运统计报告资料的分析，即可了解吸引地区客流产生与变化的一般规律，也可为编制旅客运输计划、客流计划提供一定的原始资料。这些情况不仅是编制客运长期计划、年度计划的重要依据，而且是编制旅客列车运行图，掌握日常客流变化和改善客运设备、进行客运基本建设的必要资料。

任务 2

客流调查与客运量预测

随着我国铁路网的不断完善，及时准确地获得市场信息与旅客需求，并将其用来指导铁路运营变得越来越重要。深入研究旅客运输市场的发展变化特征及趋势，了解旅客运输市场需求，适应客运市场需求变化，不断开发客运新产品，满足全面建成小康社会对铁路旅客运输的需求，是未来铁路旅客运输的中心工作，对增强铁路旅客运输工作的预见性、主动性，使铁路更好地适应未来旅客运输的发展趋势具有重要意义。

一、客流

（一）客流的形成

客流是指铁路某一方向上、一定时间内旅客的流量和流向。它由旅客运输的数量、行程和方向构成。客流的形成，是与人们的乘车旅行活动密切相关的。人们的乘车旅行活动一般可分为因公需要的乘车旅行（如外出开会、出差、商务活动和大批有组织的外出劳务用工等）和因私需要的乘车旅行（如探亲访友、旅行游览、就医求学等）。无论因公还是因私乘车旅行，都与社会政治经济因素有直接或间接的联系。因此，为了准确编制旅客运输计划和客流计划，必须对社会的政治、经济、文化发展情况有比较全面的了解，即必须在客流吸引范围内进行客流调查。

（二）客流的分类

1. 按客流组成划分

按客流组成划分，高速铁路客流可分为基本客流、诱发客流及转移客流 3 类。

（1）基本客流

基本客流由既有线上符合条件的客流转移而来，它是高速铁路承担的主要客流，也是修建高速铁路的主要依据。

（2）诱发客流

诱发客流是由于高速铁路运能的扩大、运输质量的提高及运输环境的改善，促使人们增加出行而产生的客流。

（3）转移客流

转移客流是由于各种运输方式间的竞争，旅客由其他运输方式转到高速铁路运输方式而产生的客流。高速铁路在其有优势的运输范围内，会将原来属于其他运输方式的客流吸引过来；相反，由于旅客选择的多层次性，也有一部分客流因高速列车停站少等因素而转向其他运输方式。双向转移的情况能体现出高速铁路在客运市场中的竞争力。

2. 按空间范围划分

从客流流动的空间范围上看，根据始发、终到站是否在同一通道上，高速铁路客流又可分为本线客流和跨线客流。以京沪高铁为例，由于京沪高铁通道为本线，其本线客流是指始发、终到站均在京沪高铁通道上的客流；跨线客流则是指部分或全部跨越京沪高铁通道的客流。跨线客流分以下 3 种情况：

1）始发站在通道外而终到站在通道上的客流。

2）始发站在通道上而终到站在通道外的客流。

3）始发站和终到站均在通道外但经本通道输送的客流。

3. 按跨线客流输送方式划分

按跨线客流的输送方式划分，高速铁路客流可分为直达客流和换乘客流两类。

（1）直达客流

直达客流是由跨线运行的高速列车承担的客流（高速直达客流），无须中途换乘。

（2）换乘客流

换乘客流是在高速线与既有线的接轨站换乘后到达目的地的客流。根据换乘方向的不同，可分为普速列车换乘高速列车客流和高速列车换乘普速列车客流。

4. 其他分类

从客流流动的数量（流量）上分，高速铁路客流可分为大客流、中客流和小客流。

从客流流动的方向（流向）上分，高速铁路客流可分为上行客流和下行客流。

从客流流动的时间（流时）上分，高速铁路客流可分为高峰客流、平峰客流和低峰客流。

从客流流动的距离（流程）上分，高速铁路客流可分为长途客流、中途客流和短途客流。

（三）客流的组成规律

1. 从旅客组成分析

随着我国工业的发展，特别是乡镇工业与第三产业的兴起，反映在我国铁路的旅客组成上，就是职员旅客比重大。根据有关部门对旅客列车进行的调查分析，所有旅客中职员、农民、公务员人数占前 3 位。由于列车编组、运输价格、旅客需求及旅客经济承受能力不同，造成了不同等级的列车旅客成分不同。等级较高的快速、旅游列车中，公务员、职员及退休人员较多；管内快车、管内慢车旅客中，农民相对较多。随着我国经济建设的大发展以及经济体制改革的深化，客流的组成也将发生一定的变化。

2. 从旅行目的分析

根据全路抽样调查，目前，我国的铁路客流，在一些城市和工业区所在地的车站，以出差、探亲客流为主；而在一些中小城镇、一般农业地区所在地的车站，集市贸易、购售物品的客流亦占一定比重；至于参观游览的客流，则多出现在大城市以及风景区所在地的车站。

3. 从客流性质分析

根据我国历年统计资料，在每年完成的总客运量中，管内客流比重最大，占 60%～70%，这是与我国是农业大国的性质分不开的。我国农民旅客在总客流量中占相当大的比重，而农民旅客一般活动范围较小、旅行距离较短，故反映在客流性质上，管内客流比重也就最大。近几年来，直通客流的比重增长很快，而市郊客流的比重逐年下降，这与城市公共交通工具的迅速发展有着直接关系。

（四）客流的主要特点

1. 客流增长迅速

1949 年，我国铁路旅客发送量为 1.02 亿人，而 2013 年已高达 21.06 亿人，增长了 19 倍多。其原因是农村经济结构发生变化、城镇经济发展、城乡交流活跃、集市贸易开放、新兴工业建立、人民物质文化水平提高、全国人口增长、人们出行次数增多，以及国际交往频繁等。

2. 客流波动性大

客流在时间上的不均衡，表现在假期、节日和市郊旅客上下班时间最为明显。

客流在时间上的不均衡程度，可以用波动系数来表示：

$$K_{波} = \text{A时段发} / \text{A平均发}$$

式中，$K_{波}$代表波动系数；A 时段发代表某时段（月、季）旅客发送人数；A 平均发代表分析期间平均旅客发送人数。

为分析客流在全年各月、季的波动情况，可根据旅客发送人数求出波动系数，绘制客流波动示意图，如图 6-1 所示。

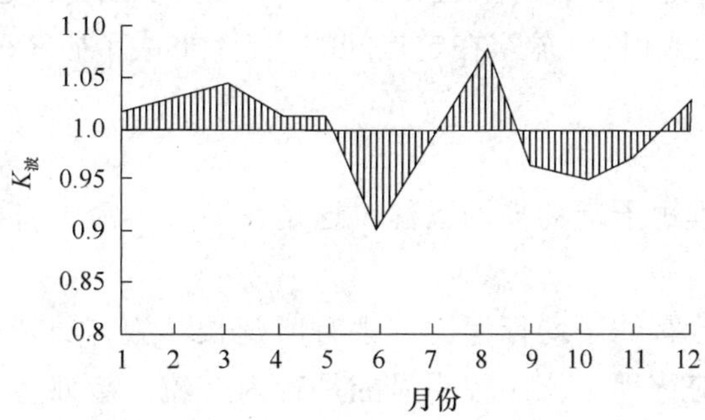

图 6-1　客流波动示意图

从图 6-1 可以看出，客流在一年里最大的是春运及暑期运输。春运以春节为中心，其高峰延续 40 天左右。这时也是农闲季节，探亲访友、购物、农贸集市十分活跃，加之学生放寒假，更加大了客流量。暑期运输以 8 月份为中心，此时，学校正在放暑假，再加上旅游旺季的到来，从而形成客流高峰。一年里，6 月份是客流量最小月。这时正是农忙季节，沿线农村客流大大下降，成为客流的低谷。

缓和客流在时间上的不均衡性比较困难，因为旅客对运输的需求是有时间性的，为了满足波动高峰时的要求，必须建立一定的后备客运能力。

3. 客流分布不均衡

我国铁路客流主要分布在经济比较发达、路网密度较大、人口比较稠密的东北、华北、华东和中南地区。除了人口密度，经济、文化的发达程度等因素外，不同运输方式的分工与铁路网的密度，对铁路客流的地区分布有着重大影响。华北、华东地区铁路旅客运输量在全路中的比重之所以远低于东北地区，其公路和水运分担的客流量较大是一个很重要的原因。东北地区人口不到全国人口的 10%，但由于铁路发达，旅客运输量在全路占有的比重长期保持在 40%左右。铁路网的发展对改变客流地区分布最明显的，是西南和西北地区。新中国成立以来，西南、西北地区的旅客运输量在全路占有的比重，有着明显的增长。

客流在方向上的分布与它在地区上的分布有着一定的联系，因为客流并不全都在它的发生地区内消失。旅客运输量大的地区，它们之间的交流也最频繁。东北、华北、华东、中南地区旅客运输量的比重大于西北、西南地区，因而南北地区之间的旅客交流量大于东西地区之间的旅客交流量。

客流在方向上的不均衡程度，可用回运系数表示。它是客流较小方向上的客流密度与同一线路客流较大方向上的客流密度的比值，即

$$回运系数=\frac{同一线路上客流较小方向的客流密度}{同一线路上客流较大方向的客流密度}$$

由于绝大多数旅客是在定点间往返乘车的，所以不同线路年度的回运系数相差不大，上下行方向的客流密度大致相等。旅客在定点间的往返，形成了旅客列车定点循环的组织特点。

4. 客流行程比较短

全路旅客平均行程短于货物平均运程，这是在各类客流中管内客流与市郊客流占的比重最大的原因。

近几年来，全路旅客的平均行程比过去有所延长，旅客周转量平均每年的增长速度略高于旅客运输量。客流行程延长比较明显的是管内客流，市郊客流平均行程增长微弱。直通客流的平均行程，也有较多的延长。一方面，铁路网的扩大、边远地区的开发、公路旅客运输的发展，都是导致铁路旅客平均行程延长的因素；另一方面，我国一些大城市人口高度密集，铁路市郊流量将会有所增长，再加上航空运输业的日益发展，又将导致铁路旅客平均行程的缩短。因此，今后铁路旅客平均行程的变化，将取决于这两方面因素的增减。

因此，只有不断地分析研究历年客流统计资料，进行客流调查，才能正确地掌握客流的特点及其规律，为编制质量良好的旅客运输计划奠定基础。

（五）影响客流变化的主要因素

1）政治、经济、文化的发展变化。

2）国家或地区一定时期内社会方针政策的变化。

3）生产力布局的变化、经济区的开发、地方工作及乡镇铁路局的兴办和发展。

4）人口的自然增长。

5）人文、民俗及国家和地区性的大型团体活动。

6）现有铁路的技术改造、新线的修造、客流吸引范围的扩大或缩小。

7）各种交通工具的发展和分工情况。

8）不同交通工具客运票价的变化。

9）自然灾害和季节、气候变化。

10）旅游业的发展变化。

上述因素对铁路旅客运输量的增减变化影响较大。例如，国家经济的强势发展大大促进了人们的广泛流动，对铁路客流的增长起到了积极的促进作用。地方经济的不均衡发展吸引经济不发达地区的人口向经济发达地区流动，也直接增加了铁路客流。除此之外，旅客的购买力水平、消费习惯等也是影响客流的因素。

二、客流调查

客流调查以影响客流发展与变化的主要因素为对象，通过调查收集计划和实际两种资料，即本年度预计完成的客流资料和客流各项统计报告实际资料。

（一）客流调查范围的划定

客流调查可以在列车上进行，也可以在车站及其铁路沿线的吸引区内进行。车站的客流调查范围可分为直接吸引区和间接吸引区。

直接吸引区是指车站所在地及其附近能够被车站直接吸引的城市和居民点的总区域。这个区域可用垂直平分线法画出它的大致范围。如图 6-2 所示，*ABCD* 实线范围内的地区就是丁站的几何吸引范围。用垂直平分线划出的吸引范围，同时还必须考虑地形、地貌、交通等条件。只有对旅客从各经济点、工业点、居民点到丁站的距离、运输费用、在途时间、方便程度等因素进行具体分析且经过修正后，才能最后确定吸引区的边界。

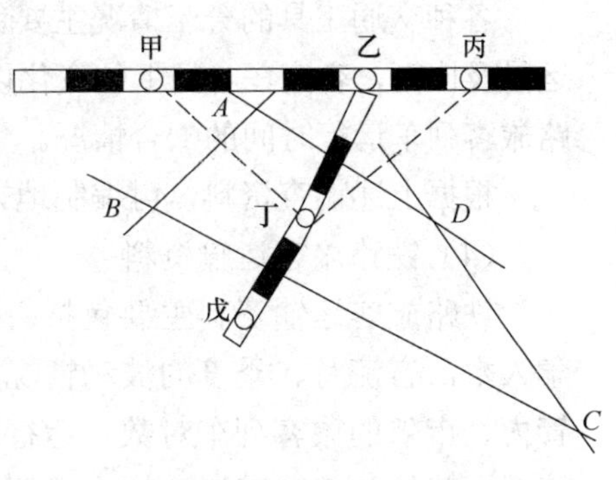

图 6-2 垂直平分线法画出的直接吸引区

间接吸引区是指车站直接吸引区以外，由其他交通工具的联系而被间接吸引的较远地区的城市和居民点的总体区域。例如，需要通过机场、港口附近的客运站来乘坐火车的客流，即属于间接吸引区的客流。间接吸引区的范围按最短通路原则划定。

（二）客流调查的形式

客流调查分为综合调查、节假日调查、日常调查等多种形式，一般以日常调查为主，调查对象多为居民或旅客。全面的较大规模的客流调查，通常以车站或车务段为单位，在车站吸引范围内进行。铁路局主要是做重点地区的重点调查，汇总并分析各站（段）上报的客流调查情况。

1. 综合调查

综合调查一般每年进行一次，主要调查吸引区内的政治、经济、文化发展所引起的客流变化情况，调查的主要内容如下。

（1）吸引区的一般情况

吸引区的一般情况主要包括：地区的自然条件（位置、地形、气候等）、行政区域划分，城市、农村人口的分布和增长情况，工矿企业、机关学校的分布和发展情况，工矿企业生产水平及其与外地在供销上的联系，农业生产和劳动力的安排及有组织的或自发的劳动力外出情况，文教、卫生事业的发展和名胜古迹、医院、疗养院的分布及其吸引旅客的情况，地区交通的一般情况。

（2）直接影响客流的各项因素

直接影响客流的各项因素主要包括：吸引区的总人数，工矿企业、机关、学校等单位人员及家属人数，休假制度及利用铁路旅行情况，疗养、休养处所的开放时间、床位数量及其周转时间，吸引范围内名胜古迹、游览胜地及历年各月的旅游人数，历年特殊客流及大批人员运输情况。

根据上述资料，可编制客流组成及运输情况，农村人员分布情况，工矿企业职工分布情况，国有农场人口分布情况，各大中专院校人口分布情况，集市贸易情况，铁路通勤、通学、买粮、就医情况，大批团体旅客输入/输出情况等报表。

（3）各种交通工具的分工情况

各种交通工具的分工情况主要包括：吸引范围内现有交通运输方式的运输能力，历年的运量及比例，客流在时间上的变化以及今后的发展情况，各种交通运输工具的运行线路与铁路旅客列车运行时间的配合情况。

根据上述调查资料，可编制地方交通运输及联运情况等报表。

（4）铁路旅客运输资料

铁路旅客运输资料主要包括：铁路旅客发送、中转及到达人数，使用免票及通勤、通学人数，客流月、季度的波动情况及原因，历年客流变化及到达各区段的客流量，直通、管内、市郊的旅客列车对数、运行区段、时间及平时和客运量最大时的运能和运量的适应情况，其他与编制客流计划、组织旅客运输有关的资料。

综合调查最好每年在规定时间内进行，并将调查结果按客流分析说明表等汇总编制成各年度的铁路旅客运输客流调查资料。这样逐年按期进行，可以系统地取得历年资料，对于了解、分析、对比和研究客流变化规律有很大作用。各铁路局在把握上述原则基础上，可采取比较灵活的调查方法。

2. 节假日调查

节假日调查主要是对清明节、劳动节、端午节、中秋节、国庆节、元旦和春节这 7 个节日和学生每年的寒、暑两个假期进行的调查。同时，铁路高速旅客列车的开行、国家法定节假日的增加，使得管内客流增长明显。近几年，相应的中距离运输的直通客流也呈明显增长态势。调查工作一般在节日运输前一个月左右进行，春节期间客流增长量大，且与学生寒假运输连在一起，影响客流变化的因素较复杂，暑期客流增长的主体为学生流和旅

游客流。因此，春节、暑期运输的客流调查应在春运、暑运前3～4个月内进行，调查的主要内容包括重点工矿企业、政府机关团体的休假制度，社会经济活动及外地人员乘坐火车的流量、流向；学生客流重点调查本地区大中专学校数量，在校学生和外地学生人数，乘坐火车的流量、流向，放假和开学日期；民工流重点调查产生地的农业人口数量，乡镇企业发展情况和剩余劳动力数量及外出劳动力分布地区和数量，吸纳区用工部门、劳务市场已经或预计接纳的用工数量；中转站应建立健全民工旅客的流量、流向资料台账，加强分析和预测，掌握其他交通运输工具与铁路衔接运能、运量的变化情况。

3. 日常调查

日常调查是指车站有关客运人员在与旅客购票、候车、乘车过程的接触中，对客流变化的各项因素进行的调查了解，对于本地区重大社会活动、大型项目的实施等情况，也应有所了解。

日常调查比较适宜在售票厅内进行，可利用旅客排队时间进行。列车上的调查，时间比较充裕，旅客也愿意主动配合。调查内容一般包括旅行目的、到达地点、返回日期及该单位人数和乘车旅行情况，以便随时掌握客流变化情况，分析客流增减数量、变化原因和持续时间等。

全面的、较大规模的客流调查，一般以车站或车务段为单位，在车站吸引范围内进行。由于调查的范围广，涉及的部门多，因此，必须成立调查小组，分工负责，分片包干。各级有关客运人员应把客流调查工作作为自己日常工作的一部分。

客流调查不仅可以了解影响客流变化的主要因素，而且可以直接计算某些客流量，如新兵入伍、老兵退伍、工矿企业、机关和学校节假日乘车人数等。但是，有组织的客流毕竟只是全部客流的一小部分，要对计划期内旅客运输需要量做出总的推断，除了经济调查，还须根据发展趋势和客运量与其他因素的相关联系进行统计分析。经济调查主要是对计划期内影响客流的因素进行估量，从发展中来看客流在未来时期内的可能性变化。任何发展都有它的现在和过去，都有一个量的演变过程。

三、客运量预测

预测是一种预计和推测，即人们利用已经掌握的信息资料和手段，预先推测和判断事物未来或未知状况的结果，预测过程是在调查研究和科学实验基础上的科学分析。客运量预测是铁路客运运输计划的基础，也是铁路新线建设、旧线和技术设备改造的重要依据。

预测通常分为近期预测、中期预测和远期预测3类。对铁路客运量预测来说，5年以内的预测，称为近期预测；5～10年的预测，称为中期预测；10年以上者，则为远期预测。运输系统中各种因素的不确定性、随机性和模糊性，决定了运输预测的复杂性。相关的预测建模技术发展至今，已形成了众多的方法，据不完全统计，已达150种以上。

（一）基于时间序列的建模方法

时间序列建模法是用运量历史数据的发展规律来推测未来趋势，适用于短期预测。其优点是需要的数据信息量较小，方法简单易行；缺点是无法反映运量变化的实际影响因素，无从反映经济政策和经济结构的调整等外部因素的变化。运用时间序列建模法的关键是预测期内动量变化趋势的识别与拟合。常用的方法有指数平滑、趋势移动平均、自回归分析、随机时间序列和灰色模型等。

（二）基于专家经验的建模方法

由于铁路完成的客运量与各影响因素的变化不易形成稳定的统计规律，而且客运量在节假日或旅游季节、政策变化等一些因素的影响下会出现大起大落的波动特征，这势必造成一般的计量经济模型不可能准确地对全部复杂关系做出较正确的定量描述，甚至可能产生较大的误差。因此，在做因素分析时，需要进行深入的调查，运用专家的知识和经验，综合考虑各种因素可能产生的影响。常用方法有直接计算法、百分率法、专家意见法、对比分析法和专家评议均值法等。

1. 直接计算法

直接计算法是根据客流统计、调查及预测资料，将有组织的稳定大股客流直接纳入计划客流量。这种方法计算简单，但需要充足的客流调查资料才能取得良好的效果。

2. 百分率法

百分率法是根据计划年度各项影响客流发展的因素预计发展情况，并加以分析研究，确定计划年度应有的增长或减少的百分比，最后确定计划年度的客运量。

3. 专家意见法

专家意见法中的“专家”，是指熟悉本部门业务，有丰富经验，并且对预测目标的历史和现状有比较全面了解的客运人员。专家意见法是根据一部分客运专家的分析推测，来进行客运量预测的方法。

4. 对比分析法

对比分析法就是对比上年度同期的市场实绩，并以此为基础，分析预测其在上年基础上的增长情况的一种预测方法。

5. 专家评议均值法

专家评议均值法在我国的一些大客站运用较多，预测效果比较好，特别是对春节等节假日的运量预测效果更令人满意。此法一般采用预测年度的前 5 年的客运量序列数据，取其平

均值，再由专家进行论证，综合分析考虑影响客流变化的因素情况，进行动态分析后确定。

（三）基于影响因素的建模方法

这类方法的基本出发点是自变量间的相互储存性。它通过对历史数据的详细分析，揭示出旅客运输量同相关因素之间的数量关系，据以预测未来的运量。目前，常用的方法有回归分析预测法、系统动力学模型、经济动量模型和人工神经网络技术。

1. 回归分析预测法

回归分析预测根据影响因素的多少，可分为一元回归和多元回归；根据预测目标和影响因素之间相互关系的特征，可分为线性回归和非线性回归。回归分析预测法虽然考虑了更多的影响因素，但表达的仍是近似的变量间平均变化的静态关系，其非线性程度是有限的。

2. 系统动力学模型

对于铁路运输这一因素众多、关系复杂的大系统来说，用数量方法对其进行定量研究困难很多。系统动力学模型提供了综合考虑各种因素，并对复杂系统进行分析研究的方法。它以系统论及信息反馈理论为基础，通过观察控制系统动态的信息，获得描述系统结构的一般方法，并用因果网络分析和计算机仿真技术研究系统的控制和决策问题。

3. 经济动量模型

经济动量模型由一组联立方程构成，表示各个经济变量及其相互关系，通过联立求解获得关键变量的预测值。它能全面地描述和反映客运量与相关因素及整个社会经济活动的复杂关系，对经济运行有较强的诠释能力，但方程组中任一方程的参数估计，都必须考虑其他方程所提供的直接或隐藏约束，保证其他方程同时成立，计算复杂。

4. 人工神经网络技术

人工神经网络技术，是利用输入数据和输出数据进行基于影响因素建模的方法，它是在研究生物神经系统的启示下发展起来的一种信息处理方法。人工神经网络技术是通过数据本身的内在联系建模的，建模的过程就是学习过程。因此，这是一种归纳思维的方法。

到目前为止，成熟的预测方法仍然停留在对运输总量的预测上。但是，总运量预测只是运量预测一个方面的内容，还必须考虑客流的具体发到地点和具体线路上的分布问题。对具体运输产品的运量在空间分布上的研究和预测，不仅对路网建设、投资决策和经营管理有更实际的参考意义，而且有助于更细致地考察和研究社会经济活动在空间方面的联系，有助于进行营销战略的决策。

任务 3 高速铁路列车开行方案与区间通过能力

一、高速铁路列车开行方案

列车运行图、旅客列车时刻表的编制都要以列车开行方案为基础，铁路客运产品的表现形式就是旅客列车时刻表。客运市场的需求是列车开行方案编制的前提，因此，旅客列车开行方案要满足客运市场需求，合理确定旅客列车开行计划，提高列车运行速度，发挥高速客运专线的优势，逐步增加直通旅客列车比例。随着国民经济的发展、人民生活水平的提高，旅客需求发生了很大变化。不同层次的旅客由于出行目的不同，对旅行的需求也不同。在编制高速客运专线旅客列车开行方案的时候，也要利用既有线开行不同档次的旅客列车，以满足市场多样化的需求，提高铁路运输在客运市场的综合竞争能力。车务、机务、工务、电务、车辆等系统的技术条件，以及高速客运专线所处的地质、气候条件，也影响着高速铁路列车开行方案的确定。

（一）旅客列车开行方案的定义

旅客列车开行方案是在客流预测的基础上，确定旅客列车的开行区段、径路、种类及对数。旅客列车开行方案不仅应以市场需求为导向，以客流量为确定旅客列车开行方案的基本数据，还必须尽可能减少旅客的换乘次数与在途时间，经济合理地使用列车车底，使线路长短结合，客流分布均匀，充分发挥高速铁路的运输能力和设备的利用率。

铁路部门在组织旅客运输的过程中，应充分发挥列车运行图的作用，有效地利用多种铁路技术设备，促使各部门、各工种、各项作业之间协调配合，以保证行车安全，提高运输效率。

列车运行图是车务、机务、工务、电务、车辆等部门的综合计划。所有与列车运行图有关的部门，尤其是客运部门，必须严格按照列车运行图的要求组织好本部门的工作。列车运行图明确规定了列车占用区间的顺序，各分界点，列车到、发、通过时刻，各区间的列车运行速度，停站时间标准，并保障有计划地、经济合理地使用机车车辆。

旅客列车开行方案的编制工作是编制整个列车运行图的中心环节，它要解决的是各个方向旅客列车在运行图上的整体布局，涉及车务、机务、客运、线路、桥隧、车站等诸多方面。

确定列车的始发站、终到站的发到时间，确定列车在铁路局分界口、大城市、旅游景

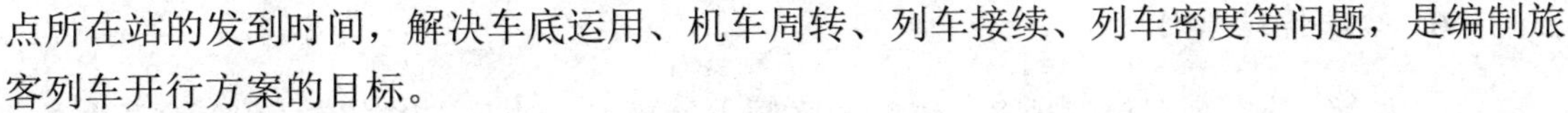

点所在站的发到时间，解决车底运用、机车周转、列车接续、列车密度等问题，是编制旅客列车开行方案的目标。

（二）编制旅客列车开行方案的基本原则

1. 充分协调客运专线和既有线运输能力原则

如果在高速铁路建设前，既有线承担了全部的客、货运输，那么，在高速铁路建成后，大部分的客运量将转移到客运专线上。但为了兼顾低收入群体和小站客流的需求，既有线上应适当保留一定数量的旅客列车。

2. 尽量减少旅客换乘原则

换乘给旅客的出行带来很多不便，既增加了旅客的旅行时间，又会使部分客流转向其他交通运输方式。因此，减少换乘是吸引旅客的重要手段。

3. 到发时间适当原则

客车开行时间的不同，对旅客的吸引程度差异明显。为了适应人们生活和出行的习惯、节省旅行时间、方便工作，必须合理地确定始发、终到时间。对于短途旅客列车，发到时间应尽量满足多数人能够当日往返的出行需要。对于中、长途旅客列车，尤其是一些平行于高速公路和与航空运输速度竞争不利的线路，应充分发挥铁路行车安全、全天候运行的特点，开行带卧铺的夕发朝至动车组，旅途时间以夜间为主，不能影响旅客白天的工作，以提高旅客的出行效率，达到吸引客流的目的。

4. 提高列车运行速度原则

旅客对列车速度的要求，随着时间价值的提高而普遍提高。因此，提高列车速度、减少旅客在途时间、增加铁路在旅客运输市场的竞争力，是高速客运专线建设的目的。客运专线旅客列车开行方案优化的首要原则是提高列车运行速度。对长、短途旅客列车的速度，应区别对待：长途列车应尽可能提高运行速度，压缩旅行时间；短途列车，则须在考虑停靠站点数量等诸多因素后，合理提高运行速度。

5. 合理编组原则

高速铁路列车的编组一般在6～12辆之间，具体编组数量须综合考虑各种因素后确定。例如，哈齐客运专线的旅客列车编组，就要充分考虑该线路的客流特点以提高效率。由于除了哈尔滨、大庆、齐齐哈尔3个城市客流比较集中，其他几个站的客流均较小且公路运输又比较便捷，其旅客列车应尽量采取小编组、高频率的运行方式。跨线长途旅客列车行车密度相对较小，因此，应适当增加列车编组，合理利用线路、设备。

6. 合理停站原则

一方面，旅客列车停站越多，辐射的区域也就越多，对于某些旅客的出行也更加方便；另一方面，停站多必然降低列车的运行速度，增加部分旅客的在途时间，因而也会失去部分客流。因此，中、长途旅客列车的合理停站，是优化客运专线旅客列车开行方案的又一重要原则。当有两次以上的列车经过同一线路时，应适当交错停站，以达到既满足旅客出行需求，又提高列车运行速度的目的。

（三）旅客列车开行方案的影响因素

1. 列车编组及定员

为了完成一定的运量，必须提高服务频率，运量和服务频率是确定列车定员的依据。一般情况下，采用短编组、高密度的开行方案，可大大提高服务频率。这样虽然能更好地吸引客流，但当线路能力紧张时，只有大编组才能够达到充分利用线路能力的目的。列车编组方案应该尽可能采取灵活的编组形式，也就是说，列车编组不必固定不变，应针对客流量的增加而逐步扩大编组，并始终保持较小的列车运行间隔，以达到较高的服务水平。同时，也可以通过调节编组和行车密度来保证较高的载客率。

2. 列车客座利用率

列车客座利用率是指用百分率表示的平均每一客座千米所完成的人千米数，是用来反映列车利用程度的指标。我国铁路旅客列车平均客座利用率多年来保持在 70%左右。客座利用率与列车运行线路、运行距离、旅行速度、开行时间、列车定员、停站次数等因素有很大关系。等级相对较低、停站次数较多的旅客列车，吸引的客流比较多，客流成分多样，其平均席位周转次数一般比高等级列车高。

3. 服务频率与运量的关系

在市场经济条件下，服务频率是吸引旅客的重要因素。服务频率可直接反映出沿线各站旅客乘坐列车的次数及其吸引客流的程度。在客流预测中，将不同的服务频率输入运量预测模型后，可得出不同服务频率条件下的运量变化情况。

服务频率与客流量的关系是，服务频率高时，客流量增长；服务频率达到一定的次数后，其与旅客运量的正向关系就不再明显。

4. 客流结构

旅客客流结构不同，也影响着列车开行方案的制订。客流结构主要包括旅客的出行目的、经济收入、知识层次、社会地位等。在编制开行方案时，必须向数量比较大的旅客类型倾斜，更多地考虑这类旅客的需求。例如：当公务出行、旅游出行所占比例较大时，开

行方案应满足旅客快捷舒适的要求；而当低收入群体所占比例很高时，则开行方案要满足其经济性要求，多开行票价和等级较低的列车。如果通勤客流较多，则开行方案要满足其随到随走的便捷性要求，提高列车发车频率和运行速度。

二、高速铁路区间通过能力

（一）区段通过能力

运输设备、行车组织方式共同作用、相互影响，最终形成区段通过能力。通过能力一般要通过区段表现出来。区段通过能力可以定义为，在单位时间内（通常是一昼夜）某一区段所能通过的最大行车量。区段通过能力是制订运输计划，新建、改建铁路线路和装配运输设备的重要依据和指标。

（二）区间通过能力

区间通过能力，是指铁路区段的每一区间在一定的行车组织条件下，一昼夜最多能通过的列车数量（列数或对数）。区段通常由多个区间组成，一般可分别通过每一区间来研究列车对区间的占用，从中找出列车运行最困难的区间，并把这一区间作为整个区段通过能力的标准区间。

（三）区间通过能力的影响因素

区段通过能力是区间通过能力的整体反映。区段内中间站的数量及各区间的距离，即区间大小的不均衡性、列车在各站的追踪、到达和出发间隔时分、客货列车在各站的起停附加时分、客货列车运行速度、旅客列车对数和旅客列车的分布结构等，是计算区间通过能力时应当考虑的因素。区间通过能力主要受下列因素的影响。

1. 区间内的正线数目

双线、三线或四线区间的通过能力将大于单线区间的通过能力。

2. 区间长度

当列车运行速度一定时，区间长度的大小对区间的通过能力往往起着决定性的影响。

3. 线路平纵断面

当列车重量一定时，线路的坡度和曲线半径的不同将影响列车的运行速度，进而影响列车占用区间的时间。

4. 牵引机车的类型

各类机车在牵引性能、构造速度、计算速度、制动等方面存在差别。因此，各种不同类型的机车牵引一定重量的列车在同一区间运行时，将有不同的速度，从而产生不同的运行时间。

5. 信、联、闭设备

各种类型的信、联、闭设备的性能、操纵方式、办理作业时间各不相同，从而影响区间通过能力的大小。

6. “天窗”设置

使用大型机械进行线路整修，以及对电气化铁道的供电设备进行停电维修时，需要在列车运行图上设置固定的施工“天窗”，这对区间通过能力的影响很大。

7. 行车组织方式

行车组织方式具体体现为列车运行图的类型。例如，根据各种列车运行速度的对比关系，我国铁路传统的列车运行图分为平行运行图和非平行运行图。平行运行图能保证最充分地利用区段通过能力，被作为研究各种类型运行图性质和规律的基础。计算区间通过能力所需要考虑的时间因素主要有列车区间运行时间和起停车附加时间、列车技术作业停站时间、车站间隔时间、追踪列车间隔时间、施工“天窗”时间等。这些因素也是列车运行图的主要影响因素。

任务 4 列车运行图及动车组运用

一、列车运行图

（一）列车运行图的分类

列车运行图是铁路运输工作的综合计划和行车组织工作的基础。科学合理地编制列车运行图，对保证行车安全，适应市场需求，提高运输能力、效率和效益，具有重要意义。

列车运行图分为基本列车运行图（简称基本图）和分号列车运行图（简称分号图）。

基本图是指经过重新编制或调整，正在实施并持续到下次重新编制或调整为止的列车

运行图。调整后的基本图，又称调整列车运行图（简称调整图）。基本图的变更，通过编制或调整来实现。编制需重新确定各项技术作业标准，重新构建旅客列车运行框架，重新铺画全部客货列车运行线，并在全路范围同时实行。调整则是在各项技术作业标准和旅客列车运行框架不做大的变动的基础上，对基本图做的局部变更。全路基本图原则上每 2 年编制一次，宜在春季或秋季进行。国铁集团、各铁路局要根据铁路运输市场需求、铁路技术装备或运输组织方式发生的变化及时编制列车运行图。基本图的编制、调整和分号图的编制，原则上以会议的方式进行。列车运行图编制、调整及确定的相关事项，在国铁集团或各铁路局的正式文电公布后实行。

分号图是指为适应短期运输、应对突发事件或施工等需要，短时间实行，实行完毕又恢复到基本图的临时性列车运行图。遇有春运、暑期和其他节假日旅客运输需要等情况时，应编制分号图。编制分号图时，原则上不变动基本图旅客列车运行线。分号图的制作分为“编制”和“选线”两种。“编制”是在基本图以外另行编制的运行图，单独定点、定车次；“选线”是在基本图上用抽减运行线的方法制订的运行图，只减少客、货列车对数，不单独定点、定车次。

列车运行图编制实行两级管理，跨局列车由国铁集团组织各铁路局编制，局管内列车由各铁路局负责编制。

（二）列车运行图的编制

1. 编制步骤

旅客列车运行图的编制，应在国铁集团统一领导下，由各铁路局负责。具体的编制工作分两个阶段进行。

第一阶段：编制跨局旅客列车运行方案（简称客车方案）。客车方案图是整个列车运行图的骨架和核心，用小时格进行铺画。在图上，它只表示出始发站、终到站、分界站及其他主要站的到开时刻，主要解决列车整体布局问题。旅客列车开行方案应根据预期客运市场需求、现行列车运行图旅客列车实际利用情况及线路通过能力确定。动车组运用交路计划，应在满足动车组开行方案和检查维修标准的基础上，努力提高运用效率。跨局和管内旅客列车开行方案编组内容和动车组运用计划，分别由国铁集团和各铁路局确定。跨局旅客列车运行方案，由国铁集团组织有关人员成立方案小组具体负责编制。管内旅客列车运行方案，由各铁路局在跨局旅客列车运行图的基础上进行编制。

第二阶段：以客车方案为基础，铺画表示每一列车在各站到发或通过时刻的旅客列车运行图（简称详图）。

2. 编制要求

旅客列车运行方案不仅对整个列车运行图的布局起着决定性作用，而且对列车运行图的编制质量有直接影响。因此，在编制时应符合下列各项基本要求：

1）保证列车运行安全；

2）符合各项技术作业标准；

3）适应旅客运输市场需求；

4）经济合理地运用机车、车辆；

5）做好列车运行线与客流的结合；

6）努力实现各站、各区段间列车运行的协调和均衡；

7）提高铁路应急处置能力。

3. 编制原则与方法

列车运行图的编制工作要贯彻集中领导和分级负责相结合的原则。跨局旅客列车应在国铁集团统一领导下由各铁路局编制。管内旅客列车则由各铁路局组织编制。在国铁集团的总体部署下，分片、分线、分工负责，各片、各线之间密切配合，交叉并进地进行编制。

各局根据上述编制原则，按照先跨局后管内、先重点后一般的顺序编制。

基本图编制完毕后，应详细检查列车运行图的质量，审核相关标准并计算列车运行图指标。国铁集团于实行前 45 天下发新图文件，各铁路局于实行前 30 天下发新图文件及相关资料，组织相关部门进行新图培训，召开新图实施工作会议，做好新图实施前的各项准备工作；实施新图时，做好列车运行图新旧时刻交替和新图实施值班、总结等工作。

只要列车运行图在规定的有效期内，就必须严格贯彻执行，要保持列车运行图的严肃性和相对稳定性。需要调整时，须由铁路局以书面形式上报国铁集团并得到正式书面批复。国铁集团根据相关铁路局上报的调图范围和内容，协调、确定调整图的实行日期，尽量减少调图次数。

二、动车组运用

（一）列车车次编排规定

1. 旅客列车的分类

针对客流的不同需求和铁路线路等技术、设备的不同条件，铁路部门开行了不同种类、不同等级的列车。目前，我国的旅客列车分为以下几种。

（1）动车组旅客列车（CRH）

这种列车由国内技术最先进的 CRH1、CRH2、CRH3、CRH5 型动车组组成，车内设施最人性化，服务水准最优，运行速度最快，时速高达 200～350km。动车组旅客列车主要安排在环渤海、长三角、珠三角城市群和华东、中南、西北、东北地区的重点城

市间开行，并细分为高速动车组旅客列车、城际动车组旅客列车、动车组旅客列车 3 种。

（2）直达特快旅客列车

这种列车由先进的庞巴迪和 25T 型客车组成，车内设备、服务水准一流，最高运行时速达 160km。途中一站不停，主要安排在客流较大的城市所在站始发、终到，实现大城市间旅客的快捷运输。

（3）特快旅客列车

这种列车也是目前国内速度较高、车内设备完善、服务质量较好的列车，在首都与各大城市及国际之间开行，有国际和国内特快两种。其中，国内特快又分为跨局特快和管内特快。特快列车停站少，运行速度和直通速度较其他很多旅客列车高。

（4）快速旅客列车

这种列车目前在京沪、京广、京哈、陇海等经过技术改造后具有提速条件的线路上开行，其中在相距 1000～1500km 的大城市间开行了多对夕发朝至的快速列车，受到旅客极大的欢迎。

（5）普通旅客列车

这种列车比特快、快速旅客列车慢，编组辆数和停站次数较多，运行于各大、中城市之间，并细分为普通旅客快车、普通旅客慢车，但普通旅客慢车开行数量较少。

（6）通勤列车

这种列车是专为职工上下班乘车所设置，运行区段较短，往往行驶在城市周边地区。

（7）临时旅客列车

这种列车是为了适应客运市场需求而临时开行的旅客列车。

（8）旅游列车

这种列车在名胜古迹、游览胜地所在站和大、中城市间开行，用于输送旅游观光旅客。旅游列车的速度、服务和设备都优于其他旅客列车。

除上述旅客列车外，旅客运输企业还可根据旅客旅行的多元化需求，开行其他形式的旅客列车。

2. 旅客列车车次

（1）车次的含义

我国有上千对不同种类、性质的列车运行在全国各条铁路上。为了便于人们区别各种列车的性质和种类，同时考虑到铁路行车部门组织列车运行和进行作业的需要，铁路部门把各种列车按其性质、种类和运行方向用一定数字编定车次。所以，车次是某一列车的简明代号，它能表示：列车的种类——是客车还是货车，如系客车还可判明是跨局的，还是管内的；列车的等级——是快车还是慢车，如系快车还可区分为是特快、快速、普快等；列车的去向——是上行还是下行。

我国的列车运行方向，原则上以开往北京方向为上行；枢纽地区的列车运行方向，由铁路局规定。列车须按规定编定车次，上行列车编为双数，下行列车编为单数。个别区间的列车，如按规定运行方向变更车次有困难时，可与规定方向不符。

我国幅员辽阔，开行的长途旅客列车往往在途中需要转几个方向，从上行变为下行、又从下行变为上行的情况也不鲜见，这时的车次编码就比较复杂。例如，上海到西安的T138/T139 次，从上海站始发时为上行车次 T138 次，到徐州站后变为下行车次 T139 次开往终点西安站；同理，从西安站出发时为上行车次的 T140 次，到徐州站后变为下行车次T137 次开往终点上海站。所以，这趟车在全国旅客列车时刻表的车次目录上，就表示为T138/T139、T140/T137。

为方便旅客和便于工作，凡北京站和上海站始发的各次特、直快列车车厢号均小号在前、大号在后（北京—上海间到发的列车以北京站规定的顺序为准）。非北京站和上海站到发的各次特、直快列车车厢号，均以担当局始发站发车方向为准，小号在前、大号在后。两个局担当的，由有关局事先商定后报部。

（2）车次的编定

我国目前采用的车次代码方案为普通旅客快、慢列车由 4 位数字组成，其他列车由一位字母和 1～4 位数字组成。旅客列车车次编定规则见表 6-1。

表 6-1　旅客列车车次编定规则

序号	列车种类/运行范围		车次
1	高速动车组旅客列车（“G”读“高”）	跨局	G1～G5998
		管内	G6001～9998
	城际动车组旅客列车（“C”读“城”）	跨局	C1～C1998
		管内	C2001～C9998
	动车组旅客列车（“D”读“动”）	跨局	D1～D3998
		管内	D4001～D9998
2	直达特快旅客列车（“Z”读“直”）		Z1～Z9998
3	特快旅客列车（“T”读“特”）	跨局	T1～T4998
		管内	T5001～T9998
4	快速旅客列车（“K”读“快”）	跨局	K1～K6998
		管内	K7001～K9998
5	普通旅客快车	跨三局以上	1001～1998
		跨两局	2001～3998
		管内	4001～5998
6	普通旅客慢车	跨局	6001～6198
		管内	6201～7598

续表

序号	列车种类/运行范围		车次
7	通勤列车		7601～8998
8	临时旅客列车（“L”读“临”）	跨局	L1～L6998
		管内	L7001～L9998
9	临时旅游列车（“Y”读“游”）	跨局	Y1～Y498
		管内	Y501～Y998
10	动车组检测车（“DJ”读“动检”）		DJ5501～DJ5598
11	回送出入厂客车底列车		001～00298
12	回送客车底列车		在车次前冠以“0”
13	因故折返旅客列车（“F”读“返”）		原车次前冠以“F”

为确保列车车次全路统一性及有关行车设备和信息系统正常运行，列车车次编排仅限于使用大写汉语拼音字母和阿拉伯数字，总位数原则上不超过 7 位。编用列车车次时，旅客列车在全路范围、货物列车在铁路局管内不得重复。旅客列车车次由国铁集团确定。各铁路局不得在上述车次规定范围外擅自编造、自造车次。

季节性、特定时间段开行的动车组，全程客运机车牵引的临时旅客列车，可使用相应等级固定车次。

（二）旅客列车编组顺序表的编制

通过编制旅客列车编组顺序表（图 6-3），可以具体确定每对旅客列车的编组情况，内容包括列车的发到站、车次、车辆和客运的担当单位，编组辆数、车厢顺序号、编挂车种、定员、总重吨数、车底周转图、车底需要组数等事项。

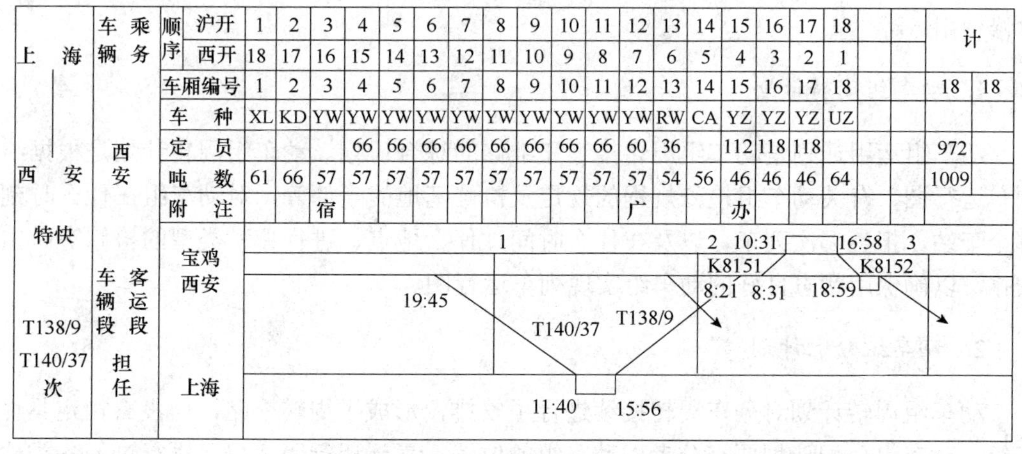

上海—西安 特快 T138/9 T140/37次	车辆 西安	乘务 西安																						
			顺序 沪开	1	2	3	4	5	6	7	8	9	10	11	12	13	14	15	16	17	18			计
			顺序 西开	18	17	16	15	14	13	12	11	10	9	8	7	6	5	4	3	2	1			
			车厢编号	1	2	3	4	5	6	7	8	9	10	11	12	13	14	15	16	17	18			18 | 18
			车种	XL	KD	YW	YW	YW	YW	YW	YW	YW	YW	YW	YW	RW	CA	YZ	YZ	YZ	UZ			
			定员				66	66	66	66	66	66	66	66	60	36		112	118	118				972
			吨数	61	66	57	57	57	57	57	57	57	57	57	57	54	56	46	46	46	64			1009
			附注			宿									广			办						

图 6-3　旅客列车编组顺序表

旅客列车编组顺序表的编制内容及编制方法如下。

1. 列车到站、车次栏

列车发到站先填下行发站，后填下行到站；对改变运行方向的列车，先填担当铁路局的始发站。其车次的填写顺序，必须和列车的发到站相对应。

列车性质，按照等级划分为动车、直达、特快、快速、普快、普客。

2. 担当乘务栏

担当乘务栏填写担当乘务的车辆段和客运段。如名称相同，可只填一个。

3. 车底编组栏

（1）车组、车列、列车、车底的概念

两辆以上车辆连挂在一起形成车组；按列车性质和编组计划编成并连挂在一起的若干车辆叫车列；挂上机车、配备列车乘务员和列车标志的称为列车；固定服务于某对车次的车列，称为车底。

（2）列车车厢顺序号的编定

一般情况下，直通列车下行，小号在前；管内列车检修地发车，小号在前。车种按规定符号填写，定员及吨数栏按车辆标记填写。

（三）动车组的运用计划

动车组的运用计划主要由动车组周转计划、动车组分配计划和动车组检修计划组成。动车组周转计划主要规定了按什么顺序担当列车，但并不规定具体的动车组。分配计划是指定具体的动车组担当周转计划中的具体交路，保证每个交路由质量良好的动车组完成；检修计划规定了动车组在基地检修的时间、项目、线路等具体内容，供动车组基地检修使用。

1. 动车组周转计划

动车组运用计划是动车组周转接续和维修的综合计划。动车组周转计划是根据给定的列车运行图、有关动车组检修规程的规定及检修基地的条件等，对动车组在什么时刻、在哪个车站、担当哪次列车，以及在什么时间、什么地点、进行哪种类型的检修等做出具体安排，以确保用状态良好的动车组实现列车运行图。

2. 动车组分配计划

动车组周转计划对列车周转接续进行了安排，形成了周转交路，但没有指定具体的动车组。动车组分配计划要充分考虑动车组的位置、累计运行距离、已进行过的各类检修情况等条件，在模拟未来使用计划的基础上进行编制。动车组分配计划的编制过程如图 6-4 所示。动车组分配计划的编制结果必须以适当的形式表现出来，并明确动车组编号、初始

位置、担当的交路编号、运用后的驻留位置、运用后的状态等内容。

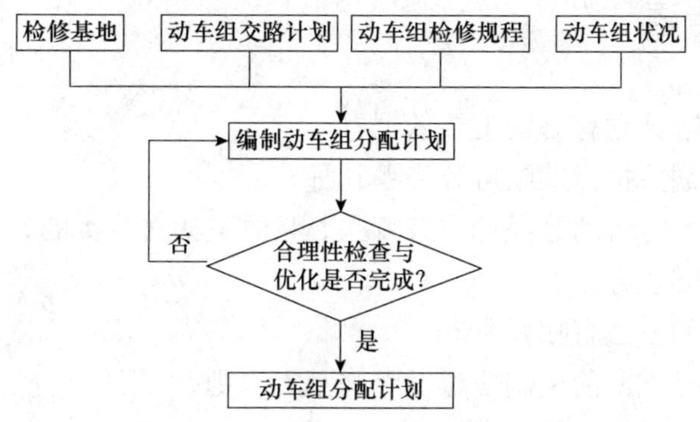

图 6-4　动车组分配计划的编制过程

3. 动车组检修计划

为动车组的检修地点、检修项目等所做的计划称为动车组检修计划。动车组检修计划的主要依据为动车组检修的长期规划、检修基地的检修能力、动车组的实际状态。动车组检修计划的编制结果必须以适当的形式表现出来，并明确动车组编号、检修项目、检修地点、检修时间等内容。

三、乘务运用计划

1. 乘务运用计划的基本概念

乘务运用计划是动车组乘务员（组）的综合乘务计划，也就是根据给定的列车运行图、乘务员乘务规程、乘务基地条件等，对乘务员（组）在什么时间、什么地点出乘，在什么时刻、担当哪次列车，以及在什么时间、什么地点退乘等做出具体安排，以确保列车开行计划的实现。

乘务计划主要分为乘务日计划及月度计划。

1）日计划由全体乘务交路构成，表示完成一日的运行图任务需要的乘务员数量及各乘务员担当的乘务交路。乘务交路是指一个乘务员（组）一日的工作计划，每一行是一个乘务交路，每条线段上的字符表示车次。

2）月度计划描述各乘务员（组）在指定月度中担当的乘务交路及休息计划。

2. 乘务运用计划的编制

动车组采用不固定区段使用的方式，与之相对应地，其乘务员运用方式也与普速列车的既有方式有所不同。动车组乘务运用计划的特点是，在乘务基地的乘务范围内，只要满足乘务规则，乘务员可以担当任意列车的乘务任务。

复习思考题

1. 编制旅客运输计划有哪些主要依据？
2. 旅客运输计划按执行期限可分为哪几种？
3. 什么叫客流？客流的分类标准有哪些？具体是如何分类的？
4. 客流调查有哪些方法？
5. 客流量预测的方法有哪几种？
6. 旅客列车开行方案的编制应遵循哪些基本原则？
7. 简述列车车次编排的规定。

技能训练

通过查阅资料、总结归纳，运用相关知识编制一份动车组运用基本计划。

项目七
高速铁路客运应急处置

项目描述

本项目主要从客运组织的角度，介绍了火灾爆炸类突发事件、运输秩序类突发事件、群体性突发事件、站车遇险类突发事件、车底故障类突发事件、人身伤害类突发事件、公共卫生类突发事件的应急处理流程。

教学目标

1．知识目标

✧ 掌握突发事件应急处理工作原则；
✧ 掌握突发事件预防控制措施；
✧ 掌握突发事件信息汇报流程及汇报内容；
✧ 掌握各类突发事件的应急处理流程。

2．能力目标

✧ 能够正确处理火灾爆炸类的突发事件；
✧ 能够正确处理运输秩序类的突发事件；
✧ 能够正确处理群体性突发事件；
✧ 能够正确处理站车遇险类突发事件；
✧ 能够正确处理客车车底故障类突发事件；
✧ 能够正确处理人身伤害类突发事件；
✧ 能够正确处理公共卫生类突发事件；

✧ 能够在非正常情况下，正确播报旅客列车广播。

3. 素质目标

✧ 培养学生遵章守纪、按章作业的工作作风；
✧ 培养学生严谨、认真、细致的工作态度和良好的职业素质；
✧ 培养学生良好的社会适应性和交流沟通能力；
✧ 培养学生的应急处置能力；
✧ 培养学生的团队协作能力。

任务 1 高速铁路客运应急处置概述

一、应急处置工作原则

1. 坚持以人为本

应以确保旅客运输安全、最大限度满足旅客需求为原则，努力减小各类非正常情况给旅客带来的影响。

2. 实行分工负责

在铁路局的统一领导下，各有关单位和部门按照各自分工、职责、权限和预案规定，共同做好各类非正常情况下的应急处置工作。

3. 尽快恢复秩序

针对现场各类突发情况，坚持按照“及时反馈、快速响应、迅速处置、减小影响”的原则，畅通信息通报渠道，及时制定处置方案，果断采取有效措施，尽快恢复正常秩序。

二、应急机构及职责

（一）组织指挥体系

铁路局成立客运非正常情况应急领导小组（以下简称应急领导小组）。
组长：主管运输副局长；
副组长：客运处处长；

组员：涉及客运应急处置的路局各相关部门人员。

各单位要成立相应的客运应急领导小组，并组建一支懂应急指挥、会动车组客运设备操作、熟练现场处置、了解结合部配合的专家（骨干）队伍；一旦遇有应急情况，相关人员应立即（20min 内）赶到调度室参与组织指挥。

（二）应急领导小组的职责

1）负责启动客运非正常情况下的应急处置预案，随时掌握现场情况。

2）统一领导指挥铁路局管内客运系统非正常情况应急处置工作，审核各单位客运应急救援方案，指导和督促落实应急救援措施。

3）负责对应急预案实施过程进行监督指导，督促各单位加强与地方政府沟通，争取地方政府的支持和帮助。

4）指导站车做好客流疏导、旅客安抚和应急服务等工作。

三、预警预防

（一）预警

各单位要按照“处处敏感、事事用心”的要求，随时关注和掌握客运现场生产动态，及时发现各类非正常情况，并及时针对事件性质、发展趋势等按照管理权限逐级上报现场情况。各级应急领导小组得到现场情况报告后，要立即向各有关单位、部门发布预警信息。

（二）预防

1）各客运段要统筹考虑车底条件、自然环境、客流大小、运行距离等因素，做好客运应急物资的储备，至少应包含食品、饮用水、应急照明、扩音器材等。

2）各车站要统筹考虑站房条件、自然环境、旅客、行包（邮政）作业量等因素，做好应急物资的储备，至少应包含食品、饮用水、应急照明、应急供电设备等。同时，在防冻应急期还要储备防滑垫、防冻液、工业盐、除雪工具等。

3）各三等以上车站要根据本站客流量，与有相关食品卫生安全资质和供应能力的超市、商场等签订应急供货协议，确保其能在接到通知 30min 内将食品、饮用水送至站台指定位置。

4）各车站要结合自身的候车能力、客流量大小等实际情况，充分利用站前广场、市政设施等资源，提前联系确定紧急疏散候车区，并制订启用紧急疏散候车区时的客运组织方案，满足大量旅客滞留情况下的基本候车需求。

5）在防洪（冻）应急期内，各单位要抽调力量组成应急备班组；各客运段应急备班组要做到24h待命，接到调度命令30min内能做好一切出乘准备，确保在长时间晚点情况下的劳动力接续。

6）在防洪（冻）应急期内，各单位要加强信息收集和上报，每日20:00～21:00向客运处值班干部报告当日站车秩序等情况。

四、信息报告与管理

（一）报告程序

客运非正常情况信息，原则上按照管理权限实行逐级报送；遇可能影响运输秩序、需路局协调等情况时，还应及时向所在局客调报告。路局调度所在接到报告后，要立即按照相关预案要求报告铁路局办公室（应急办）及各相关处室，并及时报国铁集团运输局调度部（应急救援指挥中心）。同时，由铁路局办公室（应急办）报告铁路局有关领导。遇紧急情况，站车在向所在局客调报告的同时，可直接报告客运处值班干部。

（二）报告内容及时限

客运非正常情况信息报告要遵循“条理清晰、要素齐全、简单明了”的原则，对事件基本情况进行全面梳理，对事态发展趋势及采取的措施进行反映，并及时报告需要路局给予帮助的事项。具体报告内容及时限要求按照企业发布的客运安全管理办法相关要求执行。

五、应急处置

详见本项目任务2至任务7。

六、应急结束

客运非正常情况得到有效处置、秩序恢复正常后，按照“谁启动、谁结束”的原则，宣布应急处置结束。

突发事件应急处置结束后，各单位、各部门要认真总结、分析应急处置过程中的经验和教训，提出改进意见和建议。对由路局启动的应急处置，由路局主管部门组织站段对事件处置全过程进行全面分析总结，形成评估报告，报路局应急领导小组。评估内容应包括事件预防预警、信息报告、应急处置、社会资源调动、部门协调配合、舆论控制、事件损失、处置效果以及存在问题等情况。同时，还要深入调查、分析产生非正常情况的原因，制订整改（防范）措施，并督促抓好落实。

七、培训和演练

（一）路局客运处部分

按照分级管理的原则，路局客运处负责客运系统应急预案的制订、站段细化预案的检查指导，以及站段应急管理等骨干人员的培训工作，并针对现场生产实际组织开展应急演练和观摩。

（二）站段部分

各站段负责在路局预案的框架下，结合自身实际对相关预案规定进行细化，将预案内容和相关救援知识纳入职工业务技能培训的考试范围，考试合格者方可上岗。同时，各站段还应组织其应急管理、指挥及处置人员进行针对性演练，提高相关人员的应急处置能力。

（三）高铁客运应急知识培训

针对高铁站车设备自动化、智能化程度高、结合部关联性强等特点，各车站要重点强化高铁车站客运综控设备管理操作技能培训，各客运段要强化动车客运人员（含列车长、列车员、乘服员及餐售人员）对车门开关方式、隔离锁使用、防护网挂放以及播音柱使用等技能的培训。

任务 2 火灾爆炸类突发事件的客运应急处置

一、旅客列车发生火灾

（一）初起火情

初起火情是指初起烟火局限在硬座车、卧铺车某一车厢二分之一空间范围内，使用灭火器或就地取材等手段能及时扑灭或有效控制不致蔓延的火情。

1）列车工作人员要沉着冷静，加强宣传，引导旅客迅速向两侧邻座、邻车厢疏散，防止旅客擅自开（砸）窗、开（破）门跳车。

2）立即使用灭火器进行扑救。来不及取灭火器时，就地取材实施灭火。同时，通知邻近各车厢列车员迅速向起火车厢传递灭火器。

3）及时通知列车长、乘警、检车人员赶赴现场。

4）列车长及时梳理统计有关情况，并按规定上报信息。

（二）发生火灾

1. 立即停车

乘务员要立即就近使用紧急制动阀停车，但要尽量避开隧道、桥梁、人口稠密区。邻车厢乘务员立即报告列车长、乘警、检车长。

2. 疏散旅客

紧急制动后，列车乘务人员应迅速组织起火车厢旅客向邻近车厢或地面安全地带疏散。遇到在复线区间停车、需要向地面进行疏散时，应首先打开列车运行方向左侧的车门组织旅客疏散；情况紧急时，列车工作人员应首先确认邻线无列车通过并做好防护工作后，打开事故发生车的全部车门组织旅客疏散，并引导旅客快速离开邻线线路。

3. 迅速扑救

列车长、检车长和乘警长要迅速组织“三乘”人员赶赴现场。所有人员在列车长统一指挥下，根据火情，采取有效扑救措施，并迅速组织旅客从车厢两端车门下车。车辆乘务员负责摘解车辆；乘警负责治安秩序，保护现场。

4. 切断火源

火灾发生时，在积极灭火的同时，列车乘务组、机车乘务员要迅速判明火灾原因，根据不同情况切断火源。车辆、机车乘务员和运转车长（无运转车长时为车辆乘务员）要根据火势情况，迅速将起火车厢与列车分离，截断火源，防止火势蔓延。车辆分隔时，分隔车辆必须有乘务员指导防护，防止旅客发生意外。

5. 抢救伤员

要本着“先人员、后财产”的原则，统一指挥抢救。要动员一切可以动员的力量，采取措施，积极救助受伤旅客。要认真清点旅客和受伤人员，详细记录相关旅客的车票、财物、姓名、性别、单位、地址、身份证号码等信息。非事故车厢乘务员要做好宣传工作，防止旅客惊慌和返回事故车辆。

6. 设置防护

列车分解后，运转车长（无运转车长时为车辆乘务员）、机车乘务员必须按照《铁路技术管理规程》的规定迅速设置防护（动车组按相关规定处理）。车辆或列车停留在坡道、需

要拧紧人力制动机时，司机应通知运转车长（无运转车长时为车辆乘务员），并要求列车长组织列车乘务组人员拧紧全列人力制动机就地制动。车辆进行分解作业时，必须严格按照分解顺序，先将着火车辆与后部车列分离并将其尽量转移到线路平坦处（但不得停留在桥梁、隧道及重要建筑物附近），再将前部车列与着火车辆分离。

7. 报告救援

列车长和运转车长、车辆乘务员查明火情后，要分别及时向客运调度员、列车调度员和车辆调度员报告情况。报告内容应简明扼要，车次、时间、地点、火势情况要报告清楚。必要时，可迅速向当地政府、公安机关和医院请求支援。

8. 保护现场

事故发生后，在扑救过程中，列车乘警要采取多种措施，维护现场秩序。可视情况设置警戒区，禁止无关人员进入（持有机要证件、抢救机要文件的人员除外）。不得擅自移动现场任何物品，对痕迹和物证要采取有效措施，妥善保护。列车乘务员应积极配合乘警工作。必要时，可发动旅客中的军人、武警、公安人员共同维护好秩序，保护好事故现场。对已疏散的旅客，严禁再返回事故车厢；稳定旅客情绪，防止意外发生。

9. 协助查访

列车乘务人员要积极配合公安机关的调查，提供线索，并协助公安人员对肇事者和嫌疑人员做好监控工作。

10. 认真取证

列车乘警要及时进行调查取证，取证工作要严密、细致、真实。火灾扑灭后，列车长、乘警长、检车长要对起火部位进行全面检查，确认危险完全解除。在确保安全的情况下，列车方可继续运行。

（三）旅客列车在站内发生火灾

1）事发车厢列车工作人员要迅速报告列车长、乘警和检车人员，并同时组织旅客从车厢两端车门下车。

2）列车长要迅速组织相关工作人员赶赴现场，按照分工开展疏散旅客、积极扑救、抢救伤员等工作，并立即向所在车站报告。

3）接到报告后，车站站长、派出所所长（驻站公安）要立即组织力量赶赴现场，将旅客疏散至安全区域，并组织扑救火灾、抢救伤员、保护现场工作。必要时，按照相关要求，请求地方政府支援。

4）电气化区段，如列车火势难以控制或必须使用消火栓（上水管等）进行扑灭时，必须在使用消火栓（上水管等）前对接触网断电。

5）扑救过程中，车站要加强防护，严防邻线列车或站房设备设施被引燃。必要时，可采取临时换线、摘解车辆以及疏散相邻区域旅客等措施进行处置。

6）站车要共同做好旅客宣传、安抚和客流组织工作，积极救助伤病旅客；公安部门要加强秩序维护。

（四）动车组列车发生火灾、爆炸

动车组列车发生火灾、爆炸时，按照国家铁路局《高速铁路突发事件应急预案（试行）》的相关规定执行。

二、客运车站（含乘降所）发生火灾

1）车站工作人员发现或接到旅客反映站内有明火、冒烟或消防设施报警时，要立即赶赴现场开展扑救，并报告车站站长。

2）车站站长接到报告后，要立即向公安部门通报情况，并赶赴现场组织职工按照“立即疏散、迅速扑救、切断火源、设置防护、报告救援、抢救伤员、保护现场、协助查访”的总体要求，开展火灾扑救和旅客疏散等工作。必要时，按照相关要求，请求地方政府支援。

3）工作人员要坚守岗位，立即开启应急疏散通道，迅速有序地将旅客疏散到安全地带。

4）疏散过程中要做好宣传引导和安全防护工作，稳定旅客情绪，严防客流拥堵以及返回事发现场等问题的发生。

5）工作人员在车站站长、派出所所长（驻站公安）的指挥下，扑救火灾，救助遇险人员，最大限度地减少伤亡和损失。同时，迅速切断火灾可能影响区域的电源，并同步启用相关应急照明设备，防止事态进一步扩大。

6）扑救过程中，公安部门要采取措施维护现场秩序，并视情况设置警戒区，禁止无关人员进入。

7）火灾扑灭后，要彻底清理过火现场，防止余火复燃。

8）保护好现场并主动提供线索，协助公安机关开展调查工作。

9）如遇着火部位在站台、天桥等部位，可比照旅客列车在站内发生火灾的相关规定执行。

三、客运站车发生爆炸

1）客运站车发生爆炸的处置原则：及时报警、统一指挥、积极扑救、减少伤亡、尽快开通。

2）客运站车发生爆炸时，原则上由事发地铁路局、公安局和公安消防部门（包括铁路和地方）负责人组成应急指挥组，负责应急指挥。

3）在应急指挥组赶到之前，旅客列车在区间发生爆炸时，由列车长负责应急指挥，乘警予以协助；在站内发生爆炸时，由车站站长负责指挥，派出所所长（驻站公安）予以协助。

4）应急指挥组可根据情况成立扑救指挥、旅客安置、通信联络、现场警戒、伤员救护、事故调查、现场勘查、后勤保障等若干小组，使其同步开展处置工作。

5）旅客列车在运行中发生爆炸时，要使用紧急制动阀停车（尽量避开长大隧道、桥梁以及长大坡道等不利于旅客疏散的场所）。列车长、乘警在第一时间赶赴现场，并及时向运转车长通报情况。同时，组织列车工作人员将旅客疏散到安全区域。如需疏散旅客下车，必须在得到运转车长邻线及后续列车已扣停的信息后，方可组织打开运行方向左侧（无线路一侧）车门，疏散旅客下车。

6）如遇爆炸危及旅客安全，但又未能及时接到扣停邻线及后续列车的命令，列车长应会同运转车长组织列车工作人员打开运行方向左侧的车门，结合现场实际，确定旅客疏散方向和疏散方式，严禁旅客跨越线路。

7）旅客列车在站内发生爆炸时，车站站长、派出所所长要立即赶赴事发现场，组织站车工作人员将车内旅客疏散至安全地带，并视现场情况决定是否疏散站内旅客。

8）客运车站（含乘降所）发生爆炸时，车站站长、派出所所长（驻站公安）要立即赶赴事发现场，并组织工作人员打开应急疏散通道，将旅客疏散至安全地带。

9）疏散过程中，要做好客流引导和安全防护工作，严防客流拥堵以及疏散旅客返回事发现场等问题的发生。

10）处置过程中，站车相关部门要做好旅客宣传、安抚和客流组织工作，积极救助伤病旅客；公安部门要加强秩序维护。

11）如爆炸引发火灾，则按照站车相关火灾应急预案的规定进行处置。

任务 3 运输秩序类突发事件的客运应急处置

一、突发大客流、大面积晚点

本部分内容适用于站车突发大客流，或遇冰雪凝冻、线路中断等造成列车大面积（长时间）晚点等影响运输秩序的突发情况。

（一）信息报告

1）车务站段（直属站）向路局主要汇报积压客流流量、流向和积压原因，站车秩序、设备状态、列车运行状况，管辖范围内滞留旅客列车车次、车内人数、车上食品和饮用水储备、车内旅客情绪等情况，以及采取的相应组织措施和存在的主要问题。

2）客运段向路局主要汇报本单位担当列车滞留地点、运行状态、车内旅客人数和情绪、有无重点旅客、车上食品和饮用水储备等情况，以及采取的相应组织措施和存在的主要问题。

3）路局向交通运输部主要汇报站车秩序、设备状态、列车运行等情况，以及采取的相应组织措施和存在的主要问题。

（二）应急处置

1. 路局部分

1）突发大客流和旅客列车大面积晚点、运输组织工作不正常时，要优先保证动车组、直达特快列车、进京、进沪、进穗等重点旅客列车的开行。

2）根据客运车站所处位置，可采取分区域进行调整的策略，以保始发客车为主，先发后接。郑州、武汉、济南等地区可对通过列车采取“确保直通、避开枢纽、拉过大站、畅通干线”的调整措施。遇列车大面积晚点集中到达时，可在外围车站进行机车换挂、上油，在本站只办理旅客乘降，保证列车在站快接快发，减少旅客在站滞留。

3）根据旅客滞留和列车晚点情况，可组织旅客列车迂回、折返、停运、加开。根据线路有效长，采取客车扩编和票额调整等措施挖潜扩能，增加运量，缓解运力紧张方向客流压力。

4）铁路局客运、车辆等有关部门做好随时加开临客准备。必要时，可启用备用车底（含动车组）顶替晚点车底。本局备用车体不足时，应及时向上级部门请求调用外局备用车体支援，以保始发旅客列车正点，迅速输送在站滞留旅客。

5）列车调度员要加强3～4h旅客列车运行秩序调整方案的编制、落实，及时掌握旅客列车运行情况；要及时向相关车站做好列车晚点信息通报工作。

6）对晚点时间较长的旅客列车，铁路局客运调度员要加强与相邻铁路局调度员的联系，及时收集汇总各分界站接入旅客列车位置及运行情况，提前向技术作业站提供旅客列车预计到发情况。由车站负责通知机车乘务员和运转车长，讲明原因和预计开车时间。

7）车辆部门及时根据客车备用情况，组织做好加开临客车底的准备工作，并根据需要组织库内技检作业和客列检作业，在保证行车安全的前提下，尽量压缩技检时间。车辆部门做好发电车油量监控和站内加油预报，车站组织车辆、多元部门做好站内发电车加油工作。

8）机务部门及时调整机车交路，保证旅客列车机车供应和机车交路的有效衔接。

2. 车站部分

（1）客运组织

1）要利用广播、LED 电子显示系统及时向旅客公告相关信息及安全提示，并根据即

时情况，动态修改广播内容、LED 电子显示系统内容，并严格落实晚点列车致歉制度。

2）根据客流积压情况，并结合车站自身实际，合理采取限时候车、以车代候、合理调整候车室使用方案等手段组织候车。必要时，要取消特色服务，将软席、VIP、茶吧等处所开辟成普通候车区。紧急情况下，要积极与地方政府联系，利用站前广场、展馆等处所开辟临时安置区；协调公交（轨道）公司，及时转运、疏散站区滞留旅客。

3）如遇突发大客流，要加强与安保公司、车站派出所的协调，及时增开安检通道、手检台位，并增派干部盯控，确保安检通道畅通。同时，安保公司要建立相应处置预案，备足备班人员，确保备用手持查危仪状态性能良好，能够随时调用。

4）要充实候车室、售票厅、进站口、出站口、安检口、天桥、楼梯口等关键处所的人员分布，加强巡视检查，加强安全提示，增设安全警示标志，引导旅客安全出行。

5）采取分区截留、横向切块、纵向成行、提前预剪、专人带队、分批乘车的办法，组织旅客有序乘车。

6）要保证车站饮食、饮水、药品供应，耐心细致地做好旅客解释、安抚工作，稳定旅客情绪。

7）如遇冰雪凝冻，要组织力量对岔区、广场等处所的积雪（冰）进行清理，并加强对站区高大灌木、玻璃屋顶以及旅客流线上的高层建筑的检查，防止积雪（冰）压垮造成人员伤害。

8）必要时，请求当地政府、部队、武警支援，充实应急力量。还可采取交通管制等手段，实行“只出不进”的方式，控制到站客流。

9）如遇列车折返运输，旅客在列车折返站下车或返回发站需退票时，车站应积极按规章规定办理退票，不得推诿扯皮，并协助做好旅客食宿安排等服务事项。

（2）售票组织

1）要迅速增开足够数量的售票窗口，24h 办理售票、退票、改签业务，满足旅客需要。

2）禁售站台票、长途无座票、短途票。

3）禁售一定时期内客流积压方向的所有车票。

4）延长车票有效期。

5）节假日或大型会议之前，客流量较大车站的主管站长必须亲自审批日班计划，随时掌握客流动态。

6）要根据客流调查情况，及时向路局主管部门提报临客开行方案，及时疏散站区滞留旅客。

3. 列车部分

1）严格落实晚点列车致歉制度，并根据路局客调通报的情况，如实向旅客公布晚点原因和大约晚点时间；有条件的，须提供电子显示信息。

2）各岗位人员要忠于职守，加强车门管理，密切注视车内动向，检查车门、车窗。在非客运办理站停车时，如无指令，严禁旅客下车。

3）保障饮食、饮用水、药品供应，尽量满足旅客需求，做好旅客安抚工作。遇到被困时间较长，造成物资紧缺时，要及时向路局客调或主管部门汇报，及时安排附近车站补充。

4）“三长”要加强巡视检查，搞好治安防范，深入车厢做好解释工作，了解和掌握车内旅客的动态；遇旅客有特殊和紧急需求，及时向客调或上级主管部门报告，尽力妥善解决。

5）乘警要及时与当地铁路派出所取得联系，搞好治安保卫工作；定时对车上、车下进行巡逻检查，防止不法分子的破坏和捣乱，防止车辆设备、旅客财物被盗和丢失。

6）检车长要密切注意发电车的油料供给，以保证照明为主，减少其他用电设备的供给。必要时，可使用应急照明灯照明。

7）列车行李员要做好行包看管工作。遇有鲜活物品，返回或绕道运行途中，列车要努力做好服务工作，不能降低服务质量。列车中途折返回始发站时，在旅客未全部疏散下车前，“三乘”人员必须坚守岗位。

8）旅客列车绕道运行时，在绕道区间原则上不办理客运业务。本局的旅客列车绕道运行在局管内的停车站，如遇有需乘坐该绕道运行列车的旅客，且旅客的到站是局管内的车站，那么在车站同意旅客乘车且列车有条件的情况下，不得拒绝旅客乘车。

9）遇冰雪凝冻造成大面积晚点时，应在前述应急处置要求的基础上，抓好冰雪凝冻情况下的针对性处置工作。

二、停车后临时需要移动或换线停车

1. 临时需要移动

列车停车后，因特殊情况必须临时短距离移动（前进或后退）时，车站要及时通知列车长，同时用广播反复向旅客进行宣传。车站客运员和列车乘务员要协同配合，立即组织旅客快速乘降，经列车长与车站客运值班员共同确认旅客全部乘降完毕、锁闭车门后，方可移动列车。移动作业时，乘务员须严格执行车门管理制度，相应站台客运员要按照发车作业标准做好防护。列车长在得到车站客运值班员关于列车移动作业完毕的通知后，通知各车厢乘务员打开车门，组织后续旅客乘降。

2. 临时换线停车

列车停车后，需临时变更停车线时，车站必须通知列车长，同时用广播反复多次向旅客进行宣传；车站客运员和列车乘务员要协同配合，立即组织旅客乘降，经列车长与车站客运值班员共同确认旅客全部乘降完毕、锁闭车门后，方可进行换线作业。换线作业时，乘务员须严格

执行车门管理制度，相应站台客运员要按照接发列车作业标准做好防护。列车长在得到车站客运值班员关于列车换线作业完毕的通知后，通知各车厢乘务员打开车门，组织后续旅客乘降。

三、临时变更到发线不停靠站台停车

1）列车在中间站遇特殊情况需临时变更到发线、不靠站台停车时，有条件的车站要提前通知列车做好应急处置准备工作。

2）三等以上的车站站长（客运主任或客运负责人）要亲自接车。列车到达前后，车站用广播反复多次向旅客进行宣传，有跨线设施的车站要加强旅客行走径路的引导；无跨线设施的车站要设专人防护，做好引导。遇有其他列车隔断时，要设专人防护并引导绕行。

3）单线且只有一个站台的车站，在组织两趟均需办理旅客乘降的列车交会，对于先抵达的列车，原则上不接入靠近站台的线路，应先组织旅客在站台上等候；待列车停稳后，再组织旅客横越线路乘降，同时提醒旅客听从指挥、快速安全乘降。

4）列车不靠站台停车时，列车乘务员要认真确认靠站房一侧的安全。乘务员要打开车门时，应认真确认邻线无正在通过的列车后，方可下车立岗，协同车站迅速组织旅客乘降，并做好扶老携幼工作。

四、进站作业车辆在平过道发生故障

1）进站作业车辆（行李、邮政以及运载餐料、卧具等的车辆）通过平过道发生故障且不能立即恢复行驶时，平过道看守员或车辆驾驶员要立即报告车站运转室，并同时通知客运值班员，积极采取防护措施，进行排障处理。

2）长期在站内作业的车辆驾驶员，要熟记故障报告（行车值班员）电话。车站行车部门接到报告后，要立即对受影响线路按规定采取安全防护措施。

3）客运工作人员发现或接到报告，也必须立即向行车值班员报告。车站负责人（有关部门）要立即组织人员迅速对平过道上发生故障的车辆采取排障处理；处理完毕后，及时通知车站（行车）值班员。

五、电气化区段人员攀爬车顶

1）电气化区段发生人员攀爬旅客列车车顶时，应先停车、后处理。处理时，严禁直接攀登救助，应指导攀登人员俯卧下车。

2）攀爬者拒绝下车或发生触电事故时，应立刻向列车调度员报告，并申请停电；经同意并确认停电后，再上车处理。处理完毕后，应及时向列车调度员报告，并申请恢复供电。

任务 4

群体性突发事件的客运应急处置

一、群体性无票乘车（越站）

（一）预防

1. 加强信息收集和通报

一是信息收集。各单位信息（舆情）主管部门要主动通过各种渠道获取辖区范围内大型团体活动的信息，积极掌握召开时间、地点、行程安排和影响范围等前瞻性信息。二是信息横向通报。信息（舆情）部门应及时向单位主管领导、业务部门、相关站车及公安部门等进行通报。三是信息上报。若预计卡控难度较大，存在安全隐患，则应将相关信息及卡控需求上报路局主管部门，请求支援。四是强化路地协调。当预计卡控难度较大、存在安全隐患时，各车站要提前向所在地政府汇报，请求协助处理。

2. 提前制订防范措施

一是制订方案。各单位接到相关通报信息后，要进一步配齐配强现场力量，并指定专人对团体活动的开展及相应的客流情况进行追踪和分析，提前掌握预警性信息。二是强化现场作业监管。各单位要充分利用班前（出乘）讲评、现场巡视（添乘）等机会，向职工传达可能出现的群体性无票乘车（越站）情况，切实强化现场作业监管。三是加强沟通和协作。重点是强化站车之间、站车与公安部门之间的沟通和协作，形成对群体性无票乘车（越站）的整治合力。

（二）应急处置

1. 车站部分

本站发现大量无票人员的情况。

（1）进站口发现大量无票人员聚集

1）立即向站（段）领导汇报，请求支援。站（段）领导接报后：一方面立即组织人员加强进（出）站口、候车厅的力量，并赶赴现场做好应急准备；另一方面及时联系车站派出所，共同做好现场监控。

2）可视无票人员数量、预计危害程度以及公安部门警力配置等具体情况，提前向地方政府通报，请求给予支援。

3）积极开展宣传解释工作，做到耐心周到、言行得体；对愿意购票的人员，要及时引导至售票厅购票，防止激化矛盾。同时，要积极掌握无票人员即将乘坐的车次等信息。

4）对强行冲站、寻衅滋事（带头闹事）等扰乱车站秩序的人员，由公安部门采取果断措施，有效处置。

（2）大量无票人员进入候车厅

1）大量无票人员进入候车厅后，要尽力将无票人员与正常候车客流隔离开，防止无票人员与其他旅客发生交叉或冲突。

2）车站立即向路局客运处、客调汇报，派出所立即向公安局指挥中心及所属公安处指挥中心汇报。同时，还要将无票人员强行冲站情况提前向相关列车进行通报，共同做好防范准备。

3）客运处值班干部接报后，立即赶赴调度所，掌握现场处置情况、站车影响情况以及支援需求等，并及时协调相关列车（外局列车协调相关局）共同做好防范和处置工作。同时，还要将相关情况向宣传部门进行通报，并视影响及现场需求等，向路局护路办进行通报，协调所在地政府给予支援。

4）公安局指挥中心接报后，立即督促和指导事发地公安处采取有效措施，防止群体无票人员冲站乘车。必要时，调集周边地区警力进行支援。

5）公安人员要向无票人员开展法制宣传，与客运部门一道加强验票工作，采取措施将无票人员清理出站，做到“政策宣传、分散隔离、重点突破、迅速处理”，防止事态扩大。

（3）大量无票人员进入站台

严格按照“以站保车”的原则，相关部门领导亲临现场指挥，客运、公安部门密切配合，严卡车门口，验票上车；坚决防止群体性无票人员乘车，避免干扰其他旅客、扩大事件影响。

（4）接通报有无票人员乘车

1）对于群体性无票乘车（越站）的情况，原则上安排在二等及以上车站进行清理，并且在事态得到有效控制（无票/越站人员基本清理/按章补票完毕）之前，不得发车。

2）车站接到列车（路局）通报，要求配合清理无票人员时，要及时向站（段）领导报告，启动预案、收集信息，提前做好处置准备。

3）车站要及时向相关列车（客运段）、前方站（无票人员上车站）了解无票人员数量、车内位置、目的站以及车内行为等基本情况，及时将信息向站（段）领导、派出所进行通报。

4）站（段）领导及派出所接报后，要立即组织力量做好清理准备。必要时，可调整列车停靠股道（原则上停靠基本站台），以便车站及公安部门开展清理工作。

5）列车到站后，站（段）领导会同派出所所长及时与列车长取得联系，组织开展清理工作。

① 站车客运、公安人员要开展凭票乘车和法制宣传工作，动员旅客理解和支持铁路部门工作，以便清理工作的开展。

② 对已集中在一起的无票人员，由公安部门牵头，带领相关人员进行集中清理；对未集中在一起的无票人员，由车站及派出所共同组织人员上车逐车厢清理。列车员要及时关

闭清理完毕的车厢端门。

③ 对清理中表示愿意补票的，要现场督促补票；对拒绝补票的，由公安部门采取措施清理下车。

④ 车站、公安部门要将清理下车的无票人员迅速带离站台，避免其再次冲击列车。

6）各接报车站要安排足够的力量加强出站口的验票、补票工作。对寻衅滋事的，由公安部门依照《治安管理处罚法》第二十三条规定予以处罚；构成犯罪的，依法追究刑事责任。

2. 列车部分

1）在列车上发现大量无票（越站）人员时，列车长和乘警一方面要利用列车广播进行补票宣传、法制宣传，另一方面要组织开展验、补票工作。

2）对大量拒绝购票的无票（越站）人员，列车长要及时向局客调报告，请求安排在前方有条件的车站采取措施进行清理。同时，要尽量将无票（越站）人员引导至相对固定场所，避免影响其他旅客乘车。在此过程中，要注意避免激化矛盾。

3）发生无票（越站）人员在车内寻衅滋事时，由乘警采取措施进行处置，震慑不法行为。同时，列车长要组织力量做好旅客安抚和服务工作，并做好旁证材料的收集工作（有条件时应收集现场影音资料）。

4）列车长要对无票（越站）人员的详细情况（人数、所在车厢、车内行为等）进行收集统计，及时向前方车站（客调）报告，便于提前做好处置准备。

二、突发大客流安检查危

1）发生大量旅客集中进站、安检查危压力激增的情况时，现场工作人员要立即向车站值班干部汇报，同时通知派出所。

2）车站值班干部接报后，要立即通知应急小组成员，并向站段主管领导汇报；派出所接到信息后，应立即向公安处主管领导汇报。公安处主管领导、站段主管领导应及时分别向铁路公安局、路局客运处报告相关情况，并接受工作指示。

3）应急小组成员接到信息后，须于5min内赶到现场。

4）应急小组组长应尽快评估现场情况，决定是否启动应急预案。

5）应急预案启动后，应急小组立即开展以下工作：

① 车站部分。

A．通知广播室加强广播宣传，请进站旅客听从工作人员的引导和安排。

B．向现场增派查危引导人员，同时增派干部组织协调现场客运、公安及安检人员。

C．加强候车厅分配区域的引导，使进厅后的旅客能迅速到达候车区域，避免堵塞通道。

② 派出所部分。

A．增派警力维持进口及排队秩序。

B．加强对进站安检工作的监督，避免旅客漏检。

C．对不配合安检的旅客做好政策法规宣传，避免安检通道因纠纷堵塞。

③ 保安服务公司部分。

A．增派查危仪执机人员，增开查危仪。

B．根据进站组织需要和现场情况，增加手检岗位，增开手检通道，提高旅客通过量。若受现场硬件条件和设施规模限制，无法增加手检通道，可按照每通道 2 名手检人员的方式增加手检人员设置：1 人负责旅客正面的手检，1 人负责旅客背面的手检。

C．设置开包手检区域及通道。

6）车站要通过广播宣传、引导揭示、电子显示等方式，告知旅客进厅候车的时间，并指派工作人员在旅客安检队伍中进行车票查验；还可采取指定车次、限时进厅的措施，以分散旅客进厅时间的方式来进行错峰组织。

7）若车站在查危仪已经全部投入使用、所有安检人员均已上岗的情况下，仍无法满足旅客进站安检的需求，车站和派出所要安排休班职工和民警临时上岗，以增设安检通道缓解压力。

任务 5　站、车遇险类突发事件的客运应急处置

一、客运车站遇险

（一）危及旅客人身安全时

1）按照“先人后物、严防拥堵”的原则，立即组织工作人员打开应急疏散通道，组织旅客向安全地带转移。同时，要充分发挥车站广播、动静态引导设施的作用，告知旅客主动配合、服从工作人员引导，严防拥堵踩踏。

2）疏散过程中，要根据车站地理、地形条件组织工作人员在疏散流线的关键位置进行引导，并加强防护，严防已疏散旅客返回车站寻找物品。

3）旅客疏散完毕后，要组织工作人员对全站（重点是厕所、吸烟室、天桥、地道等隐蔽部位）进行再次排查，防止遗漏旅客。

4）险情结束后，经相关部门检查鉴定站房、线路等具备继续办理客运业务条件的，车站要及时、准确地向旅客公告列车迂回、折返、停运以及加开等信息，并及时采取组织旅客退票、改签等方式，疏散客流。

5）各车站（车务段）要由主管领导牵头，收集所辖各站站房、天桥、地道等客运设备

设施受损情况、受阻客流情况，以及管内受阻列车情况（至少包含车次、运行区段或停留地点等），并及时向路局客调报告。

（二）未危及旅客人身安全时

1. 售票组织

1）车站要迅速增开足够数量的售票窗口，24h办理售票、退票、改签业务，满足旅客需要。

2）禁售站台票、长途无座票和短途车票。

3）禁售一定时期内客流积压方向的所有车票。

4）延长车票有效期。

2. 客流组织

1）车站要通过广播、动静态揭示等手段，及时向旅客公告晚点、停运、加开等信息；并告知旅客相关注意事项，做好旅客的安抚工作。

2）车站、派出所要组织足够人手、开足检票（验证）口和安检口，满足旅客的进站需求，防止客流拥堵。

3）车站要立即联系协议超市、商场等单位，全力保证旅客食品、饮用水供应。

4）对积压客流应实行“分区候车、提前预剪、专人引导”，组织旅客有序乘车。

5）加强对候车室、售票厅、检票口、天桥、地道、站台等重点部位的安全防护和客流引导，严防拥堵、踩伤事件的发生。

6）根据车站候车能力及积压客流量，车站可临时缩短候车时间，并征用站内茶座等商业用房和会议室等场所。同时，还可及时联系相关列车，实行“以车代候”。

如采取上述措施仍不能满足旅客候车需求时，可实行广场候车，以及启用“应急疏散场所”。同时，还可按照相关要求，请求地方政府在秩序维护、后勤保障等方面给予支援。

二、旅客列车途中遇险

（一）信息报告

1. 列车部分

因突发险情，列车临时停车后，司机要及时向运转车长通报情况。运转车长在接到司机通报后，要立即向列车长进行转达。列车长接到信息后，要立即组织车组人员梳理、统计车内客流情况、旅客动态、重点旅客数量，以及车内餐料、饮用水储备情况等信息，及时向列车所在局客调及路局客运处报告。

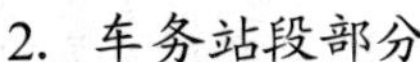

2. 车务站段部分

发生旅客列车途中遇险后，各车站（车务段）要立即由站段领导牵头，收集遇险列车的情况以及可能对本站（段）运输秩序造成的影响，及时向路局调度部门报告。

3. 调度所部分

调度所应按照相关要求向国铁集团调度、路局应急办、相关局领导报告，并向相关处室通报情况。

（二）处置要求

1. 路局部分

1）路局根据遇险程度、预计恢复时间、旅客滞留量和列车晚点情况，采取组织列车迂回、折返、停运以及加开等措施进行处置。同时，可根据线路有效长采取客车扩编和票额调整等措施挖潜扩能，增加运量，缓解运力紧张方向的客流压力。

2）路局客运、车辆等有关部门，做好随时加开临客准备。必要时，可启用备用车底（含动车组热备车底）顶替晚点车底。本局备用车体不足时，应及时向上级部门请求调用外局备用车体支援，迅速消化滞留旅客。

3）调度部门要加强旅客列车 3～4h 列车运行秩序调整方案的编制、落实，及时掌握旅客列车运行情况，并及时向车站通报列车晚点信息。

2. 列车部分

（1）危及人身安全时

1）旅客疏散工作。

① 列车长要在第一时间摸清现场情况，果断组织全体工作人员集中组织旅客疏散（含疏散下车）。疏散开始前，列车工作人员要认真观察车外环境，确定安全的疏散地点。如因发生地震，列车在山区、隧道内、桥梁上临停时，在情况不明的情况下，严禁疏散旅客下车。

② 遇紧急情况时，在没有列车长指挥的情况下，列车工作人员也应立即组织本车厢人员向安全地点转移，并同时报告列车长。

③ 疏散过程中，列车工作人员要发动旅客中的党员、团员、军人、警察以及青壮年等共同维护秩序，发动旅客扶老携幼、互帮互助；尽力劝阻旅客携带大件行李，严防拥堵。同时，要加强防护，严防已疏散旅客返回车内寻找物品。在桥梁进行疏散时，列车长要安排专人维持疏散秩序，防止旅客因推挤造成伤害；在隧道内进行疏散时，列车要发动旅客提供应急照明。

④ 旅客疏散完毕后，列车长要组织工作人员对全车进行再次排查，防止遗漏旅客。

2）疏散完毕后的工作。

① 将旅客疏散至安全地带后，列车工作人员要按车厢对旅客人数进行清点，汇总报列

车长，并对受伤人员进行救治。

② 在确保安全的前提下，列车长可组织工作人员转运遗留在列车上的行李物品和票据、现金等重要物资。

③ 列车长要及时收集旅客疏散情况，向列车所在地客调汇报，并请求救援。

④ 救援力量到达现场后，列车长要及时向救援指挥人员汇报现场情况，并组织列车工作人员配合救援人员开展工作。

（2）未危及人身安全

1）列车长要及时与运转车长（列车所在地客调）联系，了解停车原因、预计开通时间等信息，并按照“速报情况、慎报原因”的原则做好旅客信息公告。同时，列车长、乘警长、检车长要加强巡视检查，搞好治安防范。

2）晚点超过 30min（动车组 15min）时，列车长应代表铁路部门向旅客致歉。列车广播致歉时间间隔不超过 30min，有条件的列车还应通过电子显示屏等方式致歉。

3）列车长可视情况需要决定实行“双班作业”，督促各车厢列车员坚守岗位，加强巡视，密切关注车内客流动态。在非本次列车客运业务办理站停车时，如无指令，严禁旅客下车。

4）餐车长、检车长、供水员等要立即组织相关人员对剩余餐料、饮用水、燃煤、燃油等物资的储备情况进行统计，明确补充需求报列车长。同时，列车的餐售食品、饮用水等，全部由列车长统一调配。

5）列车长要及时向所在地客调报告列车物资补充需求，由客调安排就近车站为列车进行补给。

6）乘警要及时与当地铁路派出所取得联系，搞好治安保卫。同时，要发动旅客中的党员、团员、军人、警察以及青壮年等共同加强车内巡逻检查，防止不法分子的破坏。

7）检车长要密切注意发电车的油料供给，以保证照明为主，必要时可实行“减载”。

8）列车行李员要坚守岗位，做好行包看管工作；遇有鲜活物品，及时与车站或上级主管部门联系、请示，进行妥善处理。

3. 车务站段部分

1）迅速掌握险情及相关动态，就近调集应急人员、车辆、通信器材，以及食品、饮用水、衣物等救援物资赶赴现场。

2）组织开展旅客转移、安置，以及旅客行李、重要物资转运等救援工作。

3）视现场情况及时按照相关要求，请求地方政府支援。

4）如遇险列车不能继续运行，要立即联系旅客转运车辆和安置场所。

5）及时根据本站（段）可能受到的影响，做好客流疏导、解释安抚等应急处置工作。

（三）处置流程

旅客列车途中遇险客运系统应急处置流程见图 7-1。

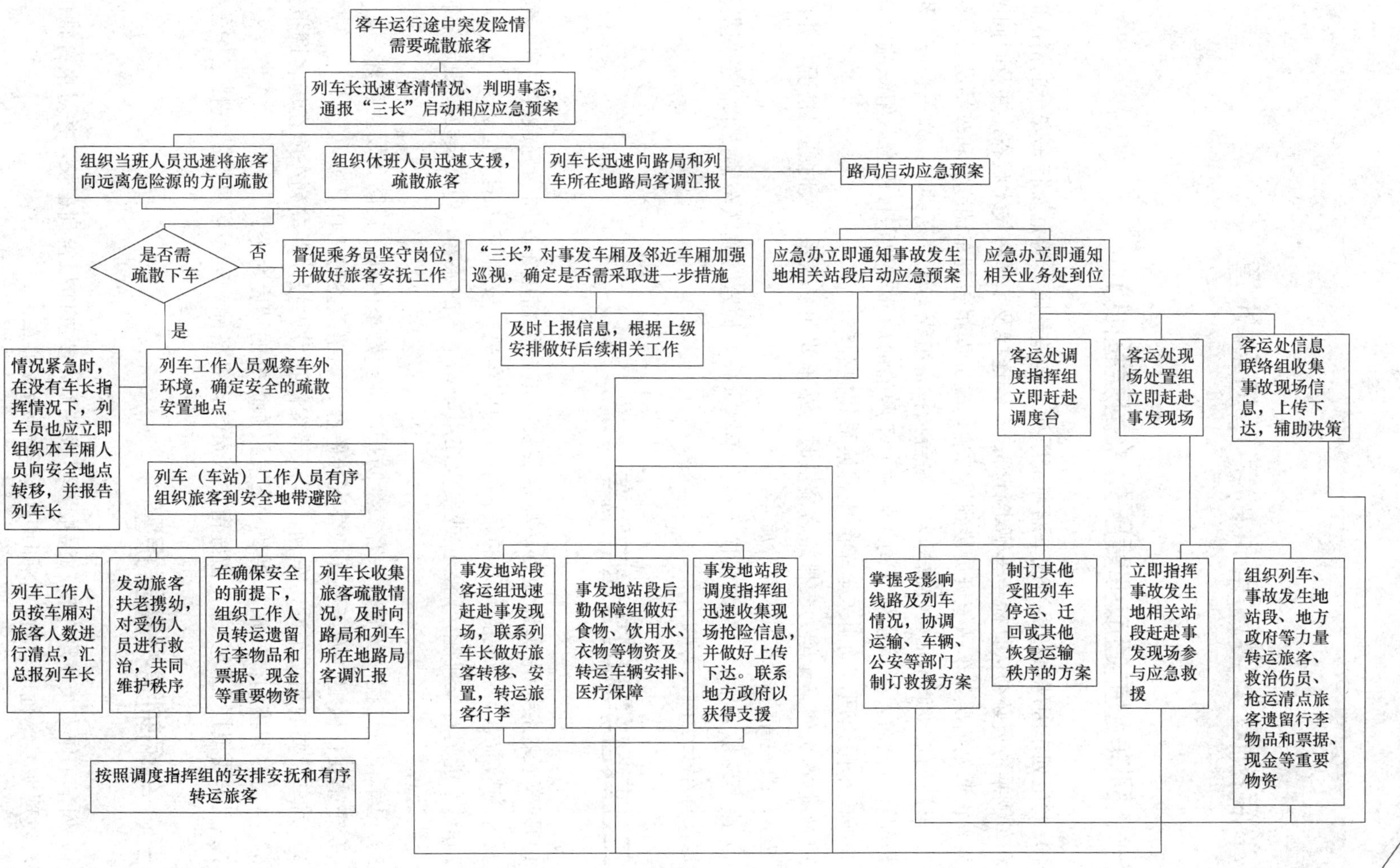

图7-1　旅客列车途中遇险客运系统应急处置流程

任务6 车底故障类突发事件的客运应急处置

一、列车超员造成弹簧压死（钩差超限）

1）发生列车因严重超员造成车厢弹簧压死（钩差超限）等危及行车安全的情况时，客列检和车辆乘务员必须认真检查车辆走行部、车钩连接及车体等技术状态，并及时向所在车站及列车长通报情况。车站值班员接到报告后，要立即报告列车调度员和车站站长。

2）车站站长接通报后，要立即赶赴站台指挥，组织客流均衡乘车；列车长要组织乘务员积极配合。同时，弹簧压死（钩差超限）车厢的前后邻车要积极配合，组织旅客均衡乘车，并严格车门管理，劝阻未上车的旅客换乘其他列车。

3）如遇本次列车无能力安排旅客疏散时，站车要加强联系，及时通报情况，并由车站采取退票、改签等方式组织、疏散旅客。

4）旅客疏散完毕后，经列车检车员及车辆乘务员检查，确认车辆技术状态恢复正常、不再危及行车安全时，方可开车。

二、载客车辆因故途中甩车

1）列车长在接到甩车通知后，与乘警长一道赶往需甩车车厢做好旅客的宣传解释工作，及时疏散旅客。在运能允许的条件下，为旅客另行安排座（铺）位。

2）对不能另行安排座（铺）位或要求在甩车站下车的旅客，列车长要按规定编制客运记录交站处理。

3）甩车作业过程中要做好旅客安全防护，维护好车内秩序，防止发生意外。

4）车站要积极配合列车做好旅客宣传解释、退票改签等工作。

5）列车长要向相关车站、车辆、客运等部门拍发电报，并向列车所在局客调报告。

6）路局客调接到报告后，要及时下发票额调整的调度命令。

7）列车要根据上级要求，做好留守人员、设备备品、列车卧具等的安排工作。

三、车辆轴温报警器报警

1）列车工作人员发现车辆轴温报警器报警后，要立即报告列车长，并对报警轴位进行观察。发现明显燃轴现象时，立即使用紧急制动阀停车。

2）列车长接到报告后，要立即通知检车人员、乘警赶赴现场。

3）如经检车人员检查确认系误报时，由检车人员对故障进行处理；如经检查确认需甩车时，要立即通知运转车长，并向列车所在局客调报告。

4）需甩车时，站车要严格按照载客车辆因故途中甩车的相关处置要求办理。

四、行李车（邮政车）的超（偏）载

1）站车行李员要严格执行行包运输方案，按行包运输方案组织、装卸行包。

2）列车行李员要及时准确填写旅客列车行包密度表，严格按照车辆标记载重控制装载重量，合理安排货位，指导车站均衡装载，不得超载偏载。

3）邮政车押运人员要严格掌握实际装运重量，保证其不超过车辆规定的载重，并在装载时按铁路规定留出消防通道。发生偏载时，列车长要责令邮政押运人员迅速倒装。

4）列车检车员或车辆乘务员发现行李车（邮政车）弹簧压死、钩差超限、车体倾斜过限等情况时，要及时向所在车站或列车长通报情况。危及行车安全需甩车时，列车长要向列车所在地铁路局客调请求甩车，并拍发电报向有关部门报告。

5）车站（或列车长联系车站）必须立即组织装卸机具及人员，配合列车进行倒装或卸车，消除安全隐患。

6）经列车检车员或车辆乘务员确认车辆恢复正常的技术状态后，方可开车。

五、旅客列车自动制动机故障

1）旅客列车在区间被迫停车遇自动制动机故障（电气化区段接触网停电，在6‰及其以上坡道上停车超过30min，在小于6‰坡道上停车超过60min）时，司机应立即将铁鞋放置于机车下坡端车轮下，对列车进行止轮防溜，并用列车无线调度通信设备、辅以鸣笛信号（连续鸣笛“三短声”）通知运转车长（无运转车长时为车辆乘务员，下同）。

2）运转车长得到司机通知后，应立即通知列车长。列车长应组织列车乘务组人员按要求拧紧全列人力制动机就地制动，列车乘务组人员要记录人力制动机的拧紧方向和圈数。

3）列车长与检车长共同确认后，分别做好人力制动机使用记录，并由列车长向运转车长汇报。

4）列车停车后，广播员要加强安全注意事项的宣传；列车乘务员要坚守工作岗位，随时掌握车内旅客动态，维护好车内秩序，不得打开车门，并严禁旅客翻窗或下车。列车长和乘警要加强车内巡视。

5）列车制动系统恢复正常、救援列车挂上制动系统、故障列车接通制动软管或接触网恢复供电后，司机（救援列车司机）应使用无线调度通信设备、辅以鸣笛信号（连续鸣笛“二短声”）通知运转车长。运转车长接到司机（救援列车司机）通知后，通知列车长组织松开拧紧的人力制动机，做好开车准备。

6）列车长组织列车乘务组人员，按照拧紧的反方向和圈数松开全部使用过的人力制动机，由检车乘务长下车逐辆确认全列人力制动机缓解，并做好检查记录后，由列车长向运转车长汇报。

7）运转车长得到列车长汇报后，方可按规定发车（无运转车长时，由车辆乘务员通知司机发车）。

任务7

人身伤害类突发事件的客运应急处置

一、因事故导致旅客伤亡

（一）列车部分

1. 在站内造成旅客伤亡

1）列车长、乘警要立即赶赴现场，组织力量迅速将旅客疏散到安全地点，将受伤人员尽快送往医院抢救治疗。

2）列车长、乘警要共同派人保护好现场，事故调查人员未到达现场时，未经许可，任何人不得进入事故现场；待调查人员到达现场后，在指挥人员的统一指挥下，方可对现场其他物品进行处理。

3）列车要协助调查人员查清事故发生的原因、地点、时间，受伤旅客的人数及其姓名、性别、年龄、单位、地址、车票发到站及随身携带品等，并编制详细记录，按规定填写客运记录。若当时来不及填写客运记录，必须在3日内向事故受理站补交客运记录及有关材料。

2. 在区间造成旅客伤亡

旅客列车在区间发生事故造成旅客伤亡时，列车长除按上述程序处理外，还要按照下列程序处理：

1）列车长、乘警赶赴现场，组织人员查明原因、损失程度、受伤旅客人数、车票票号、财物等情况。抢救受伤旅客的同时，要安排好其他旅客，保护好现场，妥善看管好伤亡人员的随身携带品。必要时，按照相关要求，请求地方政府、公安部门、驻军给予支援。

2）弄清事故概况后，列车长要立即向事故发生地所属铁路局、列车担当铁路局拍发事故速报。

（二）车站部分

1）车站在区间或站内发生旅客伤亡时，客运主任（三等以下车站为站长）、客运值班员要会同铁路公安人员第一时间赶赴现场，勘查旅客伤亡情况并组织抢救。

2）对伤亡旅客的车票票号、发到站、车次、车厢、有效期等情况进行检查确认，及时通知相关列车。同时，充分利用录音录像等设备做好现场取证工作。

3）接到列车移交伤亡人员通知后，受理站应立即组织有关人员接车，做好列车移交旅客的救治准备工作。办理完交接后，应尽快组织开车。受理站原则上不得要求列车工作人员下车处理。

二、旅客跳（坠）车

1）当接到有旅客跳（坠）车的通知时，列车长要立即会同乘警查明跳（坠）车旅客相关情况及原因，查找其随身携带品，收集不少于两份旁证材料，编制客运记录，于3日内向相关受理站移交。

2）在运行区间发现旅客跳（坠）车时，现场列车工作人员要立即使用紧急制动阀停车（特快旅客列车危及本列车运行安全时及动车组除外），组织人员下车查看伤亡情况。如下车后未及时发现跳（坠）车旅客，应尽快组织开车，由运转车长通知前方车站处理（无运转车长时，由车辆乘务员向司机汇报，由司机通知前方站）。

3）发现旅客死亡时，列车长应立即与运转车长（无运转车长时为车辆乘务员）联系，并与乘警共同查明死者身上的财物、车票后，由运转车长通知前方车站处理（无运转车长时由车辆乘务员向司机汇报，由司机通知前方站）。列车长应于3日内向事故受理站移交客运记录及其他材料。

4）旅客受伤时，列车长应编制客运记录，并将其与受伤旅客、旁证材料、车票及受伤旅客的随身携带品一并交三等以上车站处理。受伤旅客伤势较重、需进行抢救时，应提前通知受理站。

三、飞石击伤旅客

1）列车员立即报告列车长，并做好相关安抚工作。

2）列车长会同乘警立即赶赴现场，了解旅客伤情，并通过列车广播寻找旅客中的医务工作者协助治疗，要视其伤情进行妥善救治。同时，列车长要将信息通报运转车长，由运转车长向列车调度员报告。

3）搜集包括受伤旅客自述材料在内的证明材料（旁证），不少于3份。

4）列车长编制客运记录，将受伤旅客及相关材料交列车运行前方三等及以上车站处理。

5）旅客伤情较重（或危及生命）时，列车长要通知运转车长报告客调，请求临时停车，将伤员移交就近县级以上或有医疗条件的车站救治。同时，要对受损列车设备设置警示标识，指派专人防护。

四、突发行为异常

（一）车站部分

1）在站内发现持有车票、有护送人的精神病患者时，车站工作人员应向护送人介绍有关安全注意事项，将精神病患者安排在较为安静的地方，并通知车站公安人员加强巡视，避免精神病患者本人发生意外或给其他旅客造成伤害。

2）乘车前，车站要事先与列车长取得联系。无护送人陪同的精神病患者（包括列车移交的精神病患者），严禁乘车。

（二）列车部分

1）在列车上发现有人护送的精神病患者时，乘务员要向护送人（同行人）介绍乘车途中的安全注意事项，积极配合护送人做好患者的安全运送工作。

2）对无人护送的精神异常患者，列车长要派专人看护。当突发性精神异常患者损坏列车设备或伤害其他旅客时，列车长、乘警要立即赶到现场，将精神病患者与其他旅客进行隔离。必要时，由乘警使用约束带（不许使用手铐），将其约束至情绪恢复正常；约束期间，由列车长安排专人看守，确保其他旅客和列车设备安全。

3）交站时，按《关于加强铁路站车上城市生活无着的流浪乞讨人员救助管理工作的通知》（铁运〔2006〕197 号）和相关规定办理。

任务 8

公共卫生突发事件的客运应急处置

一、旅客食物中毒

（一）信息上报

1. 列车

在旅客列车上发现食物中毒病人或疑似食物中毒病人后，列车长应立即向列车运行的

前方站或防疫站报告，并向铁路局劳卫、客运主管部门报告。

2. 车站

发现食物中毒病人、疑似食物中毒病人或者接到列车报告，应立即报告当地卫生监督机构和医疗卫生机构，并向铁路局劳卫、客运主管部门报告，同时做好记录工作。

3. 内容

车次、时间、地点、病人的主要症状、特征、发病人数、发病时间、旅客发到站、所在车厢和密切接触的人数等。

（二）现场处置

1. 保护现场

立即封闭车站和列车现场，封存所有可疑食品、食具用具，保留造成食物中毒或可能导致食物中毒的食物及原材料、工具、设备和现场，并妥善保管。如不能排除食物中毒是列车或车站供应食品所致，要立即停止餐车和商品供应活动，等待卫生监督人员采集样品和调查处理。

2. 积极救治

列车工作人员应及时将中毒者交前方有医院的车站进行抢救治疗。车站发现的中毒者，应及时送医院救治。在医护人员未到场前，应尽量将中毒病人集中管理，并尽力组织开展简单抢救处理工作。当医疗卫生人员到达现场时，立即协助转送病人。

3. 协助调查

配合卫生监督人员开展食物中毒调查，积极提供有关线索，协助做好食物中毒或疑似中毒食品的无害处理和销毁工作。

二、重大疫情

（一）信息上报

1. 列车、车站

旅客列车、车站必须采取最快通信方式，向前方停靠站或当地卫生防疫部门报告，并报告上级劳卫、客运主管部门。

2. 动车组列车

动车组列车发现疑似鼠疫、霍乱等重大疫情的病例或接到动车组列车上有疑似病例的通知时，列车长应立即向司机报告，司机应立即向列车调度员报告，列车调度员应立即向值班主任报告；值班主任应立即向铁路疾控部门通报情况，同时召集劳卫、客运等部门赶赴调度所共同处置，并向主管局领导汇报。

（二）现场处置

1. 列车（含动车组）部分

1）封锁隔离。列车长要立即对检疫传染病病人、病原携带者、疑似检疫传染病病人和密切接触者所在的车厢进行封锁，将检疫传染病病人、病原携带者和疑似检疫传染病病人就地隔离在车厢一端，密切接触者隔离在车厢另一端，停止与邻车通行。同时，紧急疏散其他旅客，并对有关人员进行登记。封锁已经污染或者可能污染的区域，采取禁止向外排放污物等卫生处理措施。

2）紧急救治。列车长要封锁已经污染或可能污染的区域，对被隔离的检疫传染病人、疑似检疫传染病病人和密切接触者进行应急抢救治疗。发生传染病疫情时，还应提供专用吐泻容器，封闭被污染厕所，同时做好被隔离人员的交站准备。

3）准备交接。列车调度员根据铁路局研究确定的处置方案，安排列车（动车组）在指定车站停车。列车长接司机指定站停车的通知后，做好疾控人员上车和疑似病例交站等相关准备工作，车站及铁路疾控部门做好接车紧急处置准备。

4）安全交接。列车长在指定停车站将检疫传染病病人、疑似传染病病人、密切接触者和其他需要跟踪观察的旅客及相关资料移交车站和铁路疾控部门。乘警要维护好车内秩序，确保区域封锁、旅客隔离、站车移交等工作正常开展。

5）封锁消毒。列车组人员应积极配合现场医疗和疾控部门的工作，接受有关医学检查和消毒、杀虫、灭鼠工作。铁路疾控部门确认处置完毕后，方可解除区域封锁。

2. 车站部分

1）封锁隔离。应立即隔离传染病人、疑似病人和密切接触者，紧急疏散其他旅客，并对有关人员进行登记；封锁已经污染或可能污染的区域，由铁路疾控人员对该区域进行消毒。

2）秩序维护。公安部门应维护好站内秩序，确保区域封锁、旅客隔离和疏散等工作正常开展。

3）安全移交。车站应将传染病人、疑似病人和密切接触者以及其他需要跟踪观察的旅客及资料移交铁路疾控部门。

4）封锁消毒。车站应积极配合现场医疗和疾控部门的工作，接受有关医学检查和消毒、杀虫、灭鼠工作。铁路疾控部门确认处置完毕后，方可解除区域封锁。

旅客列车非正常情况下的广播词

一、中途临时停车通告词

各位旅客：现在是临时停车。

英文：Ladies and gentlemen，I'm sorry to announce that we have to stop temporarily.

二、晚点致歉词

各位旅客：本次列车因×××（晚点原因，晚点原因不明时为“因故”），大约晚点××小时××分，由此给您造成不便，我们深表歉意，请您谅解。谢谢！

英文：Dear passengers，we regret to announce that the departure of our train will be delayed. We apologize for the inconvenience. Thank you!

三、紧急制动后致歉词

各位旅客：为保证安全，列车刚才采取了紧急制动，由此给您造成不便，我们深表歉意，请您谅解。谢谢!

英文：Attention，please! For your safety，we used emergency brake just now. We apologize for the inconvenience. Thank you!

四、寻医通告词

各位旅客：现在×号车厢有位旅客突发疾病，急需医生诊治，哪位旅客是医务工作者，请您到×号车厢帮助诊断治疗，谢谢！

英文：Attention，please! There is a sick passenger on board. If there is a doctor or a nurse among you，please come to No.×carriage to contact us immediately. We need your help，thank you!

五、寻人通告词

各位旅客：现在广播找人，×××旅客听到广播后，请您到×号车厢（站台上），有人找。谢谢！

英文：Attention，please! Mr/ Mrs/Miss×××please come to No.×carriage as soon as possible. Someone is expecting for you. Thank you!

六、空调故障词

各位旅客：我们很抱歉地通知您，本次列车空调系统发生故障，工作人员正在处理，由此给您造成不便，我们深表歉意，请您谅解。谢谢！

Attention，please! We regret to announce that there is something wrong with air-conditioning and we' re handling with this problem. We apologize for the inconvenience. Thank you!

七、因空调故障需敞门运行通告词

各位旅客：我们很抱歉地通知您，因空调系统发生故障，为保持车内空气流通，工作人员将打开列车前进方向左侧车门进行通风，请大家不要靠近车门。由此给您造成不便，我们深表歉意，请您谅解。谢谢！

英文：Ladies and gentlemen，I'm sorry to announce that there is something wrong with the air conditioning. To keep circulation，our attendants will open the doors. For your safety，please remain seated. We apologize for the inconvenience. Thank you!

八、旅客换乘通告词

各位旅客：我们很抱歉地通知您，本次列车由于发生故障，暂时不能修复，我们将组织大家换乘另外一趟列车。请大家整理好行李物品，在工作人员引导下有序前往。下面，向大家介绍一下换乘的车厢号（换乘方案），您也可以在本站办理退还未乘区间的票款。换乘至终到站的旅客，我们将会为您退还换乘区段的票价差额。由此给您造成不便，我们深表歉意，请您谅解。谢谢！

英文：Dear passengers，I'm sorry to announce that due to the equipment failure，we have to transfer to another train. Please follow our attendants' instructions. We apologize for the inconvenience. Thank you!

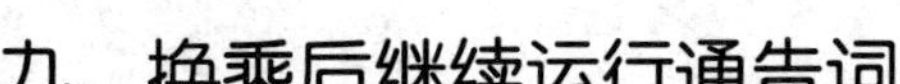

九、换乘后继续运行通告词

各位旅客：本次列车即将从本站开出。请您整理好行李物品，照看好小孩。由此给您造成不便，我们深表歉意，请您谅解。谢谢！

英文：Attention， please! The train will depart as soon as possible. Passengers please collect your baggage and take good care of your child. We apologize for the inconvenience. Thank you!

十、被迫停车通告词

各位旅客：本次列车因×××（被迫停车原因，不明原因时为“因故”）在此停留，有关部门正在组织抢修，开车时间暂不能确定，由此给您造成不便，我们深表歉意，请您谅解。谢谢！

英文：Dear passengers， due to the mechanical matters， our train has stopped. Our maintenance team is handling with the problem. You are kindly requested to wait until further notice. We apologize for the inconvenience. Thank you!

十一、紧急疏散通告词

各位旅客：由于×××（××原因或为保证大家安全），我们将要组织大家迅速撤离列车。工作人员将打开运行方向左侧×号、×号车门。请大家按照工作人员的引导有序疏散。下车后请不要在线路上停留。

英文：Attention，please! For your safety，please evacuate with our attendants' instructions. Thank you!

十二、险情排除后通告词

各位旅客：现在列车险情已经排除，本次列车将继续运行。由此给您造成不便，我们深表歉意。同时，也衷心感谢您对我们工作的支持和配合。谢谢！

英文：Attention，please! The maintenance has been completed and the train will depart as soon as possible. We apologize for the inconvenience and thanks for your support and cooperation. Thank you!

十三、到站发生车门故障通告词

各位旅客：由于列车设备故障，列车到站后，将由工作人员进行手动开门。请大家在座位上耐心等候，谢谢您的配合。

英文: Attention，please! Due to the equipment failure， our attendants will open the doors manually when the train arrives. Please stay in your position. Thanks for your cooperation.

十四、列车接入低站台通告词

各位旅客：由于列车临时变更进站线路，本次列车在××站将停靠低站台，列车车梯与站台距离较大，请大家下车时注意安全，不要慌乱，工作人员将会给予协助。由此给您造成不便，我们深表歉意，请您谅解。谢谢！

英文：Attention，please! Because the floor of the train is unequal with the platform，watch your step please and follow our attendants' directions when you get off. We apologize for the inconvenience. Thank you!

十五、列车接入无站台股道通告词

各位旅客：由于特殊原因，本次列车在××站将不靠站台停车，列车车梯与地面距离较大，请大家下车时注意安全，不要慌乱，工作人员将会给予协助。由此给您造成不便，我们深表歉意，请您谅解。谢谢！

英文: Attention，please! Due to lack of regular platforms，watch your step please and follow our attendants' directions when you get off. We apologize for the inconvenience. Thank you!

复习思考题

1．应急处置工作的原则是什么？
2．突发事件信息报告的流程和内容分别是什么？
3．旅客列车发生火灾时的应急处理流程是什么？
4．车站突发大客流的应急处理流程是什么？
5．旅客列车大面积晚点的应急处理流程是什么？
6．车站发现大量无票人员的应急处理流程是什么？
7．旅客列车途中遇险的应急处理要点是什么？
8．旅客列车自动制动机故障的应急处理要点是什么？
9．事故导致旅客伤亡时的应急处理要点是什么？
10．旅客食物中毒的现场处置要点是什么？

技能训练

分小组进行模拟演练，每小组从本项目 7 个场景中选择一个场景，确定人员数量与角色，模拟对应场景的应急处理流程，落实站车现场处理主要环节。

参考文献

邓岚，罗斌，2016．旅客列车客运乘务［M］．3版．成都：西南交通大学出版社．

兰云飞，何萍，2017．高速铁路客运组织［M］．北京：北京交通大学出版社．

彭进，2017．铁路旅客组织［M］．3版．北京：中国铁道出版社．

铁路职工岗位培训教材编审委员会，2013．铁路售票员 售票值班员 客运计划员［M］．北京：中国铁道出版社．

铁路职工岗位培训教材编审委员会，2017．铁路职工岗位培训教材：铁路客运员、客运值班员［M］．2版．北京：中国铁道出版社．

铁路职工岗位培训教材编审委员会，2018．铁路职工岗位培训教材：动车组列车员（长）［M］．2版．北京：中国铁道出版社．

王芳梅，刘杰，龙讯，2018．高速铁路安全管理与应急处置［M］．北京：科学出版社．

杨松尧，孙建晖，2015．铁路行车规章［M］．成都：西南交通大学出版社．

中国铁路总公司，2014．高速铁路客流组织［M］．北京：中国铁道出版社．